suhrkamp taschenbuch 76

Alexander Mitscherlich, geboren am 20. September 1908 in München, ist heute Ordinarius der Psychologie und Direktor des Sigmund-Freud-Instituts in Frankfurt am Main. 1969 erhielt er den Friedenspreis des Deutschen Buchhandels. Hauptwerke: *Auf dem Weg zur vaterlosen Gesellschaft, Die Unwirtlichkeit unserer Städte, Krankheit als Konflikt, Die Unfähigkeit zu trauern, Die Idee des Friedens und die menschliche Aggressivität, Versuch, die Welt besser zu bestehen.*

In diesem Band sind Aufsätze gesammelt, in denen sich Mitscherlich mit dem Verhalten, den Reaktionsweisen und Belastungen des Menschen in der Masse beschäftigt, kurz, mit den Problemen des modernen Menschen überhaupt. Es geht um Angst und Aggression, Masse und Familie, unstillbare Bedürfnisse und Ersatzbefriedigungen, Tabus und deren hemmende Wirkungen für die Demokratie. Durch das Bewußtmachen dieser Schwierigkeiten will Mitscherlich dem Menschen helfen, das Leben in der gegenwärtigen Massengesellschaft besser zu bestehen.

# Alexander Mitscherlich
# Massenpsychologie
# ohne Ressentiment

## Sozialpsychologische
## Betrachtungen

Suhrkamp

suhrkamp taschenbuch 76
Erste Auflage 1972
© Suhrkamp Verlag 1972
Suhrkamp Taschenbuch Verlag
Alle Rechte vorbehalten, insbesondere das des öffentlichen
Vortrags, der Übertragung durch Rundfunk oder Fernsehen
und der Übersetzung, auch einzelner Teile.
Druck: Ebner, Ulm · Printed in Germany
Umschlag nach Entwürfen
von Willy Fleckhaus und Rolf Staudt

# Inhalt

1. Elemente in der Umwelt moderner Massen   7
2. Massenpsychologie ohne Ressentiment   44
3. Die Masse fängt in der Familie an   74
4. Der Einzelne in seiner Angst   80
5. Scheinfütterung. Kollektive Ersatzbefriedigungen in der heutigen Kultur   92
6. Hemmen Tabus die Demokratisierung der deutschen Gesellschaft?   104
7. Aggression als individuelles und gesellschaftliches Schicksal   131
8. Die Grenzen psychologischer Forschung   163
9. Ethik im Zeitalter fortgeschrittener Technologie   181
10. Der Wandel im Erscheinungsbild und in der Struktur politischer Autorität   198

## 1. Elemente in der Umwelt moderner Massen

Jeder Einzelne, ins Leben tretend, findet Massen vor. Die Kollektive, denen er nicht zu entgehen vermag, sind Gesellschaftsformen, die auf Massen zugeschnitten sind. Ein Blick auf die Inflation von Gesetzen, Erlassen, Ausführungsbestimmungen beweist, daß in dichtbesiedelten Räumen diese Regulierungen das menschliche Verhalten – ob plakatiert oder ungeschrieben – hart bedrängen, und daß eine dem modernen Menschen sehr bewußte Entscheidungsfreiheit allerorts vereitelt wird. Dieser Gesetzesdschungel läßt sofort erkennen, daß mit der historisch neuen Tatsache einer ungewohnten Vergrößerung der Zahl der lebenden Menschen tiefe Einbrüche in die Struktur der sozialen Lebensform überhaupt erfolgt sein müssen. Man kann den Tatbestand also auch umgekehrt lesen: die Vermehrung der Menschen scheint nicht nur ein quantitatives Anwachsen darzustellen, sondern zugleich verbunden zu sein mit einem Prozeß der Herauslösung aus selbstverständlich gewordenen Rollen, Ritualen, Gewissensentscheidungen. Gleichzeitig mit der Etablierung der Massen im historischen Raum hat sich ein Verfall der tradierten Autoritäten entwickelt. Neue Entscheidungsfronten sind für den Einzelnen entstanden. Letztlich geht dies auf Konto der Aufklärung. Und insofern diese die moderne Naturforschung stimulierte, war sie die mittelbare Voraussetzung dafür, daß die Menschheit sich nun über Hindernisse hinwegzusetzen vermochte, die ihrer Vermehrung bisher im Wege gestanden hatten.

Das Abendland ist nicht von langer Hand mit dem Dasein von Massen vertraut. Seit den Thermopylen hat es die von außen andrängenden Massen gehaßt und sich mit großer Entschlossenheit gegen sie und die Herrschaftsformen, die mit ihnen kamen, zur Wehr gesetzt. Zwar hat Europa immer noch nicht so gewaltige Massen wie China und Indien in seinem Inneren, hat auch keine ebenso rasche Vermehrung seiner Bevölkerung in den letzten 150 Jahren erfahren wie diese Subkontinente, aber es ist zum eigentlichen Unruheherd der Welt geworden, denn von ihm gehen jene Umbildungen der Sozialstruktur aus, denen sich keines der anderen Kulturgebilde dieser Erde zu entziehen vermochte. Mit dem Eindringen der industriellen Technik und ihrer Arbeitsformen sind auch die scheinbar ruhenden Massen der östlichen Hemisphäre in Aufruhr geraten. Was dabei sichtbar wurde, ist ein Elend, das die Maßstäbe seiner Beurteilung nunmehr vom Lebensstandard der westlichen Welt empfängt. Eine in ihren Hauptproblemen einheitliche Massierung auf der ganzen bewohnten Erde ist im Entstehen begriffen. China freilich scheint eine Sonderstellung zu entwickeln.

Dabei gibt es gleichzeitig Massen sehr verschiedener Herkunft, Eigenart und Bewußtseinslage. Vor allem Massen sehr verschiedener Affektivität. Zu einer einheitlichen Wesensbestimmung dieser oft nebelhaft bleibenden Kollektivgestalten zu gelangen, ist eine Unmöglichkeit. Was alle Zeiten erschreckt hat, sind die sogenannten primitiven Massenaktionen, die sich in ihrer Unbesonnenheit leicht zur Raserei steigern lassen. Vor kurzem waren es die Massen unseres Landes, die sich bei Führerreden gemeinsam mit ihrem Idol in Ekstase brachten, heute wird ein ähnliches Schauspiel an vielen Plätzen der Erde geboten. Diesen brutalen Ekstasen gilt die Verachtung derer, die nicht zu den Massen gehören, insbesondere die Verachtung jener Einzelner, die ihr Denken zu kontrollieren gelernt haben. Die Frage ist nun, ob man über diesen gefährlichen Zustand nur als Betrachter und Beobachter von außen zureichende Kenntnis erhält, oder ob man im Sinne der modernen soziologischen Feldforschung als »teilnehmender Beobachter« (participant observer) sich diesem erregten Element beimischen muß. Was man dabei an Aufmerksamkeit zu leisten hat, ist vergleichbar jener Kälte, die Attentäter, Luftpiraten, Bankräuber und ähnliche kriminelle Spezialisten zur Ausführung ihres Vorhabens benötigen.

Ich darf hier eine Erinnerung einflechten: Für mich ist der

intensivste und auslösende Eindruck, auf den ich meine ganzen Interessen an der Massenpsychologie persönlich zurückführe, die Beobachtung der Hochzeit von Hermann Göring mit Emmy Sonnemann in Berlin gewesen. Die Annäherung des Hochzeitszuges habe ich Unter den Linden erlebt. Vom Lustgarten her, die Linden entlang, rollte eine konvulsivische Welle durch die Menschenmassen heran. Als damals junger Mediziner hatte ich sofort eine Analogie vor Augen: es war die Vorstellung von einem Darm, durch den sich eine peristaltische Welle fortbewegt. Die Erregung ergriff fortschreitend die breiten Spaliere und kulminierte wie eine brandende Welle in einem Erbrechen von Affekten, einem Akt des Ausstülpens des Innern. Es war ja ein an sich harmloses Ereignis, das solche kollektive Erhitzung hervorbrachte. Doch möchte man das Wort »Begeisterung« kaum zu seiner Bezeichnung verwenden. Wie überhaupt eine geistige Mobilisierung sich selten der affektiven mitzuteilen vermag, jedenfalls nicht in Massenerregungen. Womit wiederum nicht gesagt ist, daß nicht kollektive Leidenschaften sich wahrhaft geistiger Inhalte zu bemächtigen und sie weiterzutragen vermöchten.

Zu den Markierungen der Massenkonformität gehörte in jenen Tagen der Ablauf einer bedingten Reflex-Bewegung, nämlich die Erhebung des rechten Armes. Als die Erregungswelle immer näher auf mich zukam, kostete es mich eine außergewöhnliche und deshalb unvergessene Anstrengung, meinen Arm nicht zu erheben, die Hand nicht auszustrecken. Nur mit Aufbietung all meiner Aufmerksamkeit gegenüber einem Überwältigtwerden durch einen fremden Impuls, der aus mir herauskam, war es mir möglich, diesen Akt zu unterdrücken. Natürlich ist eine wesentliche Bedingung dieses »automatischen« Verhaltens die Einwirkung einer realen Angst. Wenn man sich in einer Masse befindet, die so erregt ist, ist es höchst gefährlich, sich nicht konformistisch zu verhalten. Es geht aber um mehr als um einfache Selbsterhaltung angesichts einer schwärmerisch verzückten Masse. Ich verspürte sehr deutlich, daß sich in mir ein Gefühl zu regen begann, das ich mir selber kaum zu erklären vermochte. Ein berauschendes, großartiges Gefühl, mich von meiner Erregung wegtragen zu lassen, auf meine begrenzte Person verzichten zu können, unbelastet von aller Daseinsschwere fortgerissen zu werden in einem mächtigen Strom. Vielleicht haben die Tauben- oder Mauerseglerschwärme, die um die Türme unserer Städte ihre vollendeten Figuren schlingen, ein vergleichbares Unisono-Gefühl. Sich gegen dieses Überflutetwerden abzuschirmen, war womöglich noch schwieriger, als der Angst zu widerstehen, ohne erhobenen Arm dem »Volkszorn« preisgegeben zu sein.

Die Erinnerung an jene Augenblicke, in denen Adolf Hitler und das Brautpaar an mir vorüberrollten, hat mich nie verlassen. Der Widerstand gegen die Überwältigung durch eine in einem Gefühl ekstatisch erregte Masse schafft aber erst die Voraussetzung dafür, daß man sich der Vorgänge überhaupt zu erinnern vermag, wie an andere Begebenheiten auch, an denen man nüchtern teilgenommen hat. Für Erlebnisse in Massenerregungen gilt, was für einen schweren Rausch zutrifft: man hat hinterher eine Erinnerungslücke, die durch Konfabulationen notdürftig verdeckt wird. Wer einen solchen Erregungszustand nicht in einer attentäterhaften Haltung durchsteht, d. h. wem es nicht gelingt, sich auf sein individuelles Wesen zu konzentrieren, hat in der Tat hinterher keine verläßliche Erinnerung an sein Verhalten. Es ist also nicht nur so, daß sich sehr viele Menschen heute zweckbewußt nicht mehr daran erinnern, was sie einstmals in der Masse getan haben, sondern sie haben es wirklich vergessen, psychoanalytisch ausgedrückt: sie haben es erfolgreich verdrängt.

So ist es einleuchtend, daß, mit Sigmund Freud zu sprechen, »unser Interesse nun dahin geht, für die seelische Wandlung des einzelnen in der Masse die psychologische Erklärung zu finden«[1]. Die Lösung dieser Fragen ist das Feld einer wissenschaftlichen Massenkunde. Ihr muß es gelingen, dem erzwun-

---

1 S. Freud, Ges. Werke XIII, Massenpsychologie und Ich-Analyse, S. 95.

genen Verhalten die Motivationen zuzuordnen. Was man dann entdeckt, ist die Legierung einer äußeren Reizsituation mit innerer Reaktionsbereitschaft. Das, was diesen Massenzustand am stärksten charakterisiert – und das hat schon Le Bon prägnant gesehen –, sind »Affektsteigerung« auf der einen und »Denkhemmung« auf der anderen Seite. Wir können erwarten, daß diese beiden Momente in abgeschwächter Form auch sonst am Werk sein dürften, wo eine große Zahl von Menschen leidend gleichen Einwirkungen von außen ausgesetzt ist. Der Einzelne kann nicht alles in seinem Denken relativieren. Es werden ihm in zahllosen Vorurteilen Grenzen des Zweifels gesetzt und fest eingepflanzt. Die Verankerung dieser Vorurteile geschieht im Zustand der Erregungssteigerung, nicht zuletzt durch die Androhung von Strafen.

Dies führt zu der Frage, durch welche konstellierenden Faktoren in einer Massengesellschaft homogenes Verhalten entsteht. Wir sind weit davon entfernt, diese Einflüsse vollkommen zu überschauen oder auch nur abzuschätzen, welchen von ihnen überragende Bedeutung zukommt. Dies vor allem deshalb, daß wir gelernt haben, das menschliche Wesen nicht nur von seinem Bewußtsein her zu verstehen, sondern ebenso von den verschiedenen Tiefen seiner unbewußten Tätigkeiten, und seit wir eine Vorstellung davon bekommen haben, welche Dynamismen sich hier abspielen, und wie diese wiederum das Bewußtsein beeinflussen. Unsere Massengesellschaft hat zwar außerordentlich vieles gemeinsam, aber durch die hochentwickelte Spezialisierung ist es auch zu einer Entfaltung des Lebens in zahllosen Schauplätzen gekommen, von denen immerhin sehr fraglich ist, was ihnen gemeinsam ist und was nicht, und was infolgedessen in ihnen an massenbildenden Faktoren und was an hemmenden am Werke ist.

Zuerst eine Vorbemerkung. Von den normalen Gruppen unterscheiden sich die Massen durch die große Zahl. Im Prinzip wird aber doch die gleiche Anpassungsleistung vom Einzelnen gefordert, d. h. er soll sich im einen Falle dem Gruppenstil, im anderen dem Massenstil anpassen. Das Individuum ist von Anfang an ein *sozial vergewaltigtes Wesen*. Der Gebrauch des Wortes »vergewaltigt« hat hier keinen humanitär-anklagenden Unterton, er beschreibt vielmehr genau das Kräfteverhältnis zwischen dem »unreif« zur Welt kommenden Kind und der Übermacht der erwachsenen Erziehungspersonen, denen es sich ausgeliefert sieht. Weder die sozial relevanten Leistungen des Einzelnen noch insbesondere die Erziehung, die ihm angedeiht, verläuft in arteigenen oder Instinktrelationen. Von der Natur her ist er nur mit »Instinktfragmenten« (A. Portmann) ausgerüstet. Das Defizit dieser Regulation wird durch das Erlernen eines »Kulturverhaltens« kompensiert.

Die *Primärsozialisierung* beginnt mit der Geburt. Sie beginnt mit dem Stil, in dem ein Mensch auf dieser Welt empfangen und nun von diesen ersten Phasen seines Lebens an begleitet wird. Es ist wohl einleuchtend, daß es für die weitere Gesamtentwicklung des Menschen von einiger Bedeutung sein wird, ob er als Säugling in einem unmittelbaren Hautkontakt mit seiner Mutter in den ersten Monaten lebt, z. B. in einem Tragtuch auf dem Rücken getragen, oder ob er fein säuberlich eingewickelt oder gar eingebunden gehalten wird – in einer relativ großen Distanz von dem, was er in dieser Zeit vom mütterlichen Wesen wahrzunehmen vermag: Wärme, Bewegung, Konstanz der Gegenwart. So daß man also sagen kann: das der Geburt folgende Entwöhnungstrauma, das hier gesetzt wird, wechselt sehr erheblich von Kultur zu Kultur. Wir haben aber gelernt, daß diese scheinbar banalen, ein mitleidiges Lächeln hervorrufenden, scheinbar überhaupt nicht der Reflexion bedürfenden Verhaltensweisen innerhalb der Gesellschaft von der nachhaltigsten Wirkung auf die Entfaltung des Kulturverhaltens und des Kulturstiles sind.

Das Phänomen der Sozialisierung beruht dann in seinen späteren Abschnitten in jedem Fall auf der Erlernung der Affektlenkung durch Überlegung. Jede Gesellschaft setzt dem Affekt und dem, was er repräsentiert – nämlich Triebansprüchen –, äußere Schranken entgegen und gibt die Anweisung, wie diese äußerlichen Verbote verinnerlicht, in »Gewissen« verwandelt werden können. Jede Erziehung ist also die Anstrengung, das Triebgeschehen, für das keine festen Verlaufsformen – Verhaltensformen – von Natur aus bestehen, zu schablonisieren. Es ist wichtig, sich dabei vor Augen zu halten, daß auch das Gewissen, als innerer Niederschlag der Erziehungspraxis, diese Schablonisierung wiederholt und in seiner Tätigkeit ausgesprochen mit einer Denkhemmung einhergeht. Das Gewissen sagt, was erlaubt und was verboten ist, und es sagt sehr genau, worüber nachgedacht werden darf und worüber nicht, worüber nachzudenken große Angst verursachen wird. An jeder großen Stelle der geschichtlichen Entwicklung haben einzelne Menschen angefangen, über Dinge nachzudenken, über die man vorher nicht nachdenken durfte, bis man schließlich mit Nietzsche bei der Erkenntnis angekommen war, daß Gott tot ist. Das Gewissen arbeitet dabei in ausgedehntem Maße mit Vorurteilen. P. Hofstätter verweist in diesem Zusammenhang auf eine Formulierung von C. S. Ford, »daß unsere Kultur die Lösungen häufig wiederkehrender Probleme für uns speicherartig bereithält«[2]. In diesem Speicher befinden sich nun aber nicht nur echte Lösungen, eine Unsumme von Erkenntnissen und Techniken, sondern ebenso eine Unsumme von Vorurteilen. Ein Blick auf die Geschichte zeigt, daß gerade sie in stärkstem Maß den Zusammenhalt eines Kollektivs garantieren und es gegen Versuchungen von außen unnachgiebig machen können. Man braucht nur auf den Zwang religiöser, rassischer, politischer oder ökonomischer Ideologien zu verweisen, um sofort zu wissen, welcher Sachverhalt gemeint ist.

Das Wesen der Sozialisierung würde also darin bestehen, die spontanen Affekterregungen und Triebbedürfnisse in Form zu bringen, die Mittel dazu enthalten aber ein Angebot an Verhaltensschablonen, die durch Denken, Reflexion nicht

---

[2] Peter R. Hofstätter, Einführung in die Sozialpsychologie, S. 206. Stuttgart/Wien 1954; und C. S. Ford und F. A. Beach, Patterns of Sexual Behavior. New York 1951.

relativiert werden dürfen. Psychologisch formuliert: starke Bildungselemente für das Sozialverhalten, die es zu einem zwingenden machen, bleiben zugleich ich-fremd. Dazu kommt, daß der Mensch, je mehr er sich gewöhnt, die sozialen Praktiken seiner Gesellschaft zu vollziehen, Erlaubtes von Unerlaubtem zu sondern, beim Blick nach innen Erregungen vorfindet, die mit den erlernten Verhaltensmustern in Konflikt stehen – also etwa unethisch, unmoralisch sind – und die deshalb ebenfalls ich-fremd erlebt werden. Sie werden möglichst weit weg in die Peripherie des Selbsterlebens geschoben; der Einzelne sagt zu Handlungen, die aus derartigen Antrieben hervorgehen, höchst ungern: »das bin ich«. Alle jene Antriebe also, die ursprünglich naiv erfahren werden, aber unter dem Druck der Sozialtabus von der Erfüllung ausgeschlossen werden müssen, verfallen einem Vorgang innerer Verfremdung. Vom bewußten Ich her gesehen ist das Verdrängte ich-fremd.

Freud hat darauf hingewiesen, daß diese Triebregungen – die Triebregungen des Menschen wie natürlich auch diejenigen jedes anderen Lebewesens – an sich weder gut noch böse sind, sondern daß sie als gut oder böse nur erlebt werden können im Kontext eines Kulturverhaltens. Es ist also in verschiedenen Kulturen das, was als gut und was als böse angesehen wird, etwas sehr Verschiedenes. Es gibt kein Absolutum in dieser Hinsicht.

Insofern Triebneigungen durch den Vorgang der Sozialisierung zwar gehemmt, aber nicht endgültig ausgelöscht werden können, ist der Mensch gezwungen, seine Primär-Sozialisierung unentwegt weiter zu vollziehen. Er wird Abwehrmechanismen gegen seine elementare Triebnatur in besserer Routine anzuwenden verstehen; es bleibt aber die Aufgabe, mit Helmut Plessner zu sprechen, im Zustand »natürlicher Künstlichkeit« leben zu müssen, unverändert während seiner ganzen Lebenszeit bestehen.

Für eine Zusammenfassung dieser Gedankengänge können wir uns auf fünf Punkte beziehen, die Hofstätter den Theorien

des bürgerlichen Individualismus – also einer Selbstinterpretation des Menschen, die am Individuum ansetzt – entgegengestellt, weil sie in nuce auch unsere Auffassung wiedergeben:
»1. Die Neigungen des Individuums sind in sehr weitem Umfang gruppenspezifisch.
2. Das Individuum ist hic et nunc eine soziale Institution. Sein Freizügigkeitsspielraum ist durch die Verhältnisse in der Gesamtgruppe weitgehend bestimmt. Das Individuum ist in erster Linie Träger einer sozialen Rolle.
3. Die Art und Weise, wie Einzelpersonen ›die Welt‹ sehen, ist sehr stark durch die Gruppe bestimmt, der sie angehören... Die Fiktion der aus eigenen Erfahrungen gezogenen Schlüsse ist nur innerhalb eines recht engen Spielraumes gültig...
4. Das Milieu, dessen Einflüsse den Charakter formen, ist in erster Linie sozialer Natur...
5. Verantwortlichkeit, deren Inhalt und Umfang (wofür? und wer?), sind innerhalb eines Gesellschaftssystems definiert...«
Hofstätter spricht weiter davon, daß es »eine der erstaunlichsten Selbstverständlichkeiten unserer Kultur« sei, daß es in ihr die widersprüchliche Einheit einer »rollengemäßen Individualität« gebe. Er fährt dann fort: »Wollte man aber die Frage stellen, wo im Einzelfall die beiden Trennungslinien zu suchen sind, die ›starre Rolle‹ und ›rollengemäße Individualität‹ einerseits und diese vom ›Man-Selbst-Sein‹ andrerseits scheiden, so bliebe man ohne Antwort.« Relativ stabile Sozialverhältnisse zeigen an ganz bestimmten Punkten eine markante Toleranz gegenüber dem »Man-Selbst-Sein«, an anderen wieder verlangen sie ebenso unerbittlich die »starre Rolle«. Die Trennungslinie ist zwar nicht einfach zu überblicken, sie ist nicht kodifiziert, aber sie wird mit großer Sicherheit und Selbstverständlichkeit praktiziert.
Was in den akuten Massen vom Standpunkt einer solchen relativ in sich ruhenden Sozialordnung her erschreckt, ist eben genau das Überschreiten dieser Trennungslinie. Affekt-

steigerung und Denkhemmung nehmen zu. Die Denkhemmung erreicht aber keineswegs nur, wie etwa Le Bon dies glaubt, die bewußte Urteilsbildung, sondern ebenso die mit dem Gewissen verflochtenen Vorurteile. Das kann nicht ohne bedeutsame Folgen gedacht werden. Wenn man etwa bedenkt, daß Privilegien weitgehend auf sozial verankerten Vorurteilen beruhen, so versteht man nun ein Merkmal besser, welches Revolutionen von bloßen Aufständen unterscheidet. Revolutionäre Aufstände gegen die Privilegierten entladen nicht nur den Haß, den sich diese zugezogen haben, sondern sie annullieren das Vorurteil, das zum Privileg führte, selbst. Daß dabei neue Vorurteile geschaffen werden, gehört zum geschichtlichen Fortschritt, wobei man das Wort Fortschritt dann freilich nicht in einem optimistischen, sondern ganz schlicht im Sinne einer Ortsveränderung verwenden möchte.

Was charakterisiert nun unsere technisierte Fortschrittskultur im Hinblick auf die in ihr zu leistenden sozialen Anpassungen? Die Wertmaßstäbe aus der Zeit der vorindustrialisierten Gesellschaft, aus der Zeit vor der Entstehung von Dauermassen, haben, mit Jacob Burckhardt zu reden, »ihren rechtfertigenden Zusammenhang mit ihrem Ursprung eingebüßt«. Denn das, was sich nach Burckhardt nur selten ereignet, eine »echte Krise«, hat die bestehende Kultur erfaßt, sie zu »vitalen Umgestaltungen« gezwungen. »Vitale Umgestaltungen« können psychologisch nichts anderes bedeuten als neue Aufgaben der Triebbeherrschung. Insofern Triebbeherrschungen faktisch nur gelingen, wenn anstelle der elementaren Triebobjekte entferntere, sublimere zum Ausgleich angeboten werden, erhebt sich die Frage: in welcher Richtung liegen die neuen Triebsublimierungen, die eine hohe soziale Wertung erfahren?, und weiter: wo handelt es sich nicht um echte Sublimierungen, sondern um *Ersatzangebote,* die faktisch nichts anderes sind als das Abfangen der elementaren Triebhaftigkeit in einer prä- oder para-sozialen, also autistischen Triebbefriedigung?

Um diese Frage beantworten zu können, muß man einige

soziologische Grundtatbestände sammeln, aus denen der gegenwärtige Zustand und sein Unterschied zu früheren Zuständen deutlich wird.
Einen ausgezeichneten Ansatz bietet der Essay von Günther Anders: »Die Welt als Phantom und Matritze«[3]. Anders führt aus, daß die Welt »unilateral« geworden ist, d. h. sie wird »ins Haus geliefert«, ohne daß die Empfänger antworten können. Die Welt wird so zum Phantom, wir »zu voyeur-haften Herrschern über Weltphantome«; dabei »sind wir dazu verurteilt, mundtot, also unfrei zu sein«. Die Formel: »man lüge nicht mehr wie gedruckt, sondern wie effektiv photographiert«, sei schon überholt durch das Fernsehen. Hier wird nicht mehr mit Hilfe falscher Bilder gegen die Wirklichkeit gelogen, »sondern mit deren eigener Hilfe«. So daß Anders den Zweizeiler von Karl Kraus: »Im Anfang war die Presse / und dann erschien die Welt« in die zeitnähere Form übersetzen kann: »Im Anfang war die Sendung / für sie geschieht die Welt.« Die Welt, die von gestellten Schablonen wahrheitsgetreu wiedergegeben wird. In den Darbietungen des Massenkonsums, etwa der Radio-, Television-Sendungen usw., wird zudem diese Phantasiewelt isoliert, eremitenhaft, »solistisch« genossen.
Die Vereinsamung des Menschen, die Armutsfülle seiner Kontaktverluste kann man durch nahezu alle Lebensgebiete hindurch verfolgen. Man braucht sich, um einen zentralen Punkt zu nennen, nur etwa an die zunehmende Promiskuität des geschlechtlichen Lebens unserer Zeit zu erinnern, um zu begreifen, daß häufig die geschlechtlichen Kontakte keineswegs Intensivierung der menschlichen Beziehungen zueinander sind, sondern daß die oberflächliche, autistische, selbstbefriedigende Seite vorherrscht, daß der betreffende Partner – jeder von dem anderen – im Grunde genommen nur die Befriedigung seiner eigenen Bedürfnisse erwartet und keine echte Gruppenbildung, meinetwegen keine echte Verschmelzung erlebnishafter Art hier sich vollzieht.
3 Merkur, Stuttgart 1955, Heft 87, 88, 89.

Trotz alledem wissen wir zu wenig von unserer Welt, nämlich was sich hinter den Phantomen tatsächlich vollzieht. Mancher vordergründig sehr als solcher imponierende Verlust mag nicht mehr sein als ein Verlassen alter Erfahrungs-, Lebensposition und auf ein Wandern zu neuen Orten hinweisen, an denen sich dieses unvorhergesehene Massenleben unbemerkt und wirkungsstark vollzieht. Je weniger man darauf erpicht ist, mit bestechenden Formeln zu verallgemeinern, desto deutlicher wird, wie außerordentlich schwierig es ist, wirklich zu schlüssigen Urteilen zu kommen.

Theodor Geiger, der sich viel mit Massenfragen beschäftigt hat, hob auf folgende Hauptpunkte ab:[4] Der Einzelne gehöre heute nicht mehr, wie zur Zeit ständischer Lebensform, einer »intimen Kleingruppe« an, die ihrerseits dann in einer »vertikal gegliederten« Gesamtgesellschaft in immer »geräumigeren Einheiten« (wie Kirche und Reich) aufgingen. Vielmehr gehe er unmittelbar in eine Vielzahl »verzahnter und verschränkter Konglomerate sozialer Kreise« ein, ist aber an keinen dieser Kreise »ganz und unwiderruflich gebunden« (etwa durch Geburt oder religiöses Bekenntnis). »Im Prinzip wenigstens ist er ein frei bewegliches Molekül in einem sozialen Raume.« Die »gesellschaftlichen Großgebilde« – gleichgültig ob große Produktionsstätten, Versicherungen, Parteien, Gewerkschaften – sind nach Geiger »auf ihre sachlich begrenzten Funktionen spezialisiert«. Dies führe dazu, daß »für die gesellschaftliche Gestaltung unseres Alltages diese kühl-sachlichen Beziehungen nicht sehr viel bedeuten«. Insofern sie »allenthalben in unseren Alltag hereinragen, uns hemmen, in diese oder jene Richtung schieben – namenlose Großmächte, die über unserem Schicksal walten –«, beförderten sie »ein Gefühl des Preisgegebenseins, eine ohnmächtige Gereiztheit«. Wir alle wissen, daß der Prozeß zu diesen Großgebilden, die das Leben beherrschen, ein unumkehrbarer Vorgang ist.

René König betont demgegenüber aber einen anderen Tatbe-

---

4 In einem Vortrag der Funkuniversität RIAS, Berlin 1955.

stand. Er glaubt, daß die Massen, die uns in unserer unmittelbaren Umgebung beschäftigen, keineswegs »ungeformte Massen« seien, wie etwa in indischen oder brasilianischen Großstädten. Man könne auch nicht sagen, daß die europäischen Menschenmassen im 20. Jahrhundert »aus althergebrachten Ordnungen herausgefallen und nun ohne Anschluß seien, nachdem schon lange wohleingespielte neue Ordnungen in der modernen industriellen Arbeitswelt aufgetreten sind«. In Verwandtschaft mit unserem anfänglich geäußerten Gedanken, daß man Massen offenbar adäquat nur von innen heraus, aus ihrer eigenen Erlebniswelt verstehen könne, fragt König geradezu, »ob die ganze Massenproblematik im Grunde nichts als eine optische Täuschung ist; die optische Täuschung eines Beobachters, der mit einem besonderen Blicksystem eine Ordnung betrachtet, die nicht die seine ist«[5]. Diese Warnung ist zweifellos berechtigt, denn es geht nicht an, das Massenverhalten – all jene Restriktionen, denen sich die Dauermassen der industrialisierten Gesellschaft gegenübersehen, und all die Auswege, die sie sich in Ersatzbefriedigungen für ihr »Unbehagen in der Kultur« erfinden – losgelöst von der Tatsache zu betrachten, daß in *jeder* Kultur derartige Restriktionen bestehen; daß von scharfen Tabus nicht nur sublimierte Triebentlastungen, sondern immer auch die erwähnten autistischen Ersatzbefriedigungen ausgelöst werden. Wir würden – plötzlich in andere Zeiten versetzt – einen unerträglichen Zwang über uns lasten fühlen, der, gemessen am Zwang, den wir heute in unserer Gesellschaft erfahren, uns sicher sehr viel größer vorkäme, weil er anders koordiniert, weil er ungewohnt wäre.

Unbezweifelbar ist aber andrerseits die Tatsache, daß die Lage im ganzen eine andere geworden ist. Der entscheidende Einfluß scheint dabei der zu sein, daß das »freibewegliche Molekül«, der Einzelne im sozialen Raum einer *Konkurrenzgesellschaft* lebt, und daß in ihr der Begriff der Leistung sich

---

5 René König, Masse und Vermassung. Gewerkschaftliche Monatshefte, Köln, Aug. 1956.

grundlegend verwandelt hat. Ein kurzer Blick auf das Phänomen der menschlichen *Leistung* überhaupt mag einen Eindruck davon vermitteln, wie schwierig es ist, im Bereich der Sozialpsychologie zu verbindlichen Erkenntnissen zu kommen, bzw. wieviel Unsicherheit hier ertragen werden muß. An jedem einzelnen Punkt zeigt sich eine verwirrende Fülle von Überschneidungen von kontrastierenden Tendenzen. Ein Argument z. B. gegen die moderne Industriearbeit, das seit langem nicht verstummen will und das man für die sogenannte Vermassung immer wieder heranzieht, beruft sich auf die Monotonisierung der Arbeit an der Maschine. Man kann sagen, daß in einem sehr tiefen Sinn in zahllosen Fertigungsvorgängen der Mensch die Maschine bedient. Das gilt leider vor allem für die Frauenarbeit. Er reguliert ihren Gang, aber er nimmt auf den Produktionsvorgang als solchen keinen Einfluß. Diese Leistung hat ihm die Maschine abgenommen. An einem sicherlich nicht für alle industriellen Fertigungsabläufe charakteristischen, aber jedenfalls sehr eindrucksvollen Beispiel haben H. Popitz und seine Mitarbeiter[6] gezeigt, daß diese Feststellung keine unbedingte Gültigkeit hat. Durch die Analyse der Arbeitsvorgänge in einer eisenverarbeitenden Hütte zeigte sich den Autoren einmal, daß eine Fülle von Arbeitszusammenhängen besteht, die in sich eine soziale Leistung verlangen. Von den Arbeitern werde ein »feinnerviges Zusammenspiel verlangt, das sich nur durch das Medium der technischen Anlagen hindurch realisieren läßt«. D. h. also, daß der Arbeiter die Maschine doch nicht nur in einem passiven Sinne »bedient«, sondern daß er mit ihrer Hilfe sozial kooperiert, daß er ihre Leistung manipuliert. Die noch wichtigere Feststellung scheint aber die zu sein, daß die Autoren glauben, »technische Arbeit ist nicht mechanisches Reagieren«. Vielmehr stelle sie eine »durchaus individuelle Leistung auf einen bestimmten festumrissenen Leistungsanspruch hin« dar. Es heißt weiter: »Auf die provokative Situa-

---

6 H. Popitz, H. P. Bahrdt, E. A. Jüres, H. Kesting, Technik und Industriearbeit. Tübingen 1956. –

tion, die Arbeit mit oder an Maschinen bedeutet, antwortet der Arbeiter mit einer Leistung, deren Voraussetzung die Beherrschung der Maschine ist... Seine Antwort besteht in gekonntem Handeln und nicht etwa einer bloß passiven Reaktion auf Zwangssituationen.« In Übertragung der Konzeption Toynbees kann man also davon sprechen, daß der »Herausforderung«, die vom Gang der Maschine her ausgeht, von seiten des Arbeiters eine »Antwort« folgt. Das läuft darauf hinaus, daß die Arbeit, je besser sie geleistet wird, mit einem desto höheren Grad von *Artistik* verbunden ist, und die genannten Autoren geben dafür auch sehr eindrucksvolle Beispiele.

An diesem Punkt kann man nicht mehr übersehen, daß damit die menschliche Leistung gegenüber den Perioden der vorindustriellen Wirtschaft grundlegend geändert ist. Ein sehr sinnfälliges Beispiel für Artistik ist das Seiltanzen, d. h. eine ganz umschriebene, gegebene Aufgabe muß bewältigt werden. Man kann auf dem Seil gehen, oder man kann es nicht. Der Reiz besteht darin, etwas zu können, was anderen unmöglich ist, und ferner darin, dieses Können im Sinne der Artistik immer weiter auszugestalten. Dem steht die Leistung mit offenem Ausgang gegenüber. Auch hier erfolgt eine Herausforderung, aber keine, in der das Ziel derart festgelegt ist, daß es nur Können oder Nichtkönnen gibt. Das Schnitzen eines Messerschaftes, das Schmieden einer Klinge mit primitivem Handwerkszeug schafft ein Produkt, dessen Gestalt nicht von vornherein feststeht. Zwischen Können und Nichtkönnen liegt eine breite Skala von relativ gelungener oder mißlungener Gestaltung. Artistik ist demgegenüber mehr oder weniger perfekt in bezug auf einen Ablauf, der vorgeschrieben ist; unter diesem Blickwinkel ist sie »spurlos«. Bei aller verwendeten Energie wird in einem automatisierten, maschinell geleisteten Produktionsvorgang die Gestaltungsfähigkeit des Arbeiters beschränkt bleiben. Seine Artistik kann im wesentlichen durch die Beschleunigung des Arbeitsprozesses, etwa durch besonders gutes Kooperieren, Einfluß nehmen. Für das

Übermitteln eines Ausdrucksbedürfnisses auf ein Werkstück – also für eine phantasierende Arbeit am Stoff – ist kein Raum. Das bedeutet, daß die Selbstabbildung des Individuums in dieser Arbeit vereitelt wird. Selbstabbildung meint aber einen Vorgang, in dem sich erlerntes, verfügbares Können mit unbewußten Darstellungsbedürfnissen verbindet. An solcher deutlich spurhaften Leistung lernt sich der Einzelne erst objektivierend kennen.

Dabei ist es durchaus unbestritten, daß sich im perfekt kooperierenden Arbeitsteam Sozialbedürfnisse befriedigend erleben lassen, aber sie scheinen überwiegend von der Art und Einseitigkeit der kooperativen Leistung innerhalb einer Artistengruppe zu sein. Wohl nicht ohne tiefere Bedeutung finden solche artistischen Gruppenleistungen im Sport (Basketball, Fußball) die höchste Anteilnahme der Massen, die unter einem ähnlichen kooperativen Leistungsideal und vor allem unter solchem realen Leistungszwang stehen.

Man hört häufig den Einwurf, daß *Formgebung,* in dem sich ein Herstellungswunsch mit einem Ausdrucksbedürfnis verbinden kann – um es zu wiederholen: es handelt sich um ein in seinem Ursprung unbewußtes Bedürfnis –, ein Anliegen sei, das nur wenige Menschen hätten; infolgedessen sei seine Beschneidung auch nur für diese wenigen schmerzlich. Diesem Argument ist zunächst die Tatsache der dauernden Mitwirkung unbewußter Persönlichkeitsanteile am bewußt beabsichtigten Tun entgegenzuhalten. Jeder Grad von Perfektion in der Leistung entsteht durch innere Harmonisierung unbewußter mit bewußten, von spontanen mit trainierten Leistungsanteilen. Diese Konstitution teilen alle Menschen. Dem einen gelingt sie besser, dem anderen weniger. Weil nur wenige Menschen brillante Mathematiker sind, kann man nicht folgern, daß nicht allen das Bedürfnis zur abstrahierenden Manipulation innewohnt, und wenn sie nur an ihren Fingern zählen. Andrerseits gibt es natürlich auch Leistungsforderungen, die wenig Spontaneität aufweisen, bei denen sie vielmehr eher störend wirkt. Dieser Sachverhalt ist bei zahllosen Arbeitsvorgängen – besonders denen der Verwaltung – gegeben. Das kann aber nicht hindern, sie als inhuman, als gegen die menschliche Eigenart und ihre Bedürfnisse gerichtete zu erkennen. Wenn dem so ist, dann ist die so gründlich rational organisierte Gesellschaft imperfekt, fehlentwickelt; nicht aber sind die Menschen, die unter solchen Leistungszumutungen sich deformieren, primär schlecht angepaßt.

Wir haben zuvor schon betont, daß die Entwicklung zu technisch spezialisierten und rational organisierten Lebens- und Arbeitsformen ein unumkehrbares geschichtliches Ereignis sei. Also kann die Forderung nach Leistungen, in denen Selbstabbildung möglich ist, nicht als romantischer Versuch der Rückkehr zum Handwerkertum ausgelegt werden. Es geht vielmehr um die Lösung einer unserer Zivilisation gestellten Aufgabe, für deren Lösung *keine* historischen Vorbilder verfügbar sind. Erst die Einsicht in diese Sachlage beweist eindeutig, daß wir es mit einem zeitgenössischen und nicht einem im Traditionszusammenhang stehenden Problem zu tun haben.

Die Permanenz unbewußter Gestaltungsvorgänge, in denen sich das Individuum mit sich selbst auseinandersetzt, ist übrigens leicht nachweisbar: Alle Menschen träumen, und alle Menschen sind befähigt, Wirklichkeit in ihren Träumen sehr weitgehend für sie spezifisch zu gestalten; sie sind in der Lage, Reize, die aus Konfliktsituationen zwischen Innen- und Außenwelt stammen, auszudrücken; aber das geschieht keineswegs in einer völlig homogenen, nivellierten Einheitssprache, sondern sie finden diese oft frappanten Situationen, Handlungen, Einkleidungen, die den Traum charakterisieren. Eine so traumferne und zugleich so phantombeherrschte Zeit wie unsere achtet die Produktivkraft ihrer Träume gering. Was aber der zukünftigen Gesellschaft bevorsteht, ist die Aufgabe, ihre Rationalität noch weiter zu steigern, um die mächtige Gegenwart unbewußter Dränge in der phantomhaften Überdeckung der Wirklichkeit zu erkennen. Erst dann wird es möglich sein, eine neue Balance zwischen rationaler und triebhafter Selbstdarstellung zu finden. Zu den nächsten Aufgaben der Gesellschaftskunde gehört die Untersuchung gegenwärtig geforderter Arbeitsleistungen auf dem Hintergrund einer Menschenkunde, die von solcher Dynamik weiß.

Man sollte sich im übrigen die Verschiebung von der spurhaften zur spurlosen, aber artistisch gekonnten Arbeitsleistung nicht zu kraß vorstellen. Immer hat gekonnte Leistung auch Artistik gefordert. Immer bestand der Zwang, Herausforderungen (Klima, Bodenlage, die Eigenart von Naturprodukten etc.) zu bestehen. Aber wenn auch die Verschiebung nur minimal ist, so sagt das gar nichts darüber aus, ob damit nicht Bedürfnisse von entscheidender Bedeutung berührt werden; etwa ob damit nicht die Vorgänge der Selbstwahrnehmung und Selbstbestätigung, an denen sich der Einzelne mißt, in einer sehr tiefgreifenden Weise verschoben sind. Wenn sich auch dramatische Vorgänge in der Geschichte zutragen mögen – im Untergrund der Gesellschaften, in dem, was Menschen eigentlich miteinander zwingend verbindet, etwa in der Form, wie sie Angst abwehren – im Zwang zu einer Wertordnung finden offenbar nur ganz kleine Veränderungen statt. Hier herrscht eine große Ähnlichkeit zum biologischen Lebensgeschehen. Wie eine minimale Verschiebung im Auftreten der hormonalen Spurenkörper den Phänotypus gründlich zu ändern vermag, so scheint auch ein Vorgang wie der des Übergangs der physischen Arbeitsleistung des Hervorbringens vom Menschen weg auf die Maschine Jahrhunderte überdauernde Anpassungsvorgänge zu stören und im Einzelnen unmerklich neue Lebensgleichgewichte hervorzubringen.

Das artistische Element ist aber nicht nur in der Arbeit nachweisbar, es herrscht ebenso in der Freiheit. Es handelt sich hier um einen Arbeit und Freizeit übergreifenden Verhaltenszwang. Huizinga hat darauf hingewiesen, daß »der Sport die Spielsphäre verlassen hat«. Der Sport ist nicht mehr »spontan und sorglos«, er entfernt sich vielmehr »in der modernen

Gesellschaft immer mehr aus der reinen Spielsphäre und wird ein Element *sui generis,* nicht mehr Spiel und doch auch kein Ernst. Im heutigen Gesellschaftsleben nimmt der Sport einen Platz neben dem eigentlichen Kulturprozeß ein, und dieser findet außerhalb von ihm statt.« Auch der Sport hat den Charakter einer »spontanen« Hervorbringung verloren. Je artistischer er in seiner Darbietung ist, desto größeren Beifall findet er bei den Massen. Sie bewundern die Schwerelosigkeit, mit der die Spieler den Fußball bewegen, weil sich darin eine Identität spiegelt, die ihnen die Konkurrenzgesellschaft zutiefst eingeprägt hat: die mühelos vorgetragene Hochleistung.

So sind wir also zu der Vermutung gelangt, daß die Menschen im technisch-industriellen Fertigungsbetrieb und noch gesteigert die Angestellten in ihren Verwaltungsarbeiten durch die Form der Arbeit enttäuscht werden; ein Vorgang, der mehr eine unbewußte als eine bewußte Verarbeitung erzwingt. Darauf verweist nicht zuletzt die fortwährende Anspruchserhöhung desjenigen, der zu dieser Arbeit gezwungen ist. Wenn die Produkte der Arbeit keine Identifikation erlauben, muß der Barlohn, neben der rein quantitativen Steigerung der Arbeitsintensität, den Ausgleich der Befriedigung bringen. *De facto* verwandelt er sich dabei zunehmend in eine *Ersatzbefriedigung,* die für weitere Ersatzbefriedigungen Freiheit schafft, nämlich Genußfreiheit in einer offenen Bedürfnisspirale. Die Möglichkeit, am Konsum teilzunehmen, bereichert zwar auch, kann aber das Phänomen der Ersatzbefriedigung nicht ausgleichen.

Um nochmals auf die Formulierung René Königs zurückzugreifen, so ist es immerhin fraglich, ob die aus den alten Ordnungen herausgetretenen Menschenmassen in der Tat in den »wohleingespielten neuen Ordnungen der modernen industriellen Arbeitswelt« schon jene Voraussetzungen finden, die es erlauben, soviel von der Persönlichkeit – nämlich ihren elementaren Bedürfnissen – sozial zu integrieren, daß eine erträgliche innere Beruhigung und Konstanz ihrer Identität erreicht wird. Mit »Identität«[7] soll hier eine Verfassung bezeichnet werden, in der es dem bewußten Ich möglich ist, gleichermaßen seine Leistungsvorgänge wie sein elementar triebhaftes und sein gemüthaftes Sein als eigenes und *eines* zu erkennen und zu kontrollieren. Anpassung, welche die »Tiefe« der Person (psychologisch gesprochen, seine unbewußte seelische Struktur) erreicht, scheint auch deshalb nicht so rasch vollziehbar, weil plötzlich ich-fremde Triebansprüche hervortreten, die in früheren Lebensgewohnheiten sozial erträglich gebunden waren. Die Angst vor einer *Inflation von innen* gehört zu den spezifischen Ängsten unserer Zeit. Das Nachhinken der unbewußt verlaufenden Verhaltensformen hinter der funktionellen Anpassung an neue Formen der Existenzerhaltung ist überall in der Geschichte sichtbar, wo neue Freiheit erreicht wird, die bisher ein Privileg weniger war. Wie lange hat sich etwa die Attitüde des Leibeigenen über die Abschaffung der Leibeigenschaft hinaus erhalten, sozusagen als »bedingter Reflex«!

Modellhaft wären für den Vorgang der Identitätsbildung zwei Voraussetzungen der sozialen Wirklichkeit notwendig: erstens müßten für die innerhalb der Gesellschaft zu leistenden primären Triebverzichte befriedigende Kompensationen zugänglich sein und sozial hoch bewertet werden; zweitens dürften die zur Verdrängung gezwungenen Triebbedürfnisse nicht so umfangreich sein, daß die Verdrängung als solche mißlingen muß und zum Kurzschluß in Triebhandlungen führt. In der Psychopathologie des Einzelnen nennen wir das Ergebnis beim Vorgang des Scheiterns der Verdrängung »Symptombildung«; in der Psychopathologie der Kollektivitäten hätte man analog von Ersatzbefriedigungen der Massen zu sprechen. In der Symptombildung des Einzelnen wie in dem Ausgeliefertsein an suchthafte Zwänge, die der Einzelne mit großen Gruppen teilt, herrscht eine narzißtische Triebbefriedigung vor, also ein eigentlich parasozialer oder außersozialer Energieverbrauch.

7 Vgl. dazu Erik Erikson, Kindheit und Gesellschaft, Zürich 1956.

Um diesen von soziologischer Seite leicht unterschätzten Tatbestand nochmals zu resümieren: Veränderungen der äußeren Lebensbedingungen sind relativ leicht und rasch herzustellen, etwa eine Revolution der Produktionsvorgänge, wie sie die industrielle Durchdringung der Massengesellschaft mit sich gebracht hat. *Funktionell* vermögen sich die Menschen an diesen veränderten Tatbestand auch ebenso rasch anzupassen. *Emotionell,* um nicht zu sagen »gemütlich«, gelingt das offenbar wesentlich schwerer. Man gewöhnt sich an Massentransportmittel, an die Verproviantierung in Kettenläden, an feste Arbeitszeiten, Pünktlichkeit usf.... Aber auch im Zustand dieser funktionellen Angepaßtheit bleiben für jeden Einzelnen Grundbedürfnisse erhalten, an deren besondere, aber verlorene Befriedigungsformen in vergangenen Zeiten er sich zu erinnern vermag. Die Anpassung an einen Arbeitsvorgang, der Selbstabbildung nicht mehr erlaubt, dafür aber artistische Leistungsbefriedigung anbietet, vollzieht sich offenbar keineswegs so rasch wie die faktische Übernahme der einen statt der alten anderen Arbeitsform. Die Koordination von Triebverzichten ist eine Leistung, welche die ganze innere Struktur des Menschen angeht, und weil man es dabei mit dem eigenen ich-fremden Persönlichkeitsanteil zu tun bekommt, besteht gegenüber Ansprüchen auf Umorientierung ein tiefes Mißtrauen, das von der Angst diktiert ist, einer Inflation dieser ich-fremden Antriebe ausgesetzt zu werden. Die neue Koordination von Triebverzichten bringt immer zugleich eine neue Selbstinterpretation im Ich, und dies braucht längere Zeiträume als die Konstituierung einer neuen Planwirtschaft.

Eine Überlegung beginnt sich jetzt deutlicher herauszubilden: Die Arbeitssituation im technischen Produktionsprozeß stellt eine Herausforderung dar, auf die nur *eine* Antwort in optimaler Weise gegeben werden kann. Sehr selten ist sie eine Herausforderung, auf die sich der Arbeiter selbst eine gestaltende Antwort abfordern muß. Was für den Handarbeiter zutrifft, stimmt in noch viel ausgeprägterer Weise für die Leistungen eines Angestellten. Hinter dem Rekordtraining auf spezialistische Spitzenleistungen sinkt also ein wesentliches Vermögen des Menschen in Aktivitätslosigkeit zurück. Man kann diesen Zustand als *Passivität des Engagements* charakterisieren. Die Friedlosigkeit in der Suche nach Ersatzbefriedigung ist sein korrespondierendes Erscheinungsbild. Diese Friedlosigkeit ist wiederum der entscheidende Motor für die offene Entwicklungsspirale, auf der sich der materielle Lebensstandard nach oben bewegt. Er läßt sich zutreffend auch als zunehmende Freiheit im Erlangen von Ersatzbefriedigungen bzw. Gütern, die eine solche ermöglichen, definieren.

Es gibt eine Psychologie und eine Metapsychologie des Komforts. Die Trennungslinie ist wiederum nicht klar gezogen. Psychologisch wird der Komfort immer nötiger, wenn die eigentlich erwarteten Befriedigungen ausbleiben. Man kann das in begüterten Kreisen sehr deutlich an der Zunahme des Schmuckes der Damen, auch seiner Kostbarkeit, mit fortschreitendem Alter beobachten. Metapsychologisch sieht man einen anderen Vorgang, nämlich wie die Bedürfnisse der Wirtschaft, ihre Produkte abzusetzen, auf dem Wege vom Produzenten zum Konsumenten zunehmend mit Gefühlen verschmolzen werden. Die seelische Not oder Zwangslage des Einzelnen ist nicht allein für die Vergnügungsbetriebe die Voraussetzung der Rentabilität geworden. Sie hat mehr oder weniger die gesamte Konsumgüterindustrie auf den Plan gerufen. Immer mehr Güter wollen das Unbehagen vertreiben helfen. Die Konsumgüterindustrie bietet nicht nur Artikel für die Befriedigung echter Bedürfnisse in ansprechender Form an; sie offeriert zugleich zahllose andere Artikel, für die sie simultan ein Bedürfnis weckt. Im Verbraucher soll das Gefühl entstehen, daß die Befriedigung dieses neuen Bedürfnisses das Wunder des Wohlbehagens vollbringen wird. Man weiß wohl, daß Schlaflosigkeit nicht mit Schlafmitteln geheilt wird, und doch eilen die meisten Schlaflosen sogleich in die Apotheke, wenn ein neues Fabrikat annonciert wird – jedesmal mit der Erwartung der Heilung, unverbesserlich in ihrer Fiktion.

In diesem Zusammenhang verlangt ein anderes echtes Massenphänomen, in dem sich Massenproduktion mit Massenkonsum treffen, Beachtung, nämlich die *Mode*. Die Befriedigung modischer Bedürfnisse ist längst der spontanen Aktivität des Einzelnen entglitten. Die Mode wird diktiert. Sie ist standardisiertes Massenprodukt, das der Konsument abnehmen muß. Das Bedürfnis, die Mode zu wechseln, ist längst zu einem Problem der Produktion geworden. Aber der Einzelne hat sich diesem Vorgang sehr widerspruchslos angepaßt, und zwar nicht ohne Grund. Der Vorgang der modischen Durchdringung ist auf zahllose Gebrauchsgegenstände, die früher keinem kurzfristigen Wandel ihres Aussehens unterworfen waren, übergegangen: Handtücher, Federhalter, Wäsche, Tapeten, Möbel, von Automobilen, die fast wie die Kleidermode saisonhaft wechseln, zu schweigen, und noch vieles andere, bis zum Küchenapparat und zum Reisekoffer, ist heute modisch überformt, »streamlined«. Der Beruf des industriellen Formgestalters trägt dieser Entwicklung Rechnung. Wie gesagt, von der industriellen Massenproduktion her mag dies alles sehr einleuchtend sein. Nur wenn durch modischen Wechsel neue Konsumbedürfnisse geweckt werden, läßt sich die Produktion erhalten. Nicht allein der Verschleiß, sondern das modische Diktat bestimmt jetzt den Absatz. Dies setzt aber eine Empfangsbereitschaft für die modische Abwechslung voraus, also ein psychologisches Entgegenkommen, das dann merkantil ausgebeutet wird. Woher stammt dies?

Einen Anhaltspunkt gibt die Eigenart des affektiven Kontaktes der Besitzer zu ihrem Besitz. Und hier kann jedermann deutlich aus seiner Eigenerfahrung konstatieren, daß die ursprünglich beim Erwerb bestehende Besitzfreude über kürzer oder länger vielen Gegenständen gegenüber erlischt. In der Sprache der Psychoanalyse formuliert: die Objektlibido, mit denen sie besetzt, d. h. in Besitz gehalten waren, kehrt von ihnen zum Besitzer zurück. Man stellt dann eines Tages fest, daß man dies oder jenes »nicht mehr sehen kann«, und sucht nach einem Ersatz. Aus den Zeiten, in denen man seinen

Besitz mehr oder weniger selbst gestaltete oder doch Gegenstände besaß, an denen die Spur einer individuellen Hervorbringung haftete, bereicherte man völlig legitim mit dem Besitz als solchem das Selbstwertgefühl. Es gibt natürlich auch heute noch bevorzugte Objekte, die lebenslange Besitzfreuden erwecken und im Falle eines Verlustes das Empfinden der Verarmung hervorrufen, einer Verarmung, die sich eben gerade nicht nur am ökonomischen Wert allein bemißt.

Woran liegt jenes leicht absterbende Interesse, jene Veränderung in der Haltbarkeit objektlibidinöser Beziehungen? Die Antwort führt in die besondere Form des Entstehungsvorganges all dieser Konsumgüter zurück. Vielleicht ist seine Eigenart wesentlich an dieser Veränderung des Besitzstiles beteiligt. Und zwar nicht nur, weil man selbst alle diese ursprünglich mit Vergnügen gewählten Gegenstände nicht angefertigt hat, sondern weil jeder von ihnen überhaupt kaum noch die Spur einer menschlichen Hand zeigt, also eines unmittelbaren Kontaktes zwischen einem lebendigen Schöpfer und seinem Stoff aufweist, sondern weil jetzt der maschinelle Hervorbringungsweg seine Spur hinterlassen hat, nämlich die der Anonymität der Maschinenfertigung. Daß dies oft genug zu einem perfekteren, glatteren Produkt führt als bei Handarbeit, ist unbestreitbar.

Beispielhaft läßt sich das, was hier gemeint ist, in der Kinderstube am Schicksal der Spielsachen beobachten. Das automatische Spielzeug ist einem raschen Untergang preisgegeben, und zwar nicht nur, weil seine Apparatur es verletzlicher macht, sondern weil ihm gegenüber die Aggressivität viel leichter entbunden wird, als einem anderen Spielzeug gegenüber, das selbst oder zusammen mit einem hilfreichen Erwachsenen gebastelt wurde. Dieses Spielzeug ist Ausdrucksträger der eigenen Person geworden, und wenn es einmal akzeptiert ist, widerfährt ihm eine ganz andere Schonung als dem gekauften Massenartikel. All diese maschinellen Produktformen sind, in einer verfänglichen Bildersprache gesagt, »Waisenkinder von der Entstehung an«, sie sind nicht durch die

Hände eines Individuums gegangen, sondern durch maschinelle Prozesse; um ein viele Teilvorgänge deckendes Wort zu gebrauchen: sie sind *verfremdet*. Dem Fremden gegenüber können aber destruktive Tendenzen viel unbeschwerter gezeigt werden als dem Bekannten. Das Fremde kommt und geht und tangiert unser Selbstgefühl nur oberflächlich. Bildet sich einer auf solcherlei Besitz besonders viel ein, stapelt er ihn auf, protzt mit ihm, so ist dies eben gerade ein Musterbeispiel von Ersatzbefriedigung, wobei man wiederum sehr deutlich beobachten kann, wie aus einem ursprünglichen Ausgleichsvorgang, auf elementare Triebansprüche einerseits verzichten zu müssen, andrerseits sich selbst in seinen Leistungen mit abbilden zu können und daraus sekundäre Befriedigung zu erlangen, – wie aus diesem Vorgang seine Korruption sich entwickelt und er auf das Niveau der bloßen Ersatzbefriedigung, der scheinhaften Befriedigung, absinkt.

Wenn man nun von soziologischer Seite hört, daß als Korrektur der Auswüchse auf seiten der Produktion – insbesondere im Bereiche der Massenkommunikationsmittel – nur eine »Alltagsmoral« einspringen könnte, die diesen »Darbietungen eine innere Linie« (René König) gibt, daß es an dieser Alltagsmoral aber gerade mangele, dann hat man die Voraussetzungen dafür jetzt ein Stück weiter verstanden. Der Anpassungsvorgang an den völlig neuen *Objekthabitus* des technischen Konsumgutes ist eben noch nicht geleistet. In einem tieferen Sinn war vieler Besitz in früheren Zeiten ein Stück des Selbst. Er begleitete einen ein ganzes Leben hindurch und trug damit zur Erhaltung der Ich-Identität bei. Wenn man sich heute einer Periodizität der Besetzungsvorgänge, den dauernden Besitzveränderungen, Besitzentwertungen und Neuerwerbungen gegenüber sieht, dann muß man in Rechnung stellen, daß damit auch die Ich-Identität des Besitzers selbst gefährdet wird. Man wird sagen können, daß eine große Zahl der Zeitgenossen diese Gefahr nicht besteht. Wenn man in den Wohnungen heute beobachtet, wie wildfremd meist eine Musiktruhe oder ein Fernsehgerät zwischen den auch schon konfektionierten Möbeln steht, die noch die handwerklich bestimmten Formen aufweisen (jedenfalls jene durch Handarbeit gefertigten Stilarten kopieren), so sieht man augenfällig den konsequenten Fortschritt des Verfremdungsvorganges. Zugleich aber sammelt sich ein Großteil der Besitzlibido gerade auf diesen Gegenständen, und wenn irgend etwas noch mit einer gewissen Wehmut aufgegeben wird, so ist es ein Auto, das man für zwei oder drei oder fünf Jahre fuhr. Zunehmend mehr technische Produkte verzichten selbstbewußt auf die Camouflage mit gewohnten, d. h. affektiv bekannten Formen. Die Entwicklung ihrer eigenen Ästhetik ist freilich oft ebenso fragwürdig wie die der älteren Geschmacklosigkeiten. Aber darum geht es im Augenblick nicht, sondern um das Wildfremde, das einem von Menschenhand in der Montage kaum noch berührten Gebrauchsgegenstand anhaftet.

Wieviel mehr Fremdheit in der Umwelt zu ertragen ist, kann man sich sinnfällig machen, wenn man eine alte Spieluhr neben einen Plattenspieler setzt. Die unendlich größere Variationsmöglichkeit, die einem das moderne Gerät gegenüber dem rührend naiven Repertoire des alten gibt, ist aber nur der eine, der perfektionistische Aspekt. Der andere ist der, daß die alte Maschine, die an die Zählrahmen der Elementarschule erinnert, ungefähr dem Abstraktionsvermögen des Menschen vieler Jahrtausende entspricht – und daß mittlerweile ein Riesensprung erfolgt ist. Ein Sprung, den ein intellektuelles Rekordtraining möglich gemacht hat. Die Schalttafelästhetik, die eine elektronische Rechenmaschine verkleidet, zeigt aber, daß immer noch ein Bedürfnis besteht, Apparatur vertraut, harmlos, sinnlich verführerisch zu machen. Die technische Form ist in vieler Hinsicht nur modisch überkrustet. Daß man dazu gezwungen ist, bringt sie aber nicht näher an den Menschen heran, sondern larviert die technische Herrschaft mit allen Bedürfnissen, vielleicht solchen, die man nicht abschleifen kann, nämlich des Glaubens zu bleiben, daß die Maschinen noch Gebrauchsgegenstände alten Stiles wären. Auf eine elektronische Rechenmaschine kann man aber keine Libido im Sinne der Einbeziehung in den Lebensraum als Werkzeug entsenden. Es ist schwer zu definieren und vor allem schwer vorauszusehen, wie sich die ja nicht grenzenlos wandelbare menschliche Triebnatur mit solchen Gegenständen abfinden wird. Kaum realistisch – das tun die Leute, die eine solche Maschine bauen und ihr dann Aufgaben stellen, gewiß. Aber dies beschreibt vorerst nur die Bewußtseinsvorgänge. Unbewußt hat solche Maschine wohl vorerst eher Anschluß an ein sehr archaisches Weltbild: die Omnipotenzträume der frühkindlichen Entwicklung. Es wird mit ihnen das befördert, was Erik Erikson »die kosmische Kindischkeit« genannt hat. Außerdem erweckt solches Wunder, wie alle Wunder, Angst, die sich freilich als Triumph ausgeben mag.

An der Tatsache ist aber nichts zu ändern, daß der ewig gleichen Triebnatur nun nicht mehr vertraute Werkzeuge alten Stiles, sondern diese Roboter zugeordnet sind. Wollte man den Maschinenprotest aus der Frühzeit der Industrialisierung wieder aufleben lassen, so würde man, was metapsychologisch sehr leicht einzusehen ist, den Ast absägen, auf dem die Menschheit heutzutage sitzt. Das wenigste, was man tun kann, ist die Aufgabe der Anpassung an alle diese neuen Produkte der Arbeit wie an die Arbeit selbst nicht nur flach faktisch zu sehen. Man muß nach dem Schicksal der menschlichen Fähigkeiten fragen, die nicht die Beweglichkeit der intellektuellen zerebralen Organisation für sich in Anspruch nehmen können, die einen langsameren, haftenderen Duktus der Bewegung aufweisen. Man soll auch nicht vorschnell sagen, daß es nicht gelingen könne, in dieser unbekannten Verwirklichungen zustrebenden technischen Welt sich zu beheimaten. Wie sich die Menschen des Motorfahrzeuges für ihren libidinösen Haushalt bemächtigt haben, in wenig mehr als einem halben Jahrhundert, zeigt doch auch hier eine erstaunliche Plastizität der emotionellen Fähigkeiten. Nur wird man annehmen dürfen, daß sich die Menschen in diesem Anpassungsvorgang nicht allein durch Bewußtseinshelligkeit, durch vergrößerte

Reaktionsgeschwindigkeit, sondern ebenso in ihrem »Gemüt« verändert haben und weiter verändern werden.

Ist man so auf anderen als den gewohnten Pfaden ein Stück in das innere Leben des Menschen in Massen der verschiedenartigsten Funktionseinheiten eingedrungen, so ist uns auf diesem Weg doch zugleich deutlich geworden, daß das Bild des Einzelnen zu verschwimmen beginnt. Nicht nur die Massen sind nebelhafte Wesen, er selbst scheint eines zu sein, dessen Peripherie und innerer Aufbau an vielen Orten aufgelöst ist und der selbst manche unvertraute Züge eines neuen Phänotypus aufweist. Das, was Freud mit »Kulturheuchelei« bezeichnet hat, also jene oberflächliche Anpassung der elementaren Triebnatur des Menschen an die Lohn- und Strafbedingungen einer Gesellschaft – ein Vorgang, den wir in sehr vielen Facetten zu beobachten Gelegenheit hatten –, hat aber nicht nur eine negative Seite. In sehr überzeugender Weise hat schon Jacob Burckhardt gesehen, daß Kasten und Hierarchien, auf denen die Verantwortung für den Wertmaßstab und Lebensstil einer Epoche beruhte, »absolut inkorrigibel selbst bei klarer Einsicht des Abgrundes in vielen einzelnen seien«. In diesen tragenden Schichten hat also der Triebgrund der menschlichen Natur mit den Kulturgehalten, zu deren Entfaltung er herangezogen wurde, eine unlösbare Einheit hergestellt. Solche die Gesellschaft als ganze repräsentierende Schichten, die sogenannten Eliten, haben nicht nur eine größere »Kultureignung« als die Plebs, der sie das Gesetz des Handelns vorschreiben, sie haben sich vielmehr auf diese eine bestehende Kulturform spezialisiert. Dieser Vorgang der Anpassung ist dem anderer spezialisierter Lebewesen nicht unähnlich. Für solche echte Kulturspezialisierung gilt, was für Spezialisierung aller Lebewesen Gültigkeit hat: eine Milieuänderung kann nicht mehr durch Abschütteln der Form, durch den Vorgang einer regressiven Entformung überwunden werden[8]. Vielmehr gehen diese Schichten an und mit

---

[8] Vgl. dazu Hans Freyer, Soziologie als Wirklichkeitswissenschaft, S. 182. Beschreibt man den hier angedeuteten Gedanken in dem Tönnies'schen

ihren Institutionen zugrunde. Prototypen dieser Schichten sind jeweils ihre einzelnen, ihre hervorragenden Individuen. Gerade dieser Typus des Einzelnen ist aber dem Untergang geweiht. Darüber, daß dies geschichtlich immer wieder schaurige Vorgänge sind, hat sich Burckhardt nicht getäuscht. »Um nur weniges zu erreichen«, sagt er, »braucht die Geschichte ganz enorme Veranstaltungen und einen ganz unverhältnismäßigen Lärm.«
Im ganzen hieße das also, daß nur die unspezialisierten Triebreserven die Bewältigung neuer geschichtlicher Lagen in und nach großen Krisen möglich machen. Eine geschichtliche ausspezialisierte Verbindung von Triebkräften und rollenbestimmter Triebsublimierung erweist sich als invariabel und geht mit ihren Repräsentanten unter. Keine Spezialisierung ist andrerseits aber so vollkommen, daß ihre Übersetzungsform des vitalen Antriebes in Kultur, und das heißt in sozial gebundene Ausdrucksform, nicht zu erheblichen Lebensenttäuschungen führen würde. Eine Zivilisationsform wie die unsere z. B., die aus dem Konkurrenzprinzip, d. h. aus ständig sozial bedrohtem Lustgewinn, in Gang gehalten wird, muß das kontemplative, beschauende, *vor* der Bewegungslust liegende Innewerden der Welt frustrieren. Sie kennt im großen weder Muße noch »Anschauung«, verdeckt also entscheidende Glückszustände. Es ist unausbleiblich, daß dagegen in einer Vitalkrise ein Gegenschlag erfolgen wird. Augenblicklich kann man ihn individualpathologisch in den Zuständen der Aggression, der nervösen Erschöpfung, aber auch in organisch unverdächtiger erscheinenden Leiden wie dem Magengeschwür oder dem Bluthochdruck vorausahnen.
Was von den Wertmaßstäben im allgemeinen gilt, ist auch auf

---

Gegensatzpaar Gemeinschaft und Gesellschaft, dann ergibt sich die generelle Konsequenz: »Die Strukturen Gemeinschaft und Gesellschaft folgen in dieser und nur in dieser Ordnung aufeinander in der Zeit; sie sind nicht bloß zwei Möglichkeiten des gesellschaftlichen Zusammenlebens, sondern zwei Etappen der gesellschaftlichen Wirklichkeit; Gemeinschaft kann nur Gesellschaft werden, Gesellschaft geht immer aus Gemeinschaft hervor; nie ist der reale Prozeß umkehrbar.«

die, an denen sich das Individuum sein Selbstbewußtsein ausweist, anwendbar. Beide haben gleichermaßen, um es zu wiederholen, »ihren rechtfertigenden Zusammenhang mit ihrem Ursprung eingebüßt«. Mit dieser Tatsache muß man sich zweifellos vertraut machen, wenn man nicht dem idealistischen Vorurteil verfallen will, daß es möglich sei, die gefährlichen Entwicklungstendenzen in der modernen Massengesellschaft von einzelnen alten Stiles her zu korrigieren. Der Einzelne hat sein Gesicht ebenso verloren, vielmehr so erstaunlich verändert, wie es die Kunst von Lenbach über Kokoschka zu Picasso wiedergibt. Daß dieser wohltuend und zugleich schreckhaft gefestigte Einzelne, dieses, mit David Riesman zu sprechen, »*inner directed*«, d. h. zugleich souveräne und gewissensgebundene Individuum einem schweren Prozeß der Aushöhlung und Auflösung unterworfen war, ehe ihm dies von der Kunst ins Gesicht hinein bescheinigt wurde, kann man sehr genau an der Architektur studieren, wenn man etwa eine Stadtstraße, die von Wohnhäusern der Aristokratie, oder eine, die von Bürgerhäusern bis zum Ende des 18. Jahrhunderts gebildet wird, mit jenen Hervorbringungen vergleicht, die etwa von 1870 bis 1914 die neuen Wohnviertel aus dem Typus der »Villa« und der »Mietskaserne« erstehen lassen. Die sozial sensiblen alten Kollektivformen, die sowohl streng wie tolerant dem Einzelnen gegenüber waren, sind schon damals einem bombastischen Individualismus verfallen. Der Verfall der sozialen, und zwar wechselseitigen Sensibilität hatte diese Epoche eindrucksvoller noch in ihren »massiven« Villen als in ihren Mietskasernen vorgeleistet. Seither ist es gewiß nicht zu einer Entmassung gekommen, aber schrittweise doch zu einer Adaptierung an die Existenz der Dauermassen. Daß dabei zweifellos der größte Teil des Weges noch nicht geleistet ist, ist jedermann spürbar genug.

Im Zuge der Erfindung »dynamischer« Begriffsmodelle erfreut sich das Wort »Vermassung« besonderer Beliebtheit, wenn es darum geht, ein Ressentiment zu kaschieren. Da mit der Handhabung solcher Worte der Zustand des unausweich-

lichen Massendaseins durch Wunschdenken zu verdecken versucht wird, die Erkenntnishilfe ungenau bleibt, sei hierzu noch eine abschließende Bemerkung angefügt. Vom Standort des Soziologen aus hat René König sehr einleuchtend aufgezeigt, daß »Massesein im Sinn der Psychologie etwas ist, das zu allen Zeiten und unter allen Bedingungen auftauchen kann«, während »das Phänomen der Vermassung weitgehend an einige zentral wichtige Züge unserer modernen Wirtschaftsverfassung gebunden zu sein scheint und unter anderen Voraussetzungen unmöglich ist«. Diese Unterscheidung, so richtig sie auch auf Sachzusammenhänge abhebt, scheint doch in dieser schroffen Trennung nicht haltbar. Man wird René König völlig zustimmen, wenn er Vermassung in Zusammenhang bringt mit den Bedingungen einer »ausgesprochenen Konsumentengesellschaft«, in welcher »die Industrie bestimmte Konsum- und Gebrauchsgüter in großen Massen produziert und damit jedermann zugänglich macht«. Damit ist aber nur der halbe Vorgang beschrieben; von der anderen Hälfte wurde hier angedeutet, daß diesem Konsumdiktat auch ein sehr tief gehendes individuelles Entgegenkommen *en masse* zugeordnet ist. Hier kann man mit Recht ebenfalls von Vermassung im Hinblick auf eine *homogenisierte Aufnahmebereitschaft für die Konsumgüter* sprechen. Und da diese nicht nur die vitalen Lebensbedürfnisse decken, sondern, wie gezeigt wurde, ebenso die aktuellen Ersatzbedürfnisse, führt dieser Vorgang der habituellen Einordnung in die Masse zu einem echten *Masse-Sein,* nämlich zu einer Kongruenz sowohl der oberflächlichen affektiven Haltungen wie der Verdrängungsnotwendigkeit, wie aber auch insbesondere zum Scheitern dieser Verdrängungsleistungen und damit zu massenspezifischen Suchtformen, die sich wiederum in den Ersatzbefriedigungen niederschlagen. Wenn diese dann sekundär merkantil bewirtschaftet werden, entsteht ein echter Zirkelschluß zwischen psychologischen und metapsychologischen Elementen der Gesamtsituation des Massendaseins.
Zu den naivsten Prophezeiungen unserer Zeit gehört das häu-

fig gebrauchte Wort von der »drohenden Vermassung«. Die Vermassung sowohl im ökonomischen wie im seelischen Sektor hat sich längst vollzogen. Was einzig von Interesse ist, ist die Aufgabe, wie man *zu diesem Massendasein zugeordnete Positionen der Individualisierung* entwickeln kann. Und dies führt zu der zweiten der eingangs gestellten Fragen, welches die zeitspezifischen Möglichkeiten sind, ein Einzelner in der Massengesellschaft zu sein. In seiner zitierten Studie schreibt Theodor Geiger, er glaube, daß das öffentliche Dasein in der Massengesellschaft nur »mit Verstandeszucht« und »Gefühlsaskese« zu bewältigen sei; wir hätten »das Unglück, ein Gesellschaftsgefüge von Weltausmaßen mit sentimentalen Pfahlbürgern in Gang halten zu wollen; der heutige Mensch in seinem persönlichen Habitus sei hinter seiner eigenen Zivilisation zurückgeblieben und ihr nicht gewachsen«. Wenn nach diesem Entwurf die beiden Mittel, welche das Leben in der Massengesellschaft ermöglichen könnten, rationale Klarheit und Gefühlsbeherrschung sind, dann geht daraus weiterhin hervor, daß das Ziel dieser Anstrengung nur in einer gesteigerten Selbstkontrolle liegen kann. Damit ist aber nichts Geringeres als das gefordert, was man mit Freuds Begriff eines hohen Grades von »Kultureignung« beschreiben kann, einem Attribut, das bisher nur den privilegierten, tonangebenden Schichten der Gesellschaft abverlangt wurde. Wenn diese Forderung nun als eine generelle, gleichsam als eine Grundverpflichtung des Menschen der Massengesellschaft aufgestellt wird, so ist damit der von Karl Mannheim beschriebene Vorgang der »Fundamentaldemokratisierung« nicht mehr allein von der Seite der Rechte, sondern ebenso von der Seite der Pflichten her definiert. Geiger sieht die Unterentwicklung im »persönlichen Habitus« – also in den Merkmalen des Einzelnen –, gemessen an den Anforderungen der Massenzivilisation. Freud andrerseits warnt vor der Gefahr, »die gesamte Kultureignung in ihrem Verhältnis zum primitiv gebliebenen Triebleben zu überschätzen«[9]. Er sieht die Fragwürdigkeit

9 Ges. Werke, Bd. X, Zeitgemäßes über Krieg und Tod, S. 332 ff.

des »Kulturgehorsams« wenn es nicht gelingt, der Elementargewalt des Triebhaften im kulturellen Verhalten selbst Raum zu geben. An einigen, vielleicht doch markanten Beispielen haben wir zu zeigen versucht, welche Schwierigkeiten in dieser Hinsicht in der industrialisierten Massengesellschaft bestehen. Andere Beispiele wären in Mengen zu finden. Freud hat aber weiterhin in unbestreitbarer Weise gezeigt, daß eine dieser Elementargewalten, nämlich die Aggressivität, nur dann als Kraft genützt werden kann, die sich für die Ziele jeder Kultur eignet, wenn es gelingt, sie unter dem Einfluß der Erotik umzubilden; in der neueren Sprache der Psychoanalyse würde man sagen: sie zu neutralisieren. Es ist wohl kaum nötig, darauf hinzuweisen, daß Freud den Begriff des Eros in einer großen Bedeutungsbreite verwendet. Der Eros ist es, der Zellen zu Organismen bindet und der gleicherweise noch die sublimen Formen, in denen Menschen miteinander und Menschen mit Dingen verbunden sind, beherrscht. Die Art und Weise, wie es gelingt, die primäre Kraft des Eros der anderen Elementarkraft, den egoistisch-aggressiven Triebregungen entgegenzustellen, so daß sich beide miteinander legieren, entscheidet über die »Kultureignung« des Individuums. Daß ihm dies nicht aus eigener Kraft gelingt, sondern daß es dabei der gespeicherten Erfahrung des Kollektivs bedarf, wurde schon angedeutet. Ein Rezept, wie diese Verschmelzung elementarer Triebregungen zustande zu bringen sei, ist nicht zu geben. Wohl aber können wir an den Einzelnen Aufgaben, die hier und dort in tausendfältiger Wiederholung den Mitgliedern der Massengesellschaft gestellt werden, untersuchen, ob sie im Einzelnen diese Verbindung befördern oder aber eine Dissoziation. Das Programm, das damit angedeutet ist, ist nicht weniger als eine gänzlich neue Kulturwertkritik, die kaum noch etwas mit den idealistischen Theorien, mit denen wir erzogen wurden, zu tun hat.

Der Zirkelvorgang der ökonomischen und psychologischen Vermassung zielt darauf ab, das Individuum sozial den Bedingungen der Massengesellschaft gefügig zu machen. Es werden ihm primär ich-fremde Bedürfnisse eingepflanzt, es wird alles getan, um seine ich-fremden Vorurteile zu erhalten und auszunützen, und schließlich werden die aus der Verdrängung aufbrechenden blinden Erregungen in para-kulturellen, halbernsten und zugleich bitter ernsten Spiel- und Suchtangeboten kanalisiert. Im Grunde sind alle diese Vorgänge keineswegs spezifisch für diese unsere Massengesellschaft; es sind vielmehr Vorgänge, die man in allen Sozialisierungsprozessen durch die Zeit hindurch in wechselnder Akzentuierung beobachten kann. Diesen gegen das Ich mobilisierten Impulsen zu entgehen, war und bleibt schwer. Vielleicht sollte man in diesem Zusammenhang aber nicht wie Geiger das Wort »Gefühlsaskese« gebrauchen, denn es ist ein Wort bloßer Negierung und läßt uns im unklaren, auf welche Weise triebhaftes Geschehen unter der Lenkung des Ich der Gesamtperson integriert wird. Eine haltbare Ich-Identität wird immer nur dort erreicht, wo das Niveau einer sicheren Triebbeherrschung gefunden wurde. Ohne Zweifel sieht sich der Einzelne in dieser Hinsicht in einer besonders prekären Lage. Triebverzichte sind nicht mehr an feste, tradierte und auch für die Zukunft gesichert erscheinende Normen gebunden. Die Triebgewährungen ihrerseits sind aber nicht mehr ritualisiert, periodisch feste, festliche Einrichtungen in jahreszeitlichem Ablauf. Es hat sich ein Vorgang vollzogen, der von dem ausgleichenden kollektiven und ritualisierten Austoben der unterdrückten Triebnatur wegführt zur permanenten, zwanghaften Ersatzbefriedigung. Der größte psychosoziale Verlust, den die Massengesellschaft bisher zu tragen hat, ist der *Verlust ritualisierter Formen der Triebgewährung*. Jahreszeitliche Feste, Karneval, Stierkampf und ähnliche Höhepunkte des sozialen Lebens sind Phasen, in denen sich die repressiven Schranken lockern und in denen entweder durch zeremonielle Darbietungen oder Spiele oder aber durch zeitlich begrenzte Aufhebung von Tabuschranken ein gefühlsbewegtes Gemeinschaftsleben ermöglicht wird – ohne daß dabei der Kulturzusammenhang verloren wird. Feste dieser Art sind kein »Privatvergnügen«. Was an archaischen Triebwünschen sich hier regt, wird nicht in einen parakulturellen Bereich, auf verdeckte Wege individueller Entspannungssuche abgedrängt, sondern bleibt eine Einrichtung der Gesellschaft, die nicht wenig zu ihrer inneren Festigkeit in normalen Tagen beiträgt.

Die unentwegt geforderte schnelle Anpassung an die wechselnden sozialen Lebensbedingungen hat aber ungewollt noch die Beschleunigung eines anderen Ablauftempos mit sich gebracht, nämlich die Verkürzung der Frist zwischen erlebtem Unlustgefühl aus Triebspannung und der nachfolgenden Saturierung, Entspannung. Im Hinblick auf dieses Merkmal des Massenmenschen darf man von »Verkindischung« sprechen, weil die niedrige Toleranz gegen Unlustgefühle charakteristisch für die frühe Kindheit ist. Das Wesen der Erziehung besteht darin, die Schwelle im Ertragen dieser Unlustgefühle zu erhöhen. Allerdings muß eben auf der anderen Seite ein entsprechender Ausgleich in der Erschließung sowohl der Welt wie der im Menschen liegenden Fähigkeiten dieser Forderung gegenüberstehen.

Kommt man zu einer Konklusion, so findet man einerseits Aufgaben für das Individuum, welches sich zu einem Einzelnen in einem kulturell relevanten Sinn entwickeln will, die sich in nichts von der Aufgabenstellung in früheren Kulturen unterscheiden. Wenn Freud sagte: »Wo Es war, soll Ich sein«, so bleibt es dabei, daß diese Aufgabe auch dem Massenmenschen unserer Zeit gestellt ist. Daß die benötigte erhöhte Selbstkontrolle zum Teil durch eine Steigerung der individuellen und spezialistischen Verantwortung, die dem Einzelnen übertragen sind, gefördert wird, wurde angedeutet; aber auch die Einseitigkeit dieser Last. Wenn das Gestaltungsbedürfnis auch zu den elementaren Triebregungen oder mindestens zu Verhaltensweisen gehört, die solchen Triebregungen Auslauf geben, dann bietet die Industrialisierung und Bürokratisierung hier wenig Ausgleichsmöglichkeiten, vielmehr scheint es sich um einen Verlustvorgang zu handeln, der kaum durch

»hobbies« wettgemacht werden kann. Die Anpassungsvorgänge an den modernen Produktions- und Massenstil werden damit ohne Zweifel eine tiefgreifende Änderung der Charakterstruktur des Menschen, und zwar eine von bleibender Art, mit sich bringen. Wie die durchrationalisierte und durchtechnisierte Menschheit schließlich auf diese Frustrierung eines bisher hochkultivierten menschlichen Vermögens reagieren wird, vermag heute wohl niemand abzusehen.

Im Grunde hängt jede Erziehung – das müssen wir uns resignierend eingestehen – in ihrem Erfolg immer von ganz anderen Faktoren ab, als wir in unserer bewußten Rechenschaft annehmen. Daß die Abschaffung der alten Privilegien sofort zur Etablierung neuer führt, dazu haben wir genügend Beweise in unserer zeitgenössischen Umwelt. Geschichtlich aufregend ist nur das eine, wie diese neuen Eliteschichten, diese neuen Vorbilder der Massengesellschaft, innerlich strukturiert sind, wie also die Relation des Ich zu den großen Bezirken des Nicht-Ich sich gestaltet. Übermäßig hohe Erwartungen wären hier gewiß ein sträflicher Optimismus. Wenn man eine kleine Prophezeiung wagt, so möchte es scheinen, daß jenem Verband kulturbestimmender Individuen die größte Chance eines fortwirkenden Einflusses auf die Massen offenstehen dürfte, dem es am besten gelingt, auf eine Technik der Angstabwehr zu verzichten, die Freud mit dem Wort »Verleugnung der Realität« beschrieben hat. Je schwächer unser Ich ist, desto mehr sind wir geneigt, von dieser Schutzmethode Gebrauch zu machen. Der Realität der Massen gegenüber waren die mutigsten Köpfe in der Vergangenheit feige. Nietzsche schrieb vor genau 80 Jahren: »Die Massen scheinen mir nur in dreierlei Hinsicht einen Blick zu verdienen: einmal als verschwimmende Kopien der großen Männer..., sodann als Widerstand gegen die Großen, und endlich als Werkzeuge der Großen; im übrigen hole sie der Teufel und die Statistik!« Die Definition stimmt in keinem der drei Teile, die sie ausmachen. Das ist uninteressant geworden. Bedeutungsvoll ist nur der wegwerfende Affekt geblieben. Zweifellos werden die Einzelnen, die irgendein Gewicht in der gegenwärtigen und zukünftigen Geschichte erringen, diesen Affekt nicht teilen.

Wenn man in der Geschichte nicht nur die Wiederholung eines ewig Gleichen zu erkennen glaubt, sondern darüber hinaus auch Ausdifferenzierung sich nicht wiederholender Gesamtkonstellationen, dann kann es nach allem, was wir bisher von unserer Lage erkannt haben, nicht anders kommen, als daß einem ungleich größeren Kreis von Menschen als je zuvor – und zwar nicht nur relativ zur Vermehrung der Menschheit, sondern absolut – die Aufgabe der Orientierung in einem unübersichtlichen Fluß von rasch aufeinanderfolgenden Ereignissen zufällt. Der bisher schon vollzogene Abbau aller Vorbildhierarchien weist vorerst nur auf die Notwendigkeit einer individuellen Kulturorientierung. Das Mühen um ein angstfreieres Ertragenkönnen einer unvollendeten und unsicheren Wirklichkeit wird damit zum obersten Merkmal eines Einzelnen, der die auf ihn zukommenden Forderungen mit dem nötigen Vorbehalt und nicht blindlings, nicht idealistisch, nicht unterwürfig und nicht traditionsabhängig zu treffen vermag. Leistet er dies, so leistet er gewiß nicht weniger als seine Vorfahren.

## 2. Massenpsychologie ohne Ressentiment

Ein witziger Mann hat sich folgende Geschichte ausgedacht: Politische Großversammlung, die Arena gefüllt bis zum letzten Platz, ein Teppich von Menschen und Gesichtern in den aufsteigenden Reihen, der Redner im vollen Zug. Er sagt: »Die Vermassung ist an allem schuld.« Orkanartiger Applaus. – Die Geschichte ist deshalb so gut, weil sie zeigt, daß wir alle jederzeit zu Massen gehörend, uns nicht zur Masse gehörig fühlen. Die Massenpsychologie seit dem klassischen Werk von Gustave Le Bon ist doch dadurch ausgezeichnet, daß ihre Kritiker, Analytiker, Historiker immer die Masse von außen betrachten. Nie hat ein Massenpsychologe in Frage gestellt, ob er nicht auch selbst Massenmensch sei. Wie sollte er auch, denn man erwartet von ihm, daß er einen Standpunkt außerhalb der Massen mitteilt, einen Ort zugänglich macht, von dem aus man sich dem gefährlichen Sog des Massendaseins erfolgreich entziehen könnte. An dieser Illusion darf man nicht festhalten. Auch der Massenpsychologe ist ein Mensch, den die Gewalt der gesellschaftlichen Kräfte seiner Zeit erfaßt und geprägt hat. Was er denkt und schreibt, sind Erfahrungen der Unruhe. Die ungelöste Zukunft ist um ihn. Und was seine Reflexionen brauchbar macht, ist nicht der Rückblick, nicht die Vogelschau, sondern der gelassene Scharfblick für das Nahe und Nächste. Die archimedische Phantasie ist eine List, die auf die Mechanik abzielt, die psychologische will das Leben zähmen, ohne es aus den Angeln zu heben. Die Meditation lebt am nächsten bei der inneren Gewalttätigkeit und ihren Katastrophen. Hierin liegt ihre objektive Erfahrung, nicht im Erteilen zeitgeschichtlicher Zensuren.

Massenpsychologie, das ist das zentrale Thema der Menschenkunde unserer Zeit. Und wenn es stimmt, daß der Mensch zuerst ein Sozialwesen, ein Gemeinschaftswesen ist und einer langen Anstrengung bedarf, um Einzelner, ein in seine mitmenschlichen Bezüge eingebettetes komponiertes Selbst zu werden, dann wird man sagen müssen, daß die soziale Vielheit, aus der dieser Aufstieg heute erfolgt, die Masse oder die Massen sind, und daß wir dann auch, wenn wir Individuen sind – solche individuell geprägten, von unserer Unvertauschbarkeit überzeugten Einzelmenschen –, daß wir auch dann mit der Wurzel unseres Daseins, mit der sozialen Basis unseres Lebens den Massen entstammen. Massenpsychologie und Individualpsychologie hängen auf das innigste zusammen. Es ist nicht nur so, daß wir Massenpsychologie betreiben müssen, um die großen, kollektiv prägenden Kräfte im Einzelnen verstehen zu können, sondern daß wir auch diesen Einzelnen im Hinblick auf seine Geprägtheit sehen müssen, um zu begreifen, welche Rolle er im Dasein der Massenhaftigkeit spielen kann und welche Leistungen ihm nicht zugemutet werden dürfen. Diese Abhängigkeit des Menschen als Einzelwesen von den Gruppen, in denen er aufwächst, in denen er seine sozialen Leistungen vollbringt, bis zu seiner Formung durch den »Zeitstil«, ist ein unentrinnbares Geschehen. Die Frage, die uns in einem Augenblick unvorhergesehener Vermehrung des menschlichen Geschlechtes bewegt, zielt auf die Wesenseigentümlichkeit dessen, was sich aus dieser Großzahl, aus dem Miteinanderleben so vieler Menschen an Sozialformen und damit verknüpft Erlebnisformen, und was sich für den Einzelnen an Anpassungsforderungen ergibt dadurch, daß er in seinem Lebensraum so beschnitten und so vielfältig abhängig geworden ist.

Unbemerkterweise tragen wir also alle in uns ein Stück Non-Ego, Nicht-Ich, das wir naiverweise als Ich bezeichnen und das doch Ausdruck des Gefüges kollektiver Werthaltungen, Geltungen, Urteile, kurz: Ausdruck des Kollektivgeistes ist, innerhalb dessen wir aufgewachsen, geprägt worden sind. Dieses Nicht-Ich ist von Vorurteilen reguliert. Unsere uns von der Geschichte hingeworfene Aufgabe ist es, daß die Gruppen, zu denen wir gehören, in hohem Maße Massen geworden sind. Wir alle sind also Massenmenschen, und es fragt sich nur, bis zu welchem Grad, das heißt wie weit die Vorurteilsregulation reicht und wie groß die Abhängigkeit von ihr ist. Dies allein ist die gültige Ausgangsposition, die den Weg weisen soll. Durch sie entrinnt man der unfruchtbaren Kulturkritik, die fast alle älteren Massenpsychologien bis herauf zu der von Ortega y Gasset beherrscht.

Das Abendland ist nicht von langer Hand gewohnt, im Stile der Massen zu denken und für Massen zu handeln. Die Menschen-Springflut, die durch die Entdeckungen der naturwissenschaftlichen Ära möglich geworden ist, hat das erschreckende Phänomen der Überbevölkerung und damit der »Abwertung des Individuums« zustande gebracht. Dieser naturwissenschaftlichen Ära war aber als eine der großartigen Leistungen des Abendlandes die Aufklärung vorangegangen – und zwar im Sinne echter geschichtlicher Motivation; in ihr war zum erstenmal politisch und philosophisch formuliert worden, was man mit Karl Mannheim die »Fundamental-Demokratisierung«[1] nennen könnte: die Tatsache, daß jedermann den Anspruch besitzt, als Einzelner, als freies Individuum sich in der Welt zu behaupten, und daß diese individuelle Freiheit, dieses sein Grundrecht, nicht ein Ausdruck eines Klassenprivilegs ist. Wenn jetzt plötzlich der Mensch wieder »Material« wird, dann schließt sich diese Haltung zwar faktisch an die der Autokraten an, die ihre Landeskinder verkauften, an die Arbeitsausbeutung der frühen Manufakturen – aber sie findet eben ein Bewußtsein vor, dem neue Gegenpositionen als Lebensmöglichkeiten zugänglich geworden sind. Da die europäische Kultur in vielen Zügen eine Kultur der Innerlichkeit und der Individualität war, war es unvermeidlich, daß die alten Werthorizonte in diese neue historische Situation, die dem so widerspricht, übernommen wurden. Max Horkheimer hat dies einmal so ausgedrückt, daß die Menschen »in die Welt privater Vorstellungen sich flüchteten. Sie richteten ihre Gedanken ein, als die Zeit schon

[1] Karl Mannheim, Man and Society in an Age of Reconstruction, London 1947.

gekommen war, die Wirklichkeit einzurichten.« Nämlich die Wirklichkeit für die Massen einzurichten. »Die Innerlichkeit und das Ideal bildeten ein konservierendes Element. Mit der Fähigkeit zu solcher Flucht aber, die weder in Slums noch in modernen Siedlungen gedeiht, erlischt auch die Macht des Subjekts, eine andere Welt zu gestalten als die, welche die Gesellschaft jeweils produziert.«[2] Dies zielt genau auf die ungedeckte Schläfe des sozialen Riesen.

Insofern also wurde die Situation tragisch, wenn auch verständlich. Sowohl der Einzelne, der sich von neuen Mächten der Geschichte umklammert fühlt, wie auch der Kritiker, dessen ganze Wertlehre und Beurteilungskategorien aus alten Gesellschaftszusammenhängen abgeleitet waren, orientierten sich auf einen Begriff der individuellen Freiheit oder überhaupt der Individualität hin, der durch die neuen Gegebenheiten des Gesellschaftsraumes nicht mehr erfüllbar war, ohne zugleich die entstehende rationaltechnische Lebens- und Denkform, schließlich dieses rein intelligente Selbstbewußtsein zu kontrapunktieren; und zwar aus dieser neuen Lebenswirklichkeit des Massenhaften heraus, nicht aus den Paradiesgärten der illuminierten Vergangenheit her, weil doch gerade die soziale Dunkelheit, die sie umgab, so erregend und selbstleuchtend geworden war. Weil diese Standpunktsänderung nicht erfolgte, kam also die abwertende, feindselige Haltung dem Phänomen der Masse und den Äußerungen der Masse gegenüber. Und daher auch die Unabwendbarkeit, daß jeder, der sich so den Massen entzogen und über sie erhaben fühlte, sich durch sein Handeln immer wieder selbst Lügen strafen mußte.

So einfach es zu sein scheint, so ist doch die Wesensbestimmung dessen, was eine Masse besonders in ihren modernen Formen ist, außerordentlich schwer. Das Wort wird pauschal und freizügig für Mengen sehr verschiedener Art und für Massen verschiedenster Art gebraucht, wenn wir auch fühlen,

2 Max Horkheimer, Neue Kunst und Massenkultur, Mainz 1948, in: Die Umschau III, 4.

daß häufig ein geheimes Fluidum bei all diesen verschiedenen Erscheinungsformen durchgehend zugegen ist.

Es zeigt sich, daß es offenbar sehr viele Aspekte gibt, die zu einem synoptischen Bild zusammenzufügen eine Zukunftsaufgabe ist.

Mit uns lebt die absolut größte Bevölkerungszahl der Erde seit unserer Kenntnis vom Menschengeschlecht. Ist diese große Zahl aber schon gleichbedeutend mit Masse? So sehr sie es in praxi sein mag, man könnte sich durchaus vorstellen, daß alte Gliederungsformen des Zusammenlebens sich vervielfacht hätten, ohne daß dabei zum Beispiel jene gewaltigen Menschenanhäufungen in unseren Metropolen zustande gekommen wären. Das trat aber gerade nicht ein, sondern die zahlenmäßige Vermehrung brach die alten Strukturelemente der sozialen Gruppen auf. Es sind Variationen des Ultravisiblen, was die Masse heute kennzeichnet; die unabsehbare Menge, die als Ganzes wieder so etwas wie einen Massenkörper, dem sogar eine Massenseele zugeschrieben wurde, darzustellen scheint; einmal eine »körperlich versammelte Masse« (A. Vierkandt), einmal eine invisible, der Zusammenschau entgehende Masse – die »abstrakte Masse« in L. von Wieses Terminologie – etwa die Masse aller Volkswagenbesitzer.

Masse kommt aus dem lateinischen »massa« und bezeichnet den Teig, das ungeformte, prägbare Material. Hendrik de Man meint, daß in die Soziologie der Begriff durch Marx gekommen ist, der ihn im Sinne der Bezeichnung der Nicht-Gesellschaft offenbar von Thomas Carlyle übernahm; dieser verwandte ihn für einen der Gesellschaft noch nicht integrierten, der Grundrechte entbehrenden Stand. Marx nannte das Proletariat zuerst Masse. – Es wird also ein Zustand der Beeinflußbarkeit, der Knetbarkeit als charakteristisch für die Masse angesehen. Die Unzahl von Menschen, die um fünf Uhr nachmittags bei Arbeitsschluß eine Großstadt überfluten, sind demnach eine große Menge, aber keine Masse, da jeder Einzelne seinen individuellen Zielen zustrebt.

Das Bild von der Knetbarkeit endet aber bereits dort, wo

leidenschaftlich geeinte Menschen handeln, wo also die Masse ein besonders vehementes und aktionsgeladenes Gebilde ist, das auf jeden Druck explosiv reagiert. Man muß somit unterscheiden zwischen dem, was eine Masse herstellt, und dem, was eine Masse zu leisten imstande ist und was dabei charakteristisch für sie und nur für sie sein kann. Gehen wir im Augenblick nicht darauf ein, wie verschieden Massen in sich geartet sein mögen, sondern bleiben wir bei der aktuellen Masse und daß sie eine von Gefühlen, Affekten, Wünschen, Zielvorstellungen, denen man mit aller Intensität des Erlebnisses zustrebt, geeinte Menge sein mag, daß es dieses gemeinsame affektive Gestimmtsein ist, was aus vielen Menschen ein Unisono bestimmter Art, nämlich eine Masse macht. Da taucht die Frage auf, wodurch diese Menschen nun auf eine solche, allen gemeinsame Zielvorstellung hin geeint worden sind. Hier belehrt uns die klassische Massenpsychologie, daß diese Einheit durch Suggestion zustande kommt und daß es eine Art »Gefühlsansteckung« ist, wie MacDougall gesagt hat, durch die das Individuum der Suggestion zugänglich wird. Wenn dies zutrifft, so muß zuerst in allen einzelnen Massenmitgliedern ein bestimmtes Bedürfnis vorhanden sein, wenn überhaupt die Suggestion Erfolg haben soll. Oder noch genauer, es sind zwei Wege denkbar: einmal, daß in vielen Menschen ein Bedürfnis, eine Strebung, eine Erwartung vorhanden sind, daß aber die Realisierung bisher entweder unerreichbar erschien oder erst für spätere Zeiten erhofft wurde, und daß die Suggestion an dem Punkt ansetzt, den Einzelnen glaubhaft erscheinen zu lassen, daß durch ihre Vereinigung in einer Masse dieses Ziel unmittelbar, rasch und sicher erreicht werden kann. Die zweite, schwierigere Aufgabe bestünde aber darin, daß durch Suggestion erst Bedürfnisse in den Einzelnen erweckt werden, die sie noch gar nicht vorher hatten und die ihnen nach einem Umschlag ihrer bisherigen Haltung nunmehr als äußerst erstrebenswert erscheinen.

Dieser Ansatzpunkt ergibt eine ausgezeichnete Möglichkeit zum Zugang verschiedener Massenphänomene. Da ist folgendes Beispiel denkbar: In einer Gesellschaft ist eine größere Gruppe von Mitgliedern vom Genuß bestimmter Privilegien ausgeschlossen. Lange Zeit hindurch wird diese Benachteiligung schweigend, duldend, vielleicht ohne Anklage gegen die herrschenden Schichten der Gesellschaft ertragen. Man denke an die Geduld, mit der die indische Kastenstruktur der Gesellschaft hingenommen wird. Durch irgendein Ereignis verschlechtere sich die soziale Lage dieser unterdrückten Schicht. Dieser aktuelle Anlaß bringt dann erst den Umschlag der Haltung zustande und bringt zum Bewußtsein, daß man unterdrückt ist, daß die Privilegien, die den anderen gegeben und einem vorenthalten werden, ein erstrebenswertes Gut darstellen. Es wird sich die Haltung dieser unteren sozialen Schicht aus der bloßen fatalistischen Duldung in ein Ressentiment, in unterdrückte Auflehnung und Wut und Neid verwandeln. Eine Parole, eine machtvolle Persönlichkeit, durch die diese Parole vorgetragen wird, können nun mobilisierend auf eine Unzahl von Mitgliedern dieser unteren Sozialschicht wirken und sie urplötzlich zu einer aktionsgeladenen Masse, zu einem entschlossenen Ganzen einen. Genau dies ist doch immer die vorrevolutionäre Situation, die Lage am Vorabend großer Massenaufstände gewesen. Den Aufständischen sich anzuschließen, wird nun zu einer immer stärkeren Verlokkung. Die Masse selbst ist ein Ort, in dem Geborgenheit und Erfolg zugleich versprochen werden; Geborgenheit davor, daß man etwas Unerlaubtes – nämlich den Griff nach den vorenthaltenen Privilegien – kollektiv anonym, persönlich unverantwortlicher, als wenn man ein Einzelner wäre, tun kann; erfolgversprechend, weil man durch die Vielzahl leichter, wenn nicht überhaupt erst, in der Lage ist, das geschaute und erhoffte Ziel zu erreichen.

Sieht man also ganz genau hin, so wird es deutlich, daß die Masse etwas Illegitimes zu tun erlaubt, und zwar, daß sie den Einzelnen dabei aus der Verantwortung, aus dem persönlichen Risiko in hohem Maße befreit. Aus dieser Haltung heraus wird also verständlich, warum er auch der Gefühlsan-

steckung – oder man könnte sagen der Antriebsansteckung, etwas zu tun – leicht unterliegt, wenn die Voraussetzungen des Bedürfnisses, des faktischen oder des ressentimentbestimmten, gegeben sind.
Dies alles erklärt aber die Entstehung einer solchen Masse noch keineswegs vollständig. Wir sind mit einem Sprung in eine kritische Lage einer Gesellschaft eingetreten, in der sich bereits ein aufständisches Element seiner selbst bewußt zu werden begonnen hat. Die Anfänge dieses in der Massenhandlung endenden Geschehens liegen aber doch darin, daß irgendwann einmal ein Umschlag aus der stummen Duldung in diese auflehnende Haltung hinein erfolgt sein muß. Dieser Augenblick ist charakterisiert durch die Änderung der Phantasiewelt aller dieser Menschen, die sich zu einer aufständischen, widerständigen, revolutionären Masse einen. Blickt man auf die Bauern des späten französischen Königtums oder die Bauern der russischen Revolution, so wird man sagen dürfen, daß sie lange Zeit hindurch mit ihrem Los der Armut, der Leibeigenschaft sich durchaus abgefunden zu haben schienen, beziehungsweise daß sie gar nicht daran dachten, man könne das Schicksal ändern. Not lehrt nicht allein beten, sie macht auch erfinderisch. Unter ihrem Druck mögen Einzelne nicht nur wie in den Märchen geträumt haben, daß sie durch ein Wunder sich aus einem armen Bauernsohn in einen König verwandeln könnten, sondern sie mögen darauf gesonnen haben, was man tun müßte, um ein gleiches Recht für alle zu erringen. Indem dieser Gedanke aus der Welt des Märchens und des Traumes gleichsam hinübergeht in die Zone bewußter Überlegung, des Nachdenkens und Planens, ändert sich aber die Struktur der Persönlichkeit dieser ersten revolutionären Denker durchaus.
Um diesen Vorgang besser zu verstehen, muß man einen Augenblick bei der normalen Entwicklung der Persönlichkeit verweilen. Es war einer von Sigmund Freuds großen psychologischen Einblicken, daß er sah, daß die älteste Form der sozialen Realisierung des Menschen, seiner Entwicklung

unter anderen Menschen, durch Identifizierung zustande kommt, dadurch also, daß das schwache Kind sich mit den mächtigen Erwachsenen phantasierend ineins setzt, allen voran mit Vater und Mutter. An ihrem Vorbild, in der Nachahmung ihrer Person entwickelt sich das Kind. Und auch wenn die Vorbilder wechseln, wenn später Lehrer, Meister, erfolgreiche Konkurrenten usw. diese Rolle des Vorbildes übernehmen, so bleibt das älteste und prägendste Vorbild doch am längsten, am hartnäckigsten und unter Umständen für die ganze Lebensdauer eines Menschen bestehen. Es bleibt vor allem in dieser und durch diese Beziehung die Identifizierung als seelischer Vorgang bestehen. Und nur in langen und schmerzensvollen Kämpfen vermag sich der Mensch aus der identifizierenden Gebundenheit zu befreien, ein Stück eigener Phantasie zu entwickeln und in der Führung seines Lebens zu verwirklichen, mit anderen Worten: sich zu einer Persönlichkeit eigener Prägung und nicht einer nur passiven Geprägtheit zu entwickeln. An dieser Stelle mühen sich wohl jene ersten Revolutionäre, von denen wir sprachen. Sie übernehmen nicht mehr die Rolle des bäuerlichen Vaters und wandeln sie im eigenen Leben unbesehen ab, sondern es tritt plötzlich ein neues Vaterbild, ein neues Vorbild, ein neues Ideal in den Umkreis ihrer Phantasie, und sie beginnen, diesem Ideal zuzustreben. Wenn bisher neben dem Bild des leiblichen Vaters, neben all den erreichbaren Vorbildern ihrer Klasse auch einmal ein Landesvater gestanden haben mag, so wagen sie jetzt einen Aufstand gegen diesen Vater. Sie sehen ihn nun nicht mehr als den guten, als den er selbst sich darzustellen Mühe gibt, sondern als den schlechten, sie vernachlässigenden. Tritt in ihren Kreis ein Begabter, ein faszinierter und faszinierender durch die Entschlossenheit und Kraft seiner Geste, so werden sie sehr leicht ihn an die Stelle eines neuen Ideales rücken und sich mit ihm zu identifizieren beginnen.

Damit ist die Einsicht gewonnen, daß jeder Mensch in der ursprünglichen Ineinssetzung unbewußt weit mehr als bewußt ein »Ideal« errichtet und als das seiner selbst mit sich fortträgt. Dieses Ideal kann stagnieren, sich schubweise in neuen Vorbildsituationen ändern. Seine Ablösung aus der magischen Frühwelt in die härtere späte, in der man durch geduldiges Üben statt durch träumendes Maskieren dem Vorbild nach- und schließlich dem eigenen Bilde zustrebt, macht eine der großen Proben des menschlichen Lebensweges aus. Freud hat die innere Instanz dieser Gespanntheit das »Ich-Ideal« genannt und hat sehr deutlich gesehen, welche Rolle es für das menschliche Verhalten in der Gesellschaft spielt. Erst wenn individuell und dann kollektiv der Wunsch, am Leben der Großen, an ihrem Reichtum, an ihren Sicherheiten, ihrer Freiheit teilzunehmen, aus der tief unbewußten Märchenschicht des Erlebens aufgetaucht ist in die bewußte einer faszinierenden Verlockung, ist jene Voraussetzung geschaffen, die eine Masse revolutionär aktionsfähig macht. Und die große Aufklärungsarbeit der Verschwörer einer Gesellschaft wird immer darin bestehen, mehr und mehr Menschen dahin zu bringen, daß sie die Verbesserung ihrer Lebenslage nicht als einen utopischen Wunschtraum, sondern als eine erreichbare und durch Handlung zu erreichende Möglichkeit sehen und wünschen.

Mit diesen Einblicken versteht man, inwiefern jedenfalls revolutionäre und politisch aktive Massen von ihren Führern abhängig sind. Und es mag auch noch die Tatsache gestreift werden, in wie hohem Maß die Mitglieder einer solchen Masse illusionären Täuschungen ausgeliefert bleiben. Denn die bloße Verwandlung des Ich-Ideales und seine zeitweilige Konkretisierung in einem real auftretenden Führer mag zwar der Anlaß dafür sein, daß große Umwälzungen in der Geschichte passieren, wird aber noch gar nichts darüber aussagen, ob mit diesem neuen Ich-Ideal und mit dieser Projektion auf revolutionäre Führerfiguren die Lage selbst für den Menschen sich verbessert. Hier ist er der Demagogie (und den Glücksfällen der geschichtlichen Entwicklung) voll und ganz ausgeliefert. Denn es beweist ja die Tatsache eines bloßen

Versprechens, an Privilegien teilhaftig zu werden, und sogar das Faktum, daß man ihrer teilhaftig wird, noch nicht, daß damit die eigentliche Aufgabe der Persönlichkeit geleistet wird: aus der Stufe der Identifizierung herauszukommen zur eigenen Selbstverantwortung, »zu jenem Stückchen Selbständigkeit und Originalität sich zu erheben« (Freud), das wir geglückte Lebensführung nennen. Das legt die Vermutung nahe, daß auch deshalb in allen revolutionären Programmen eschatologische, auf glückselige Endzustände hin entworfene Inhalte aufgenommen sind, weil durch sie eine urtümliche Unruhe des Menschen, seine »Erlösungssehnsucht« von den Restriktionen der realen Welt, mächtig angesprochen, absorbiert und für das naheliegende politische Ziel gebraucht werden kann.

Mit diesem Gedanken ist man bereits in eine komplizierte und in vielen Zusammenhängen uns noch keineswegs durchschaubare Komplexität seelischen Verhaltens eingetreten. Unsere Überlegungen bringen uns aber einen Zugang zu Massenphänomenen ganz anderer Art. Das, was wir hier von der revolutionären Masse als einstweilen charakterisierend sagten, gilt auch für Massen, die in unserer Epoche eine so große Rolle spielen, nämlich für die Verbrauchermassen und für die Art und Weise, wie sie durch Propaganda angesprochen werden. Die Reklame für einen Massenartikel (auch eine Ideologie) ist desto besser, je mehr sie das primäre, primitive Ich-Ideal eines Menschen affiziert. Wenn mir der Hersteller einer Rasierklinge erklärt, daß ich mich mit ihr wie ein König rasiere, wenn mir ein Zigarettenfabrikant sagt, daß seine Marke die Marke der soignierten Gesellschaft, der erfolgreichen Wirtschaftskapitäne sei, wenn ein Parfum-, ein Mantelfabrikant seinen Verbraucherinnen das Produkt durch einen Filmstar anbieten läßt und ihnen damit verspricht, daß sie wie er werden können, wenn sie nur diese Artikel verwenden, so ist es immer das Gleiche, daß entweder überhaupt ein neues Bedürfnis erweckt wird oder aber ein bestehendes Bedürfnis dadurch, daß es auf ein höheres gesellschaftliches Niveau gehoben und zugleich als erreichbar, als billig und erschwinglich angepriesen wird, an Verlockung gewinnt. Auch hier wieder die beiden Komponenten: Erweckung eines Bedürfnisses und Lenkung des Bedürfnisses nach oben; das heißt Ermöglichung, ein Stück des Ich-Ideales zu realisieren, indem man der Suggestion der Reklamemanager, die zur Parole der Verbrauchermasse wird, folgt.

Man hat den Massen immer wieder das Illusionäre dieses ihres Verhaltens vorgeworfen und weidlich ihre Unfähigkeit, Realität von Fatamorgana zu trennen, ausgenützt. Die bisherigen Überlegungen haben schon ein Stück weitergebracht im Verständnis dieser Tatsache. Die Masse wäre dann eben gerade ein Ort, in dem man sich der lastenden Fesseln der Realität, all der Versagungen, die sie einem zudiktiert, entledigen könnte. Diese Illusionshörigkeit ist aber nur eine Äußerung dessen, was schon Le Bon als eine der mächtigsten Ermöglichungen für Massenhaftigkeit gesehen hat, nämlich das Leben aus dem Unbewußten oder genauer das Annehmen von Antrieben aus dem Unbewußten, die eine andere innere Instanz – das Gewissen – verwirft! Le Bon sprach vom Schwund der bewußten Persönlichkeit, dadurch daß man einer Masse beitritt, und von der Vorherrschaft der unbewußten Persönlichkeit in ihr. Den Schwund der bewußten Persönlichkeit setzt er mit einem »Abstieg auf der Leiter der Zivilisation« gleich und die Vorherrschaft der unbewußten Persönlichkeit mit einer Vorherrschaft der Triebhaftigkeit. An dieser Feststellung ist ohne Zweifel kaum etwas zu korrigieren. Es ist nur die Frage, ob es einen Sinn hat, sie als negatives Werturteil in ihrer bloßen Abwertung der Triebhaftigkeit hinzunehmen. Dem wird man zustimmen, solange man an der Erhaltung des alten kulturellen Zustandes interessiert ist (dem Gewissen blindlings folgt) und solange man außer acht läßt, welche Kräfte in der Geschichte die großen Wandlungen hervorbringen: die entwerfende Phantasie im Bunde mit den vitalen Lebensregungen. (Womit der Marxschen These von der ökonomischen Bedingtheit der geschichtlichen Vorgänge nicht so widerspro-

chen ist, wie man vielleicht meinen könnte. Es ist die äußere nur auf innere Erlebnisrealität relativiert, dynamisch bezogen, und damit ein vollerer anthropologischer Gesichtspunkt gewonnen!) Am Anfang verwandelt sich ein Traumbild in einen Einfall. Der Einfall ist die Herausforderung der Phantasie und der Lust an das Denken, die Verantwortung und das Handeln. Ohne Einfall keine geschichtliche Wandlung. Aber er allein bringt nicht die geschichtliche Wandlung. Sie geschieht erst, wenn am Einfall des Einzelnen sich die Phantasie der Zahl- und Namenlosen entzünden kann, wenn sie plötzlich diesen Einfall nicht mehr abschütteln können. Und daß dies geschieht, dazu ist immer das Gleiche notwendig: daß die Triebhaftigkeit, die Triebwünsche der Menschen angeregt werden, und zwar jene, die ihnen bisher die Gesellschaft ausreichend zu befriedigen verwehrt hat. Das Gewissen unterwarf sich diesem Rechtsspruch. Die gefährliche Lücke des Prozesses – des Weges vom individuellen Einfall zum Wunschbild der Massen – liegt darin, ob der neue Inhalt, der neue Wunsch, im Einzelnen die Magie des Identifizierens mehr als des bewußten, verantworteten Handelns in Gang setzt. Ob dies oder jenes geschieht, daran ermißt sich, ob Demagogie oder neues soziales Gewissen in der Massenführung am Werke sind.
Ein Beispiel der Verführung zur Regression in die infantile, unkontrollierte Form der Identifikation stellt die Parole von der »Rasse der Herrenmenschen« dar. »Rasse« wird als biologische und deshalb im vulgären Verstand unangezweifelbare Gegebenheit gebraucht und gauklerisch mit sozialen Werten der Überlegenheit, der Führungsbefähigung, der Begabung vermengt. Ein so präparierter Rassentypus wird zum Kollektivideal. Die zweifelhafte Philosophie der Prädestination ersetzt die echte Bemühung in der Arbeit am Charakter. Mit gespenstischer Geschwindigkeit verbreitet sich untergründig eine solche Auffassung. Abzulesen etwa an der Wandlung des Sprachgebrauches, statt von den Franzosen, den Juden zu sprechen, immer die erste Person der

Einzahl zu benutzen und »der Franzose«, »der Jude« zu sagen. Wobei dann die unermeßliche Fülle einer Verwobenheit traditioneller, sprachlicher, affektiver Elemente vor der Anschauung verfliegt und eine Art Gesamttypus vorzuschweben beginnt. Mit einem solchen eigenschaftsverarmten, unkomplizierten Riesenhelden lebt man in Identifizierung, und auf ebenso überdimensionierte, nun aber polyphemhafte Schattenwesen lädt man die eigene Dunkelheit, ohne je in einer solchen Dämonologie zu erhelltem Selbst- und Fremdverstehen zu kommen. Das Anwachsen der Völker zu niegekannter Zahllosigkeit macht den Rückzug auf solche barbarisch übergroßen Maskenbilder wohl verständlich; die überall in Verwirrtheit verschwimmende Kompliziertheit des sozialen Lebens motiviert wohl diese im Plakat der Führerbilder (in der Reklame überhaupt) erscheinende Überdeutlichkeit, Überlebensgröße. Aber indem man diese aus der Verlorenheit, Entfremdung, Angst gespeisten Neigungen schürt, handelt man demagogisch, verführend, nicht führend, das heißt zur reiferen Gelassenheit führend. Man kann nicht sagen, daß der Verlockung dieser Demagogie nur die terroristischen Diktaturstaaten allein verfallen wären; als der modernen Massengesellschaft prinzipiell naheliegend, entfaltet sie überall mit immer zunehmender Deutlichkeit ihre Macht.

Demgegenüber ist die These, die besonders die angelsächsische Welt lange führte: »The best man wins«, eine offenere, geduldigere Auskunft über das Wechselspiel des Lebens. Zwar kann auch diese Formel im fatalen Prädestinationssinn mißbraucht werden und ist gewiß im Zusammenhang calvinistischer Ideen so mißbraucht worden; z. B. Profitmaximierung als Zeichen der Gottgefälligkeit. Aber die Formel als solche schließt jedenfalls nicht eine zwangsläufige Verkehrung in ihr Gegenteil in sich. Sie besitzt als Lebensregel einer Gesellschaft einen realisierbaren Kern. Es scheint die kontinuierlichere, im guten Sinn selbstbewußtere Ruhe des sozialen Lebens Englands und Amerikas in der Erschütterung des

57

Übergangs vom bürgerlichen in das Zeitalter der Massen nicht zuletzt von einem Geübtsein in der Selbstkontrolle herzurühren, zu der Sätze wie dieser, daß der Sieg dem Überlegenen zufällt, beitragen.

Es kommt hier nicht auf die sorgfältige Abwägung der in jedem menschlichen Leitgedanken liegenden Gefahr des Umschlages in sein Gegenteil an, als vielmehr darauf, zu sehen, ob überhaupt die Chance einer reifenden Entwicklung für das Individuum gegeben ist, welches sich solchem Motto unterstellt. Und daß sich hierin die Parole von der angeborenen Sieghaftigkeit und die, daß dem Siegesbewußtsein die fair bewiesene Überlegenheit vorangehen muß, zutiefst unterscheiden, ist unbestreitbar. Es geht darum: ist der sozial zündende Einfall selbst eine intuitiv produktive Lösung der Spannung oder nichts als ein primitiver Wunschtraum, der im Appell zur Identifikation endet, und der deshalb zündet, weil er den leichtesten Weg für das Ressentiment darstellt.

Bis hierher würde es so aussehen, als gäbe es nur jene gewalttätigen revolutionären Massen, deren Schritt dröhnend in der Geschichte nachhallt, und auf der anderen Seite nur die Massen des Konsums. Aber diesen, bei denen die Spontaneität des Zusammenschlusses, des Beitrittes, eine entscheidende Rolle spielt, stehen doch jene großen, dunklen Zwangsmassen der Produktion gegenüber oder jene Zwangsmassen einer Organisation, der zu entfliehen man keine Gelegenheit hat; also etwa die Zwangsmassen der Heere oder der Kirche und ihrer säkularisierten Nachfolger, der ideologisch starr gebundenen Parteien. In diesen Massen herrscht ein anderes Klima. Hier repräsentiert sich die Gesellschaft als die, die sie *ist*. Die Illusion, die man der revolutionären Masse vorwirft, überhaupt der Masse vorwirft: hier wird sie als Glauben gefordert, als Gehorsam geerntet. Nicht als ob es darum gehen könnte, die Dinge in ihrer Vielschichtigkeit zu simplifizieren. Im Gegenteil: der Unterschied von Massen, in denen Spontaneität für das Zustandekommen angeregt werden muß, zu den Massen, in denen der Mangel an Wahlfreiheit, das Verbot an

Spontaneität, das den sozialen Geboten und Tabus entspricht, ausgeglichen werden muß, soll ein Stück weiter im Verständnis der Massenpsychologie führen. Dabei ist die Beachtung des Unterschiedes unerläßlich: von Masse als einer offenen Gruppenbildung, die durch »Ansteckung« wächst, und von organisierten Zwangsmassen, die es immer gegeben hat und deren enormes numerisches Anwachsen und deren Kontrollierbarkeit bis in die Winkel der privaten Existenz hinein allein für die Gegenwart neu und charakteristisch ist.

Was man dem modernen Massenmenschen vorwirft, ist nach Ortega y Gasset, daß er keine eigene Meinung habe. Die Gegenfrage ist erlaubt: darf er eine eigene Meinung haben? Und auch die weitere boshafte Gegenfrage: hatten die Menschen anderer Zeiten, in vergleichbaren Durchschnittszahlen ausgedrückt, mehr eigene Meinung als die Menschen unserer Zeit? Das ist eine Frage, die man weder rundweg ablehnen noch bejahen, sondern ernsthaft bedenken möchte. Es wäre erstaunlich, wenn nicht unvergleichlich mehr Menschen in unserer Zeit eine eigene Meinung hätten als in beruhigteren, traditionsgeborgeneren Zeiten. Denn die Menschen solcher Epochen hatten ein viel geringeres Interesse, eine eigene Meinung zu haben, da die allgemeine Meinung, in die sie hineinwuchsen, in ihrem Gültigkeitsanspruch unbezweifelt und beständig war. Sie müssen sich eben nur noch, um wirkliche Individuen zu werden, ein Stückchen erheben, wie Freud sagte, ein Stückchen an Selbständigkeit und Originalität erobern, während für den Menschen unserer Zeit in der ständigen Überblendung von tradierten Wertordnungen mit dem unruhigen Kulissenwechsel neuer Entwürfe, Ideologien, Machtorientierungen die Verlockung zu einer unfruchtbaren Originalität der eigenen Meinung oder zu einer ebenso gefährlichen Anschauungslosigkeit, zu einem gesichtslosen Opportunismus den jeweils bestehenden Verhältnissen gegenüber ungleich größer ist. Wer kann erwägen, wovon kann man ablesen, ob diese eigene Meinung des Einzelnen innere Selb-

ständigkeit und Gültigkeit hat, ob sie wirklich auf dem Weg des Ringens um den Gegenstand, der gemeint ist, zustande kam, oder ob das Eigentum nur so weit reicht, daß eine der vielen Konfektionsmeinungen zu eigen gemacht wurde? Daß die Menschen es so schwer haben, eine eigene Meinung zu erwerben, ist nicht geeignet, mit einem snobistischen oder bedauernden Bonmot abgetan zu werden, etwa in der Antithese Ortegas »vom Intellektuellen und vom Anderen«, das heißt dem Massenmenschen. Es ist dies vielmehr der Ausdruck dafür, daß die Wertwelt, in die hinein die Massen dieses Zeitalters wachsen, den ruinierten Städten unseres Landes gleicht, nur daß man sie nicht mit so viel Tatkraft restaurieren kann, wie es hierbei geschah. Aber an dem Vorgang der Zerstörung ist der Einzelne nicht autonom beteiligt, auch wenn er ihn aktiv oder leidend vollzieht.
Die Destruktion der Wertgefüge geschieht vielmehr in einem geschichtlichen Prozeß, der jede Bewegung und Gegenbewegung im gesellschaftlichen Raum beherrscht. Die Fortschritte der Wissenschaft haben die Welt verändert, die alten Gesellschaftsformen bis in die Elementarstruktur der Familie hinein explosiv zerstört. Sie haben die Vermehrung der Menschheit erlaubt, und diese wiederum treibt den »Fortschritt« der Technik aller Art voran. Wenn der Mensch in einer – am geschichtlichen Wandlungstempo vorangegangener Zeitabschnitte gemessen – rasenden Veränderung unsicher wird, so liegt dies nicht an seinen Untugenden, an seinem bösen Willen, an seiner Lethargie, seiner ins Irdische gekehrten Blindheit, sondern sie alle sind Ergebnisse eines zivilisatorischen Druckes, der es dem Einzelnen unerhört schwer macht, zu einer beruhigten, ihn tragenden und von ihm akzeptierten und mit anderen konkordanten Weltsicht zu gelangen. Aber gerade danach verlangt er als arthaftes Sozialwesen! Er ist in Organisationsmechanismen geraten, die alle das gleiche erstreben, was die alten Gesellschaftsstrukturen wollten – nämlich diese Konkordanz in der Prägung der Mitglieder –, denen aber zugleich wesentliche Elemente fehlen, die diese

besaßen. Zuerst der Faktor Zeit, die Reifungszeit, oder skeptischer formuliert, die Zeit, die eine Gewohnheit zu ihrer Entwicklung braucht, um schließlich als ehrwürdig erlebt zu werden. Diese Zeit ist von der Unruhe des fortwährenden Wandels zerstückelt. Und außerdem fehlt ein zweites Element, das man mit dem Wort der »Spur« bezeichnen kann. Ein Sichspurhaft-abbilden im Verlaufe seines Lebens erlaubt es erst dem Einzelnen, die Gewohnheit mit dem Sinn des Lebens und dem hinter der Erfahrung geahnten Kräften des Numinosen zu verbinden. Mit Spur ist gemeint, daß es ein elementares und dringliches Anliegen des Menschen ist, sich tätig auszubilden und an seinen Leistungen Anzeichen seiner Fertigung anzubringen. Ein gutes und einfaches Beispiel solcher Leistung ist die Schrift. Der alte Kanzlist zum Beispiel schrieb, und in seinen Folianten, Exzerpten, Briefen war er in seinen Schriftzügen sich und den anderen jederzeit unmittelbar erkennbar. Er arbeitete nicht nur mit der Schrift, sondern auch an der Schrift. Der moderne Büroangestellte schreibt mit der Maschine, bedient einen Lochkartenapparat oder eine Buchungsmaschine. Die Schrift ist ihm als unmittelbares Ausdrucksmittel genommen. Und sogar die Unterschrift, bis auf die der Schriftverkehr reduziert ist, leistet meist nicht einmal er selbst. So effektiv er arbeiten mag, für die sinnliche Selbstwahrnehmung arbeitet er spurlos. Dieses Prinzip der Normleistung, aus der die individuelle Spur getilgt ist, beherrscht das gesamte Feld der technischen Leistungen und bestimmt das Sozialprodukt. Bis auf gewisse Reservate besteht nicht mehr die Möglichkeit, sein Ausdrucksbedürfnis in der Arbeit zu befriedigen und zu entwickeln. Nur auf diese Weise ist der Mensch aber in die Lage versetzt, sich weltlich zu beheimaten. Der Unterschied europäischer »Landschaften« zu amerikanischen »Gegenden«, der Unterschied eines »gewachsenen« europäischen Stadtkernes zu seinen Wohnsiedlungen in Vororten oder zu amerikanischen Großstädten ist augenfällig genug. Und er kehrt in der ungezwungenen, unbekümmerten Mobilität des amerikanischen Stadt- und Berufsmenschen, verglichen mit der relativen, lokalgebundenen Schwerfälligkeit und Berufsgebundenheit auch noch des gegenwärtigen Europäers, wieder. Eine unterlaufende Formulierung wie die von der »ungezwungenen, unbekümmerten Mobilität«, läßt durch ihre Beschreibung deutlich werden, daß die fortgeschrittensten Massenstaaten bereits neue Fähigkeiten der Anpassung an die beispiellos geänderte menschliche Umwelt entwickelt haben.

Damit wiederum steht man vor der Aufgabe, die Rolle des Konformismus, die in den Zwangsmassen der Gegenwart sich herausbildet, als ein Gesellschaftsproblem, das sich in allen Zeiten wiederholt, zu begreifen. In der Richtung, in der gesucht werden muß, ist das Kriterium der zeitspezifischen Bedeutung dieses Konformismus, *was* mit seinem Vollzug seelisch erfahren wird. Zu den großen, gemütsbedingten Irrtümern vieler Zeitkritiker und Massenpsychologen gehört es, so zu tun, als sei erst diese unsere Zeit konformistisch. Der private, sich von der Geltungsnorm, den Bräuchen, Sitten, Standespflichten usw. abhebende Bereich »war stets bedroht. Die Gesellschaft tendiert dazu, ihn als Reservat der Menschen zu kassieren« (Horkheimer). Man bedenke allein die eiserne Umklammerung des Individuums in Leibeigentum, das bei den Feudalherren, und Seeleneigentum, das bei den Kirchen lag, und die die ökonomische wie die Bekenntnisfreiheit des Individuums nicht einmal als Problem entstehen ließ. Man kann das Zusammenbrechen dieser Lebensordnungen, die ihre Kompensationen des Glückes besaßen, bedauern und die neue Konformität des Daseins beweinen. Aber man soll sich hüten, ein verklärendes Licht über »Blut und Tränen« der Vergangenheit zu werfen, wenn man den Härten unserer Welt begegnet. Die bloße konformistische Haltung ist also kaum ein Kennzeichen der Großmassen unserer Zeit. Die Perspektive auf neue konforme Verhaltensweisen war es vielmehr, die immer wieder als fremd, bedrohlich, die Individualität auslöschend empfunden wurde. Solange die konformen Ideale einer Gesellschaft von den Mitgliedern dieser Gesellschaft nicht in

Frage gestellt sind, taucht das Problem des Konformismus als Bedrohung der menschlichen Existenz überhaupt nicht auf. Erst wenn sich neue Ideale alten entgegenstellen, entbrennt der Kampf. So haben die urbanen Römer die heraufkommende Masse der Christen als Mob, als barbarische Bedrohung der alten Wertwelt gesehen. Harnack hat Äußerungen der Gebildeten der ersten nachchristlichen Jahrhunderte gesammelt, denen man die Treffsicherheit des Urteils in dieser Hinsicht so wenig wie den Kulturkritikern unserer Zeit, die von neuem Barbarismus klagen, absprechen kann. Eine Welt alter Übereinkünfte zerfiel, und eine neue schob sich mit brutaler Entschlossenheit, auch gegen Gefährdung der eigenen Person, auf die Fundamente des Vergehenden.

Gemessen an der welterfahreneren, nachsichtigeren und vielleicht läßlicheren Haltung der Mitglieder einer entfalteten Hochkultur sind alle revolutionären Haltungen konformistischer, kollektiv dichter, gesichtsloser, als die, welche sie ablösen. Das, was allein den Konformismus unserer Zeit auszeichnet und was ihn zu einem echten Gefahrenmoment werden läßt, ist die Tatsache, daß ihm keine Kompensationsmöglichkeit in der Spur, also kein gültiger Individualausdruck kompensierend möglich ist. Wie tief die moderne technische Zivilisation mit ihrem geheimen Ethos mit der religiösen Entwicklung der Jahrhunderte seit der lutherischen Umwälzung im Abendland verbunden ist, weiß man seit Max Webers Kritik sehr gut. »Seit der calvinistischen Heiligung des Berufes war Armut eine Schande, die nur durch Arbeiten bis zum Weißbluten abzuwaschen war.«[3] So sehr die politische Freiheit als Kampfziel verfolgt wurde, so wuchs doch zugleich untergründig eine Vernichtung des Privaten, »indem das Leben jenseits der Fabrik zur Auffrischung der Kräfte für die Fabrik bestimmt war«. »Die protestantische Religion hat aus Rittern und Landstreichern tüchtige Arbeitnehmer und Arbeitgeber gemacht. Damit freilich war die moderne Form des Leidens

---

3 M. Horkheimer, ebenda.

verknüpft, die im Extrem ihre Identität mit früheren erweist.«

Es koinzidiert in den bestimmenden Kräften, die das Massendasein unserer Zeit geschaffen haben, manches: Der geglaubten Schöpfungsordnung wird eine beweisbare Evolutionsthese entgegengestellt, die ein neues Ideal des Wissens um die Hintergründigkeit der Welt darstellt. Der Zeitstil, der bis daher immer die numinose Seite, das Jenseits der Erkennbarkeit mit gemeint hatte, wird vordergründiger und zugleich unendlich arbeitsteiliger, wissensteiliger. Es entsteht das Labyrinth des Spezialistentums, sowohl im Wissen wie in den Leistungen, die vom Einzelnen sozial gefordert werden und seine Selbsterhaltung garantieren. Als adäquater Ausdruck für das unerhörte Anwachsen der Menschenzahl im Sinne der zu versorgenden Einzelwesen wächst ein normierter Fertigungsprozeß, der wiederum nicht erlaubt, daß der Einzelne sich in ihm als verantwortlicher Erzeuger mit abbildet. Die individuelle Note – etwa in der Mode – entfaltet sich an der Manipulation von Serienartikeln. Wenn man also für die Masse als charakteristisch ihre »Objektlage« bezeichnet hat (de Man), so muß man erkennen, daß diese Objektlage, diese Unmöglichkeit, sich Positionen des Widerstandes, der Prüfung, der Entscheidungs- und Handlungsfreiheit zu erobern, für den großen Durchschnitt der Menschen aller Zeiten gegolten hat. Nicht hier also hat die Kritik der Massenkonformität anzusetzen, sondern vielmehr darin, wie es möglich sein könnte, ihnen kompensatorische Wege des *sozial verbindlichen* Individualausdruckes zu erfinden. Daß die im Vergnügungsbetrieb industrialisierte Freizeitgestaltung kein echter kompensatorischer Ausdruck ist, darüber kann ein Zweifel nicht bestehen, vor allem wenn man den geheimen Hintergrund bedenkt, daß diese Freizeit nichts anderes sein darf als ein Kraftschöpfen für die neue Arbeit.

Wie weit wir hierbei von einem echten Verstehen der Lage, in die wir geraten sind, entfernt sind, zeigt ein kurzer Blick auf die Funktion des Festes in früheren Gesellschaftsformen. Es war zuvor die Rede von der für die Formierung einer Masse, einer Kollektivität überhaupt, so wichtigen Unterscheidung des bewußten Ich und des Ich-Ideales, das sich in den frühen Stadien der Ich-Entwicklung und im Unbewußten verliert. Zwischen Ideal und Wirklichkeit entsteht immer eine Spannung, und es ist die Frage, ob diese Spannung, die ja als Spannung zu einem Ideal hin nie eine endgültige, befriedigende Lösung finden kann, nicht auch einer primitiveren, vorübergehenden Entlastung bedürftig ist. Es war einer der großen Gedanken Freuds zum Verständnis von Gesellschaftsformen, daß er in seiner »Massenpsychologie und Ich-Analyse« einige Sätze schrieb, die hier zu zitieren erlaubt sei: »Es wäre gut denkbar, daß auch die Scheidung des Ich-Ideals vom Ich nicht dauernd vertragen wird und sich zeitweilig zurückbilden muß. Bei allen Verzichten und Einschränkungen, die dem Ich auferlegt werden, ist der periodische Durchbruch der Verbote Regel, wie ja die Institution der Feste zeigt, die ursprünglich nichts anderes sind, als vom Gesetz gebotene Exzesse, und dieser Befreiung auch ihren heiteren Charakter verdanken. Die Saturnalien der Römer und unser heutiger Karneval treffen in diesem wesentlichen Zug mit den Festen der Primitiven zusammen, die in Ausschweifungen jeder Art, mit Übertretung der sonst heiligsten Gebote auszugehen pflegen. Das Ich-Ideal umfaßt aber die Summe aller Einschränkungen, denen das Ich sich fügen soll, und darum müßten die Einziehungen des Ideals ein großartiges Fest für das Ich sein, das dann wieder einmal mit sich selbst zufrieden sein dürfte« (Band III, S. 147).

Es ist wohl klar geworden, daß gerade diesem Charakter des Festes in den Entspannungs- und Ablenkungsmanövern, die fast selbst wieder zu Zwangsorganisationen der Massengesellschaft geworden sind, nicht entsprochen wird. Die Aggressivität, die in solchen alten Festen sich durch die Identifizierung mit dem Dämonischen – man denke an die Masken, die bei diesen Festen getragen werden – Luft machen darf, besitzt hier in der Massengesellschaft keinen Anklang an geformte

Gebilde und verliert damit die heilige Berechtigung. Die Moral wird für die Dauer eines Exzesses in unserer Zeit nicht aufgehoben durch die Dämonie eines anderen Prinzips, das man mit Freud das »Lustprinzip« nennen kann. Sie wird nur übertreten. Und was resultiert, ist das schlechte Gewissen, das am besten durch neue Leistung beruhigt wird und den Managern oder Organisatoren der Masse neue Handhaben zur Machtausübung bietet und neue Wege in die Massenneurose eröffnet.

Von der Beobachtung dieses Verarmungsvorganges an erprobtem, gefeiltem Ausdruck her, der in Arbeit und zwischenmenschliche Beziehung einfließt, ist es ein konsequenter Schritt zur Frage: Was geschieht mit diesem Bedürfnis des Menschen, das man als ein urtümliches arthaftes Bedürfnis ansehen muß? Wenn es das ist, kann es nicht verschwinden, bloß verkümmern, sondern es muß sich eine so bedeutende Versagung unweigerlich im seelischen Gleichgewicht nachdrücklich geltend machen. Zwei Beobachtungen, die als Phänomene immer wieder beschrieben, aber nur unzulänglich in ihrer Motivation verstanden wurden, können zur Beantwortung herangezogen werden. Einmal die Tatsache, daß die Konformität der Menschen – das, was ihre Massenhaftigkeit charakterisieren soll – nur eine relativ hintergrundslose Anpassung (adjustment) ist und daß im Hintergrund selbst eine große Vereinsamung des Einzelnen sich verbirgt. Zum anderen die Tatsache, daß im Raum dieser globalen technischen Zivilisation ein bedrohliches Anwachsen an Aggressivität nachweisbar ist, und zwar einer, für die eine rationale Begründung selbst von den Verwaltern dieser Ideologien kaum zu geben ist, die vielmehr immer mehr in einem blutigen Zynismus zu enden droht und geendet hat. Hängen diese Erscheinungen zusammen und sind sie etwa auf *eine* Quelle verletzter Enttäuschung zurückzuführen?

Zur Gleichzeitigkeit von Konformismus und Vereinsamung: Es scheint einfach, objektive Maßstäbe der Gefährdung der Menschen zu finden und aus ihnen den Zustand der Vermassung abzuleiten. Wie so häufig bei der Beurteilung seelischer Phänomene ist das Gegenteil richtig und die einfache Annahme ein naiver Irrtum. Betrachtet man die Geschichte und die Vielzahl von Anforderungen, die sie bisher an das menschliche Geschlecht gestellt hat, so muß man sagen, daß eine solche Gefahrenzone des Menschen durchaus nicht einfach bestimmbar und vor allem nicht im Hinblick auf ihre künftige Fruchtbarkeit zu erkennen ist. Wenn wir die Entwicklung unserer Zeit uns prognostisch in die Zukunft hinein fortgesetzt vorstellen, so befällt uns gewiß ein tiefes Unbehagen über eine offensichtlich unaufhaltsame Verschiebung der Leistung im Sinne der quantitativen Beschleunigung, beziehungsweise der reinen quantitativen Leistung. Dieses fortgesetzte Überholen seiner selbst schafft einen Zustand von Labilität, in dem der Mensch, vor allem der der zivilisatorischen Großkonglomerate, der Riesenstädte, in einer außerordentlich gefährdeten Weise zu existieren scheint. Die Frage geht aber dahin, wo die eigentliche Gefahr liegt. Schließlich existierte der Wilde, der Mensch der mittelalterlichen Städte mit ihren dauernden Seuchengefährdungen, auch in gefährlichen Zonen des Daseins. Wir sind aber doch berechtigt, im Zerbrechen menschlicher Leistung eine wirkliche Gefahr zu sehen, und zwar in der Verwandlung der Leistung als gestaltgebender Hervorbringung, die sich mit der zur Lebensfristung notwendigen Produktion zu einer Einheit verbindet, zu einem infinitesimalen, rein quantitativen Produktionsprozeß, der Massenproduktion, die in sich nach technischen Fertigungserfordernissen, nicht nach einem Sinnzusammenhang zerstükkelt ist. Eben diese Gefahr ist es, daß der Mensch daran gehindert ist, seine Phantasie – auch urtümlichste Mitgift menschlichen Daseins – mit den Trieben und Triebbedürfnissen zu vereinen. So entsteht im Binnenraum der Zivilisation etwas, was man einen blinden Leidenschaftsüberschuß nennen könnte. Wenn es jede Kultur charakterisiert, daß sie Triebhemmungen von ihren Mitgliedern verlangt, so wächst dieser Anspruch in der technischen Großgesellschaft noch einmal außerordentlich stark an und bringt den Menschen dadurch in eine extreme defensive Lage, daß ihm der Zugang zu stellvertretenden Triebäußerungen, die sich mit der Phantasie vereinen, ausweglos abgeschnitten ist.

Wie dunkel das Problem seelischer »Energie« auch immer sein mag, es hat einen Sinn, bildlich von einer solchen Energie zu sprechen, und zwar einer, die ein hohes Maß von Verwandlungsfähigkeit besitzt. Es ist keine Frage, daß zwischen Triebverwehrung auf der einen und Triebauswegen, stellvertretenden Triebzielen auf der anderen Seite im Gesamt einer Kultur immer ein korrespondierender Zusammenhang besteht. Eine Quelle des Reichtums jeder Gesellschaft liegt darin, wie viele Sublimierungsmöglichkeiten von Triebhaftigkeit, die sie in der elementaren Form nicht gestatten kann, sie in kultivierter Form bietet. Von einem gewissen Grad der Triebunterdrückung an beginnt aber diese Energie, sich in einer verneinenden, zerstörerischen Haltung zu fixieren. Gerade dies scheint für den augenblicklichen Zustand unserer technischen Großgesellschaft der Fall zu sein. Die Sublimierung, die immer mit der Spurhaftigkeit menschlichen Handelns vereint ist, ist nicht mehr oder nur noch in sehr formalem und beschränktem Ausmaße zugänglich. Die rational geordnete Welt ist darüber hinaus der außerrationalen, spontanen, schöpferischen Tätigkeit des Phantasierens feindlich gesinnt und denkt nur intellektuell logisch in zweckhaften Kategorien. Ein Ausweg aus dieser Bedrängnis schien die Steigerung der Bedürfnisse zu sein, die Zunahme an Komfort also. Immer neue Bedürfnisse und Anreize zur Bedürfnisbefriedigung können nur für eine gewisse Wegstrecke der zivilisatorischen Entwicklung verdecken, daß sie eigentlich Ersatzbefriedigungen darstellen, nämlich Ersatzbefriedigungen für ein in sich ruhendes, entlastendes, gestalthaftes Hervorbringen. Die Metapsychologie des Komforts ist noch nicht geschrieben, aber ohne Zweifel hat er die Qualität eines sekundären Triebzieles, schließlich eines pathologischen Ersatzes vom Charakter der Sucht; nämlich Triebziel einer verfehlten Suche, die »siech« macht, zu sein.

Höchst aufschlußreich, welche fundamentale Wichtigkeit der vom Komfort bestimmte Lebensstandard für das Funktionieren der Produktion und die Lebensversorgung der mit seiner Herstellung beschäftigten Massenmitglieder gewinnt. Ein echter Zirkel von Bedingungen.

Dies führt zu der zweiten Tatsache: dem Anwachsen der Aggressivität. In dem Maß, in dem Komfort selbst ein Zwangsphänomen der modernen Massengesellschaft geworden ist, genügt diese Ersatzleistung nicht mehr, und es bricht anstelle der in ihrer Erwartung enttäuschten Antriebe ein Zwang zur Zerstörung, zur Auflösung, zur puren Negation durch. Es ist außerordentlich erregend zu sehen, wie diese Aggressivität in ihrer Unfaßlichkeit, in ihrer antilogischen Gewalt innerhalb der Massengesellschaft von den Führern dieser Gesellschaft manipuliert wird, wie überhaupt die Qualität des Führers – Führer zu werden und sich als solcher behaupten zu können – allmählich mit der Fähigkeit der Manipulation der Aggressivität ineins fällt, und also die Qualität des Führers eigentlich in ihr Gegenteil umschlägt und immer mehr den Charakter des zur Zerstörung Führenden annimmt.

Auch für die Aggression, die an sich eine natürliche Kraft des Menschen ist, die aber in der Stimmung des Ressentiments zur eigentlichen Krankheit gedeiht, steht ein primitiver Mechanismus der Entlastung zur Verfügung; mit einem alten Wort ausgedrückt, dadurch, daß man sich »Sündenböcke« erfindet. Dieser Weg ist ebenso alt, wie er ein Anzeichen der kulturellen Schwäche und der individuellen Unreife ist. Aber gerade durch die Hemmung des Ausdrucksbedürfnisses ist für das Gesamt einer gesellschaftlichen Ordnung ein enormer Energieverlust in der sozialen Leistung und ein Verlust an gereiften Mitgliedern eingetreten, den sie nunmehr durch nichts kompensieren kann – im Sinne einer echten Überwindung –, sondern für den sie den infantilen, archaischen Weg der Schuldverschiebung notgedrungen wählen muß. Projektion auf den alsbald dämonisierten Gegner, den man sich als

Gegner erst zurichten muß, ist nun das Motto der Handlung. Ein drastisches Beispiel ist das Schicksal der Minoritäten, der Rassen-, Volks-, Klassenfremden, in den Nationalstaaten des letzten halben Jahrhunderts. Über die grausige Zwangswanderung derer, die zu Trägern der Projektion, zu Sündenböcken der Masse und schließlich zu einer Masse von Sündenböcken wurden, gibt eine jüngst erschienene Statistik einen erschütternden Einblick: Nach einer Zusammenstellung von Dr. Martin Kornrumpf von der deutschen Gruppe der europäischen Forschungsgruppe für Flüchtlingsfragen kann man die europäische Völkerwanderung unter Verwendung allen erreichbaren Materials in drei Phasen aufteilen: eine erste in der Zeit von 1912-1939 (27 Jahre); in dieser Zeit wurden zwangsrepatriiert oder expatriiert, umgesiedelt oder zur Flucht gezwungen 14 150 000 Menschen. In der zweiten Phase von 1939-1945 (6 Jahre) betrug die Gesamtzahl 26 650 000, und schließlich in der dritten Phase, nach dem zweiten Weltkrieg, stieg sie abermals an, und zwar auf 27 350 000. Es versteht sich, daß in diesen Zahlen nicht enthalten ist die noch viel größere Summe derer, denen nicht einmal der Vorteil, ihre Heimat zu verlieren, zuteil wurde, sondern die ihr Leben verlieren mußten.

Es geht hier nicht um die rationale Begründung all dieser Vorgänge einer nicht resozialisierbaren Aggressivität. An solchen Begründungen fehlt es zu keiner Zeit. Es geht um die Feststellung des Faktums. Man versteht jetzt besser die gesellschaftsökonomische Bedeutung zum Beispiel der politischen Propaganda. Sie hat die Aufgabe, das in den organisierten Zwangsmassen entstandene Ressentiment in Richtung auf die Verschiebung des Projektionsortes zu drainieren, abzuleiten. Und wir alle sind Zeugen geworden, wie gut derartige Propaganda heutzutage geleistet wird und wie furchtbar ihre Folgen sind.

Rückblickend zeigt sich, daß man nunmehr einen wichtigen Schlüssel zum Prozeß der Vermassung gefunden hat. Vermassung bedeutet Schwächung des Ich, Schwächung vor allem im

Hinblick auf die Fähigkeit, aus dem Unbewußten aufsteigende Triebregungen aufzufangen und innerhalb des kultivierten Gesellschaftsraumes sozial fruchtbar umzuformen. Wobei nicht zu vergessen ist, daß diese Triebregungen ihrerseits unter langem Kulturdruck schwer deformierend verändert sind! Vermassung bedeutet fernerhin hilfloses Ausgeliefertsein an das Ressentiment. Über die Entstehung des Ressentiments aus der Spurlosigkeit des Massendaseins wurde hinlänglich gesprochen. Schließlich bedeutet Vermassung Bereitwilligkeit für die Suggestion, die Schuld bei anderen zu suchen, und diese anderen zu dämonisieren, weil ja das Dämonische im eigenen Bereich eine vernichtende Kritik von der Rationalität her erfahren hat und kein Ort gegeben ist, an dem es legitim auftreten dürfte. Die Gegenläufigkeit von höchst arbeitsteiliger und wissensteiliger Spezialisierungs- und schrumpfender Sublimierungsmöglichkeit für elementares Trieberleben – im Umgang mit sich selbst und mit Mitmenschen – bedeutet weiterhin eine Verarmung, die ebenfalls zu einer Schwächung der bewußten Persönlichkeit als der regulierenden Instanz für die vitalen Triebspannungen führen muß. Das Umschlagen des Leidenschaftsüberschusses in eine zur jederzeitigen Eruption bereite und allen Suggestionen zugängliche Aggressivität vernichtet aber – von vielen anderen sozialen Vorgängen abgesehen – das Wir-Gefühl der Gruppe an seiner Wurzel. Denn aus Aggressivität entsteht nur ein flüchtiges, kurz dauerndes Wir-Gefühl, das man eher ein Rudel-Gefühl nennen könnte, so wie sich etwa unter bestimmten Voraussetzungen hungrige Wölfe zu einem Rudel zusammenfinden.

Dies alles klingt sehr negativ. Aber man muß die Tatsachen hinnehmen, so wie sie sind, um nicht am falschen Ort einen Änderungsversuch anzusetzen. Also etwa scheint es sehr unzulänglich, wenn man glaubt, durch Planung, durch rationale Vorausschau allein den Bedürfnissen des an Zahl so ungeheuer anwachsenden Menschengeschlechtes gerecht zu werden. Diese rationale Planung ist die Krankheit unserer internationalen Organisationen. Sie vermögen nur deshalb nicht zu überzeugen, weil sie den Kern der Bedürftigkeit des Menschen unserer Zeit in ihren Absichten verfehlen. Man kann auch nicht durch Rückschritt helfen. Dies ist die Krankheit der nationalen Gefühle. Helfen kann man nur durch Ernstnehmen, das heißt durch Zusammenfassung der Kräfte von Bewußtsein und Phantasie als der formenden Leistung des Unbewußten. Um dies zu vollbringen, dazu ist offenbar die Not immer noch nicht groß genug, wenn sie nicht – und dies wäre die deletäre Diagnose – zu groß, zu lähmend geworden wäre, um noch für solche Kraft auszureichen.

Freud hat einmal gesagt: »Jede der seelischen Differenzierungen, die uns bekanntgeworden sind, stellt eine neue Erschwerung der seelischen Funktionen dar, steigert ihre Labilität und kann der Ausgangspunkt des Versagens dieser Funktion, einer Erkrankung werden« (Bd. XIII, S. 126). Ohne Zweifel ist der Vorgang der seelischen Differenzierung nicht hinter dem Vorgang der intellektuellen, das heißt der geistigen Differenzierung zurückgeblieben. Das beste Zeichen dafür ist die moderne Kunst mit ihrem Reichtum an Wahrnehmungen und Ausdrucksformen. Aber während dieser intellektuellen Differenzierung ein volles Ausleben in der rationaler Ordnung sich mehr und mehr unterwerfenden Welt garantiert ist, wird die seelische Differenzierung aus den altgewohnten Leistungsakkorden, in denen sie sich erleben, verfeinern konnte, ausgestrichen. Es ist keine Frage, daß der Rückschritt der modernen Zivilisation, der ihrem vielgepriesenen Fortschritt das Gleichgewicht hält, auf seiten der fehlenden Erprobungsmöglichkeit seelischer Differenzierung des Individuums innerhalb der Gesellschaft liegt, daß ihm hier keine Anleitungen, oder wenn, dann fast nur solche in verführendem Sinn, zuteil werden. Wenn immer man von einem Versagen der inneren Balance sprechen will, so muß man hierin das eigentliche Übel, man kann sagen: die eigentliche Zeitkrankheit erblicken.

Gemessen an dem, was die wenigen begnadeten Augenblicke

im Dasein des Menschengeschlechtes für seine Entfaltung bedeutet haben, wird man die meisten Sozialordnungen kaum mehr denn als Faustregeln der Gesellung bezeichnen können. Sie für die sich wechselseitig dämonisierenden Dauermassen zu finden, wird wohl in der Zukunft erst möglich sein, wenn zwischen den zwei Milliarden Sterblichen ein einigermaßen ausgewogenes Gleichgewicht in der Nützung ihrer rationalen intellektuellen Potenz, nach deren Gesetzlichkeit die Epoche sich bewegt, gefunden ist. Solange es noch die billige Möglichkeit der Projektion auf einen in der rationalen Leistung (Armierung, könnte man sagen) zurückgebliebenen Partner auf dieser Fahrt in eine ungewisse Zukunft gibt, wird man wohl nicht erwarten können, daß die Menschheit der primitiveren Form der Entlastung ihres Unbehagens eine verfeinerte, wenn auch eigentlich menschlichere, weisere, vorzieht.

## 3. Die Masse fängt in der Familie an

Man wird mir sogleich widersprechen wollen, nachdem man nur die Überschrift gelesen hat. Masse soll in der Familie anfangen? Aber die Familie ist doch gerade die Zuflucht vor der Masse, der Ort der Heimkehr aus den verschiedenen Massen und Mengen, der Masse im Großbetrieb, der Menge der Verkehrsteilnehmer, den Zuschauermassen der Kinos und Sportplätze, den mühsam oder leicht beweglichen Massen auf Partei-, Gewerkschafts-, Wissenschaftskongressen. Das alles falle ab, sobald man die Wohnungstür aufschließe und an den heimischen Herd zurückkehre. Hier in dieser Intimsphäre des Menschen dürfe er ganz er selbst sein, Einzelner, dürfe sich entspannen, Sorge, Würde, überhaupt das professionelle Gesicht ablegen und »Mensch« sein.

Dies ist ein schönes, ich möchte sagen, ein von Schwind gemaltes Bild des häuslichen Friedens – aber wahr ist es nicht. Und es ist sogar als Illusion sehr einseitig egoistisch ausgedacht: es ist nämlich ein auf die Rolle des Mannes zentriertes Wunschbild von Familienglück. Man darf doch nicht vergessen, daß dieser geplagte, in der Welt mißverstandene, beruflich abgehetzte, von Bürogeschwätz, Schalterdienst, Maschinenlärm, Untergebenenargwohn und Vorgesetztenlaunen, von Eintönigkeit und fremdem Vielerlei überflutete Heimkehrer zu Hause etwas in Bewegung setzt. Für seine Frau fängt nun die professionelle Belastung erst recht an – vielleicht muß auch sie außer Haus Arbeit leisten, aber jetzt muß das Essen auf den Tisch, müssen allerlei Hilfestellungen für den Müden, von der Aura der Baugrube, der Werkstätte, der Lohnbuchhaltung, des ärztlichen Sprechzimmers noch ganz Umgebenen geleistet werden. Die Kinder müssen vom Tisch die Schul- und Spielsachen wegräumen, ein besonderer Ernst des Lebens beginnt auch für sie, der Krach muß aufhören; wenn Vater schläft, muß man auf Zehenspitzen aus dem Zimmer und die Türen leise schließen.

Es ist natürlich unmöglich, ein generelles Bild der Familie zu entwerfen. Aber soviel ist sicher, daß verschiedene Interessen in der Familie aufeinandertreffen und nicht immer zu einem glücklichen Austrag kommen. Und auch wenn dem Vater oder der Mutter – je nachdem, wo das Schwergewicht der Familie liegt – von den anderen mit stetig freundlichem Gesicht begegnet wird, so darf man doch nicht vergessen, daß gerade diese Höflichkeit nichts Natürliches ist – wie die menschliche Familie überhaupt –, sondern in höchstem Maß eine Leistung, eine (bei »guter Erziehung«) in Fleisch und Blut übergehende Anpassungsleistung an die Forderungen der Kultur.

Und damit kommen wir an einen Punkt, der unsere besondere Aufmerksamkeit verdient. Familie, so wie sie in unseren Staaten legalisiert ist, ist nichts Natürliches, sondern eine Kulturform des Zusammenlebens, der Geschichte in ihren Wandlungen unterworfen. Es gibt die Ein- und die Vielehe, es gibt die mehr kollektive Kindererziehung und die mehr häuslich familiäre. Im neuen Staat Israel mit seinen Einwanderern aus einander entlegensten Kulturhorizonten probiert man gegenwärtig beide Formen nebeneinander aus – ein Zeichen nicht nur dafür, wie anpassungsbedürftig an unvorhersehbare Entwicklungen Kultureinrichtungen im allgemeinen sind, sondern auch dafür, daß die »heilige Familie« sich in nichts von anderen Heiligtümern unterscheidet; sie werden hochgehalten und dem Verfall preisgegeben und durch neue Überhöhungen des Daseins ersetzt. Das ist für alles, was konservativ in uns ist, schmerzlich, aber es will getragen und gewußt sein, um unsere Vorstellungen über die Welt ernsthaft, um unsere Entscheidung klar werden zu lassen – und nicht allzu kollektivistisch, was bei der Riesengröße unserer Kollektive notwendig heißt: allzu massenhaft und massenhörig.

Gehen wir von der Tatsache aus, die in unserer Zeit vornehmlich eine Ehe stiftet: der Liebe. Das war nicht zu allen Zeiten so. Noch vor hundert Jahren war eine Liebesheirat ein Roman, den alle in der Umgebung des Paares mit gemischten Gefühlen verfolgten. Das, was die Ehe stiftete und zusammenhielt, war die Vereinigung von Besitz. Die Basis einer solchen Ehe war ein Übereinstimmen mit der Kollektivhaltung, daß der Besitz den Menschen auszeichne, besser gesagt, markiere. Das führte dazu, daß meist nur Menschen aus gleichem Besitzhorizont als Ehepartner füreinander in Frage kamen. Was sie in den neuen Hausstand mitbrachten, war nicht nur Habe und Mitgift, sondern ein sehr bestimmtes Gefüge von standesgemäßen Gewohnheiten, reflexhaften Antworten auf Lebenssituationen; wenn man respektlos genug ist, darf man sagen: ein Netz von Vorurteilen. Dabei soll man aber nicht vergessen, daß die meisten Menschen ihr Leben lang weder die Neigung verspüren noch die Zeit noch die Anleitung finden, ihre anerzogenen Vorurteile einer Prüfung zu unterwerfen. Das stimmt immerhin bedenklich darüber, ob nicht kollektives Verhalten sehr massiv die Situation in der Ehe beeinflußt. Mit wem Frau Assessor in ein Kränzchen gehen darf, auf welche Schule die Kinder gehen müssen, mit wem sie spielen und mit wem sie es nicht dürfen, wie sie sich bei Tisch benehmen müssen und wie wichtig der Gutenachtkuß ist – das ist stillschweigend vorgeschrieben. So ridikül das alles erscheint, wenn man in den Freundschaftsalben und Kommersbüchern der Großeltern blättert und die alten Familienphotos auf ihre Atmosphäre beschnüffelt – es wird unseren bescheidenen Hinterlassenschaften genau so ergehen, wenn unsere Enkel sie in die Hände bekommen. Denn das ist es, was einen betroffen macht: Vorurteile, Haltungsprägung. Stil des Benehmens erkennt man als fremden Einfluß auf uns selbst erst, wenn er nicht mehr wirkt – wenn anderes zu wirken begonnen hat.

Aber dieser Stildruck des Kollektivs ist noch nicht exakt das, was wir meinen, wenn wir von »Masse« sprechen. Wir haben unser zeitgenössisches Liebespaar in Erinnerung an ältere Mächte, die die Ehe stifteten, verlassen. Seine Lage ist nicht so leicht, wie es der »Honigmond« erscheinen lassen könnte. Die beiden verstehen sich doch so gut, heißt es. Überspringen wir die fast altertümlichen, aber immer noch nicht seltenen

Komplikationen, daß der Bräutigam zum Beispiel evangelisch, die Braut katholisch ist. Nehmen wir ein junges Paar aus Neuyork. Er ist Sohn eines Farmers aus dem Mittelwesten und Verkaufsagent einer Automobilvertretung. Sie stammt aus einer griechischen Einwandererfamilie, ist Immigrantin der zweiten Generation. Er hatte puritanische Eltern, ein trocken-sauberes, durch und durch materialistisches Elternhaus. Die Mutter war nicht phantasievoll, sie und die Altersgenossen haben ihn zum typischen Mittelständler Amerikas erzogen. Die Braut ist Photographin bei einer Zeitung, der Vater ein beweglicher und nicht erfolgloser Kaufmann, die Mutter erzog mit Wärme die vielen Kinder ganz im Stil der verlassenen Heimat, die Religion ist griechisch-katholisch, daheim wurde nur Griechisch gesprochen. Es war nicht sehr ordentlich, dafür aber sehr aufregend und anregend in diesem Haus. Die beiden sind sich auf einer Party begegnet – das Fremde faszinierte sie aneinander, jeder sah im anderen eine andere, idealere Welt. Aber dies eigentlich mehr im Hintergrund – denn sie mochten sich gerne. Und als ein Kind erwartet wurde, heiratete man. Und das verändert die Lage gründlich. Urplötzlich tritt das Fremde gar nicht ideal in den Vordergrund. Ihn ärgert die südeuropäische Schlamperei, sie ärgert die phantasielose, ungehobelte Rigorosität. Man lebt zusammen, aber man lernt sich nicht kennen dabei. Das Feuer der Liebe kühlt sich ab, und es entwickelt sich eine von außen gesteuerte Lebensgemeinschaft. Von außen gesteuert heißt, man versucht so unauffällig konform zu sein, wie es eben geht.

Dieser Konformismus – und das ist das Entscheidende für die Entwicklung vom Kollektiv zum Sozialphänomen der Masse unserer Gegenwart – hat keine Substanz mehr zur Grundlage, keinen materiellen Besitz, keine unversehrte Tradition. Er besteht, wie dies der glänzende Analytiker der gegenwärtigen amerikanischen Situation, David Riesman, plastisch genug beschrieben hat, in einem fortwährenden nervösen Abtasten aller in irgendwelcher Nähe befindlichen Zeitgenossen auf deren Meinung, Gehabe, Vorlieben usw. Und wenn alle dies mit allen machen, so ergibt sich daraus ein mittleres Klima, das jeder einigermaßen geschickte Fachmann wie einen Brutkasten handhaben kann. Das Eigene wird nicht auf dem Boden eines gemeinsamen Lebensgefüges entwickelt – was das Charakteristikum der individuellen Reife ist –, sondern es wird kaschiert und den aus unbekannten Quellen gespeisten ständig sich erneuernden Vorlieben, Slogans, Bedürfnissen geopfert. Was die Bindung schuf in dieser Ehe, war der eigentlich wunderbar bleibende Vorgang des Verliebens – ein Triebakkord, der eine Weile dauerte –, was das gemeinsame Leben bestimmt, ist wie die Fernsehantenne auf dem Dach eine Sozialantenne für die Wahrnehmung der kurzfristig gültigen, immerfort wechselnden Sozialgebote.

Mag das ein extremes Beispiel sein – so extrem ist es wiederum nicht, daß es nicht sehr exemplarisch auch für die Lage der sich entnationalisierenden alten Welt wäre. Es zeigt nämlich das Charakteristikum der modernen Massenbildung: einmal das Wandern des Schwergewichts individueller Lebensäußerung auf die emotionelle Ebene, brutal biologisch ausgedrückt auf die Triebvollzüge – das war immer auch so –, aber im echten Kollektiv einer lebendigen Kultur gibt es daneben eine Fülle von anderen Erkenntnismöglichkeiten im lebendig vollzogenen Traditionsgut. Hier sind Grenzen, Schranken gesetzt, die beengen, die aber eine Aufgabe darstellen. Sehr eindrucksvoll spiegelt sich das in den Regeln der Kindererziehung wider, in der Rangordnung der Generationen. Die Massengesellschaft besitzt in einem vollständigeren Sinn als dem des überlieferten materiellen Besitzes demgegenüber viel weniger »Eigentum« auf allen Ebenen. Nicht nur die Post und die Bahn und die Straße gehören der anonymen Öffentlichkeit, sondern die Menschen selbst sind schutzlose Öffentlichkeit – gerade in ihrer intimsten Sphäre geworden. Die Kinder binden sich vorbildsuchend nicht bei den Alten – die sind schon hoffnungslos zurückgeblieben –, sondern bei den tonangebenden Altersgenossen.

Die Familie ist längst nicht mehr in sich selbständig als mehr oder weniger autarke Produktionsgruppe; sie ist eine arbeitsteilig in Fremdauftrag produzierende und Fremdprodukte konsumierende, weithin unselbständige ökonomische Einheit geworden. Dies Ökonomische ist nur ein Wesenszug des Ganzen, aber in ihm demonstriert sich etwas vom Ganzen der Situation. Wenn man so will: die Türen der patriarchalisch geschlossenen Behausung stehen jetzt offen. Die Familie ist kaum noch der Ort, an dem en miniature der Stil der Zeit mitvollzogen und abgewandelt wird, sondern an dem Massendiktate um so rücksichtsloser vollzogen werden, je massenähnlicher die Figuren dieser Familie durch die Tür bereits ins Haus eingetreten sind.

Vielleicht ist es falsch zu sagen, die Masse beginne in der Familie. Es sieht nach unserer Schilderung so aus, als habe die seltsame Veröffentlichung des Lebens, in dem das eigentümlich Einzige am Einzelnen unbeachtet, unentwickelt absinkt, dem Individuum entfällt, schließlich auch das Refugium der kleinsten sozialen Lebenszelle erreicht. Aber insofern das Dasein immer auch aus Zellen sich erneuert, ist es schon zutreffend zu sagen, die Masse beginne heute in der Familie, so wie zu früheren Zeiten der »ehrliche Kaufmann« oder »der Soldat«, »der Bürger« oder »der Gentleman« aus seiner Familie erzogen wurde. Masse heißt nicht mehr als dies: Konformität gesteigert um das, was an nichtkonformen, den Menschen prägenden Möglichkeiten verlorenging – bisher, muß man hinzusetzen. Denn auch das gehört zu den übergeschichtlichen Begabungen des Menschen, daß er die Unruhe besitzt, sich Eigentliches, Unverwechselbares immer wieder schaffen zu können. Und dabei ist er in vieler Hinsicht auf die Selbsterfahrung im Du, in der Begegnung mit dem Anderen, angewiesen. Ob es die Familie sein wird, in der sich die entscheidende Befreiung von der Masse vollziehen wird, der sie heute mehr denn je dient? Eine Chance steht dafür: das Zusammenleben der Eltern und der Kinder. Denn die wichtigsten Selbsterkenntnisse entstehen nicht, wenn und solange man erzogen wird, sondern wenn man selber erziehen soll. Hier werden die eigenen Vorurteile durch Vitalität und Unvoreingenommenheit der Jugend in Frage gestellt. Wird dieser »Ungehorsam« nicht auch verstanden und gelten gelassen, sondern überwältigt, dann allerdings geht diese Chance verloren, und die Masse endigt und fängt in der Familie einmal mehr an.

## 4. Der Einzelne in seiner Angst

Wenn der Einzelne nicht in eine Massenerregung oder in ein Massenvorurteil einschwingen kann, entsteht keine Masse. Was es zu entdecken gilt, sind deshalb jene psychodynamischen Verhältnisse, jene Voraussetzungen der inneren Labilität, die vorweg eine Reaktion möglich machen, die dann von einem besonderen Auslösungsvorgang in Gang gebracht und kanalisiert wird. Die Repräsentanz der Masse im einzelnen, also gleichformige Stimmung, Triebneigungen, untergründige Erwartungen, ist das Material, aus dem Masse ihre Dynamik bezieht.

Jedes Verhalten im öffentlichen Leben, in der Arbeit, in Parlamenten, auf Straßen und an Stätten des Vergnügens, hat einen Stimmungshintergrund. Er wird entscheidend von der Auseinandersetzung bestimmt, in der primäre Triebbedürfnisse sich den Gegebenheiten der äußeren Welt angleichen müssen. Tiefenpsychologische Beobachtungen haben uns darüber belehrt, daß wir auch unbewußt (also von unserem Bewußtsein unbemerkt oder unregistriert) Erfahrungen sammeln und behalten. Sie stehen oft in krassem Widerspruch zu dem, was wir sehen wollen. Weil sie nicht »geprüft«, auf ihre Bedeutung hin durchuntersucht werden, können sie intuitiv hellsichtig, dann wieder gänzlich die objektiven Sachverhalte verkennend sein. Wie diese Warhnehmungen also verarbeitet werden, hängt entscheidend von unserer inneren Verfassung ab; diese wiederum spiegelt wider, ob und wie es uns gelungen ist, unsere primäre Triebnatur einem Leben unter unseresgleichen anzupassen, wo und wie tief wir also sozialisiert sind. Je nach dem Standort des Beobachters erscheint der kulturelle oder zivilisatorische Anspruch an den Einzelnen in verschiedenem Zusammenhang. Rationale Klarheit und Gefühlsbeherrschung sind nach einem Entwurf Theodor Geigers die beiden Mittel, welche das Leben in Massengesellschaften ermöglichen. Die Leidenschaft des Denkens

soll sich wesentlich auch auf die Selbstkontrolle erstrekken. Wie steht es aber um die in der Natur des Menschen gegebenen Voraussetzungen, die solch hohes Ziel ermöglichen? Sigmund Freud hat die Auffassung vertreten, »daß das tiefste Wesen des Menschen in Triebregungen besteht, die elementarer Natur, bei allen Menschen gleichartig sind und auf die Befriedigung gewisser ursprünglicher Bedürfnisse zielen. Diese Triebregungen sind an sich weder gut noch böse. Wir klassifizieren sie und ihre Äußerungen in solcher Weise, je nach ihrer Beziehung zu den Bedürfnissen und Anforderungen der menschlichen Gesellschaft.«
Theodor Geiger hat gefordert, die Triebkräfte sollten ihre Energie in die Betätigung der Vernunft, unseres Verstandes einfließen lassen und auf diesem Weg gleichsam sich selbst disziplinieren und zurücknehmen. So wünschenswert ein solcher Zustand wäre – mit Brecht zu sprechen: »Ein guter Mensch, wer wär's nicht gerne« –, so sehr bleibt er Leitbild und als solches hinter der Realität zurück. Auch Freud hat von dem unabweisbaren, wenn auch leisen Einspruch der Vernunft gegen die Elementargewalt des Triebhaften gesprochen, aber das hat ihn nicht gehindert, mit Unbestechlichkeit die gegenwärtige Situation zu sehen und sie ohne Klagen über das »Unglück«, in dem wir leben, zu analysieren. Nach seiner Auffassung hängt alles von der Art und Weise ab, wie es gelingt, die primäre Kraft des Eros der anderen Elementarkraft, den egoistisch-aggressiven Triebregungen, entgegenzustellen, sie unter jenem Einfluß umzubilden. Daran entscheidet sich die »Kultureignung« des Menschen.
Freud warnt vor der »Gefahr, die gesamte Kultureignung in ihrem Verhältnis zum primitiv gebliebenen Triebleben zu überschätzen«. Er weist auf die Tatsache hin, daß unsere »Erziehung und Umgebung nicht nur Liebesprämien anzubieten haben, sondern auch mit Vorteilsprämien anderer Art, mit Lohn und Strafen, arbeiten«. Das hat eine oft übersehene Nachwirkung. Jemand kann sich »zum guten Handeln im kulturellen Sinn entschließen, ohne daß sich eine Triebverede-

lung, eine Umsetzung egoistischer in soziale Neigungen, in ihm vollzogen hat«. Bei oberflächlicher Betrachtung wird man über die Motivation eines Handelns nichts ausmachen können. Man weiß dann zu wenig über die Voraussetzungen dieses »Kulturgehorsams«; etwa ob Menschen auf Grund innerer Verarbeitung der Gebote die geforderte Anpassung leisten oder nur vom Vorteil der Stunde diktiert sich beugen, also eigentlich »Kulturheuchler« bleiben. Ihre überraschend erscheinende Neigung, aus der Rolle zu fallen, von der wir durch so schauerliche Beispiele Kenntnis bekamen, zwingt zu der Überlegung, ob unsere Kultur nicht einem großen Irrtum verfallen ist. Sie fordert die angepaßte »gute« Handlung, ohne sich um die »Triebbegründung derselben zu kümmern«.

Beide Betrachtungen, die soziologische und die dynamisch-psychologische, schaffen einen Zugang zum Verständnis des aktuell wirksamen Dranges zu einem Massenverhalten. Der Soziologe sagt uns, was die Gesellschaft mit ihren zivilisatorischen Einrichtungen für ein Verhalten braucht, der Psychologe, was faktisch zu erwarten ist. Die Triebverzichte, die jede Zivilisation von ihren Mitgliedern verlangen muß, erregen die Stimmung einer mehr oder weniger deutlich sich aufdrängenden Angst und jener »ohnmächtigen Gereiztheit«, von der Theodor Geiger spricht. Die Massenhaftigkeit unseres Daseins, die Tatsache, daß wir in einer Konkurrenzgesellschaft leben, und das über den Horizont unserer Kontrollmöglichkeit hinwegreichende Verfließen aller gesellschaftlichen Vorgänge ins Unbekannte, die Anonymität der Massenorganisationen in Politik, Wirtschaft, Meinungsbildung überhaupt – das alles erzeugt Angst, Ruhelosigkeit und Ohnmachtsgefühle. Um so mehr, als drei apokalyptische Reiter unserer Zeit: Massenarbeitslosigkeit, Massenideologien, Massenkriege, die allesamt zu einer Zwangsvermassung mit erhöhtem Anspruch auf Triebverzicht führen, aus diesem sozialen Dschungel hervorzubrechen drohen.

Merkwürdigerweise hat diese Erscheinung in der Massenpsychologie noch keine systematische Beachtung gefunden. Von den Massen unserer Zeit wird immer noch, wie bei Le Bon, wie von etwas Vorübergehendem gesprochen. Der neue Aspekt ist deshalb die Tatsache, daß heute akut sich bildende Massen aus Massen hervorgehen, wieder in Massen hinein zerfallen, in die »abstrakten«, kalten Massen. Die klassische Unterscheidung von Menge und Masse ist unwesentlich geworden, denn die Mengen, in denen wir enthalten sind, sind ins Massenhafte gewachsen. Massenelend durch Hunger, Massenkatastrophen vom Kinobrand bis zu Hiroshima und Dresden, zu Erdbeben und Überschwemmungen, Massenaufstände und Massendemonstrationen, Massenmorde wie in Katyn, Auschwitz, Dachau, Massenbegeisterungen bei Fußball und Baseball, Massenentzückungen vor weinenden Gipsmadonnen, Massentrauer bei Bergwerksunglücken, Massenraserei vor »Sexbomben« oder Jazzsängern tragen, bei wechselseitiger Wahrnehmung von Massen, die sich in Handeln und Leiden spezifisch verbunden fühlen, fortwährend zum Aufbau des Erfahrungs- »Weltbildes« des durchschnittlichen Menschen unserer Gegenwart bei. Dazu kommen die »Massengüter« und die »Massenmedia«, die die Gedanken- und Phantasiewelt aller ergreifen. Bezeichnenderweise spricht man von Massen-, nicht von Mengenprodukten. Man kann z. B. beim Bezug eines Massenprodukts Mengenrabatt erhalten; die Masse ist aber das Vorangehende, Kalkulierte, die Menge das später Ausgesonderte.

Ob man nun von den Verkehrsfluten als von Mengen oder Massen sprechen will: Wo sie sich zusammendrängen, wird jedenfalls ein Höchstaufwand von reibungsloser Organisation verlangt, um es zu keiner Spontanentladung latent bestehender, aber unter der Organisationsfläche gehaltener Affekte kommen zu lassen. Das nötigt dazu, nach dem Verbleib der in Scheinanpassung nicht entspannten Triebregungen zu fragen; ferner danach, wo kritische Felder im Erleben des Einzelnen bleiben, in denen die Gesellschaft Unterdrückung von triebhaften Erwartungen verlangt, ohne dafür sublimierte, vom ursprünglichen Triebverlangen abgelenkte Entspannung und Befriedigung zu bieten. Hat man hier einige Klarheit gewonnen, so wird man etwa wissen, was beispielsweise in »Mob-Reaktionen« nach Befreiung sucht und wie man dazu sich verhalten will. Wie in erfahrenen Sozialformen den destruktiven Neigungen Rechnung getragen wird, zeigt der Stierkampf. Die Roheit der Tierschlachtung erregt bei den Landesfremden zumeist Abscheu. Was geht aber in der Arena vor sich? Gewiß, eine Schlachtung vollzieht sich, jedoch nach Spielregeln, mit dem hohen Anspruch auf elegant gemeisterte Beherrschung der Regeln, mit einem nicht unerheblichen Risiko für den Stierkämpfer und einem Todesurteil für seinen an roher Kraft überlegenen Partner.

In jedem Schauspiel identifizieren sich die Zuschauer; je raffinierter der Ablauf der Spielhandlung ist, desto wechselvoller ist ihre Parteinahme bald für die eine, bald für die andere Seite. Das bewirkt eine Lockerung der Gefühle. Die kathartische, reinigende Wirkung, die man der antiken Tragödie zuschrieb, besteht nicht allein darin, daß Schuld vorbildlich gesühnt wird, sondern vielleicht mehr noch darin, daß Gefühle erregt, gezeigt und auch das Böse intensiv miterlebt werden kann, daß keine Heimlichkeit über allem zu walten braucht. Der Stierkampf gehört mehr zu den rohen Lustspielen, die im Theater der Alten zwischen den Tragödien dargeboten wurden. Er ist ganz und gar unübersetzte Grausamkeit, echter Tötungsvorgang – freilich legt ihn der Ritus, nach dem allein getötet werden darf, fest. Der barbarisch anmutende Stierkampf kann also als eine aggressive Handlung gesehen werden, die durch Eleganz einen ästhetischen Reiz hinzugewinnt, den Beschauer mit sich fortreißt und ihm in identifizierender Teilnahme ein Stück archaischen, vorsozialen Lebensglückes schenkt: den übermächtigen Gegner erschlagen zu können – Angstentlastung.

Die Einrichtung des Stierkampfes und ähnlicher Veranstaltungen stellt also einen Komplex von Ausgleichshandlungen und Ausgleichserlebnissen zum gewöhnlichen Alltag dar. Will man etwas über die spezifischen Bedingungen unerwünschter Massenhandlungen und Massenreaktionen erfahren, so muß man die Unterscheidung zwischen solchen Ausgleichsvorgängen und Ersatzbefriedigungen treffen. Natürlich sind alle rituellen Opferhandlungen und alle ritualisierten Aufhebungen der Schwere der Kulturgebote auch Ersatzbefriedigungen – Ersatz für den im normalen Alltag geleisteten Verzicht. Von Ersatz im negativen Sinne des Wortes wird man dort zu sprechen haben, wo die Ritualisierung fehlt, wo also die Gesellschaft nicht ein ausdrückliches Interesse für diese ihre eigene Schattenseite zeigt. Die Ersatzhandlung hat dann den Charakter des Sinnlosen, Wertlosen oder gar Wertwidrigen, sie wird als unkultiviert, barbarisch, brutal, unverständlich bezeichnet und erweckt bei dem, der sich ihr hingibt, ein schlechtes Gewissen. Bildlich gesprochen schwingt kulturelles Verhalten dann nicht mehr zwischen traditions- und gesetzesgebundener Verhaltensweise und ritualisierter Entlastung von den Geboten hin und zurück, sondern es zerfällt in die offizielle Verhaltensweise und in die inoffizielle private, die von keiner Einheit des Erlebnisrhythmus umfaßt werden.

Die von den Massen belebte technische Welt hat ihre Wurzeln im Puritanismus, einer extrem triebversagenden Gesellschaftsstruktur. Sie hat sich zwar längst von dieser ihrer weltanschaulichen Basis entfernt, aber das lustfeindliche Grundprinzip des Puritanismus hat sich trotz allem erhalten. Die offizielle Ordnungsseite fällt mit der Pflege der strikten Arbeitsordnung und der Pflege der Familienordnung zusammen. Alles, was dazwischen an menschlichen Betätigungen Ausgleich oder Ersatz für die in Arbeit und Familie geleisteten Triebverzichte bringen kann, bleibt der Privatsphäre überlassen. Hier schaltet sich erst spät die sekundäre Organisation des Vergnügungsbetriebes ein, und weil auch sie der Privatinitiative überlassen bleibt, nicht getragen ist vom Gesamtkörper der Gesellschaft, beutet sie in unverhüllter Weise das »Unbehagen in der Kultur« unter den Massen aus.

In der drangvollen Enge des Massendaseins muß die soziale Außenfläche des Einzelnen sehr poliert sein (das englische Wort »polite« heißt höflich). Es sind aber neue Reibungsflächen entstanden, an denen offenbar nicht nur abgeschliffen, sondern explosive Hitze erzeugt wird; das Persönlichkeitsgleichgewicht wird hier fortwährend attackiert. Psychologisch gesprochen, sind neue Herausforderungen zur Verarbeitung unter der Oberfläche anzunehmen. Im Grunde handelt es sich um nur allzu bekannte Belastungseffekte; was noch des tieferen Verständnisses harrt, sind die Ausstrahlungen, die von ihnen auf alle strukturierenden Vorgänge im Prozeß der Persönlichkeitsbildung ausgehen.

Einige Hauptlasten, die der Mensch im Zeitalter seiner Massenhaftigkeit zu tragen begonnen hat, seien skizziert: Im gegenwärtigen Gesellschaftsgefüge überwiegt im ganzen das Erlebnis »fremd« das Erlebnis »bekannt«; in den Zeitläuften vor der maschinentechnisch begründeten Zivilisation war »Natur« das überwiegend »Fremde«, die Gesellschaftsgruppen durch wechselseitige intensive Binnenkontakte von langer Dauer charakterisiert. Trotz rationaler Naturbeherrschung ist eine neue emotionelle Naturfremdheit unter den Massen entstanden, die sich in ihren rasch wechselnden Beziehungen, bei häufigem Wohnortwechsel nur flüchtig begegnen. Also ein Fremdheitserlebnis mit doppelter Front. Menschen, die einen ganz verschiedenen Kodex des Benehmens mitbringen, müssen sich in oberflächlich gleichartigen Verhaltensnormen angleichen. Das bewirkt Selbstunsicherheit und damit Angst. Die Bereitwilligkeit, den Massenstil, die Masseninteressen anzunehmen, ist eine Art der Flucht nach vorn, ein Bestreben, durch Aufnehmen der gängigen Devisen das eigene unsicher gewordene Verhalten zu koordinieren.

In der Gesellschaft überwiegen langsam auch bei den Gruppenbildungen mit Intimkontakt Erfahrungen der Fremdheit. Die Arbeit selbst wird zunehmend von Automaten übernommen. Der Mensch bedient die Maschine in einem sehr tiefen Sinne des Wortes. Die Einförmigkeit der Leistung führt nicht genügend Erregung in sie hinein ab, sondern führt umgekehrt zu einer Erregungsstauung. Sie gestattet im übrigen dem Mitmenschen nicht, durch Beobachtung des Könnens anderer bekannter zu werden. Diese anderen sind ebenso maschinengebundene, nicht fertigkeitsgebundene Arbeiter. Infolge der Tatsache, daß die Maschine den eigentlichen Fertigungsprozeß für die Massenartikel übernommen hat, ist überdies die im Umgang mit ihr geleistete menschliche Arbeit fast spurlos geworden, sie ist nur noch quantitativ meßbar. Auch hieraus ergibt sich eine wesentliche emotionelle Enttäuschung. Sie spricht nicht zuletzt aus der fortwährenden Anspruchserhöhung dessen, der zu dieser Arbeit gezwungen ist. Wo der Lohn allein neben der rein quantitativen Steigerung der Arbeitsintensität Ausgleich schaffen soll, ist er selbst Ersatzbefriedigung und soll für weitere solche Ersatzbefriedigung eine Freiheit schaffen, Genußfreiheit in einer offenen Bedürfnisspirale. Die Möglichkeit, am Konsum teilzunehmen, bereichert zwar, kann aber das Phänomen der Ersatzbefriedigung nicht beherrschen.

Die Familie ist durch die Wegverlegung des Arbeitsplatzes aus dem Wohnbereich vieler kooperativer Leistungen beraubt. Vor allem für die Kinder fehlt auch die Anschaubarkeit der Leistung der Eltern. Die Familie wurde weitgehend zum Ort, in dem die Sorgen und die Ersatzbedürfnisse ausgetragen werden, also negativ getönte Erfahrungen überwiegen. Die Partnerwahl ist der individuellen Entscheidung überlassen. Gefühlsirrtümer bekommen eine letztlich entscheidende Bedeutung und bleiben zu ihrer Schlichtung der privaten Einsicht oder Einsichtslosigkeit überlassen. Auch hier treffen sich Menschen verschiedenster Erziehungsvoraussetzungen in der Neigungsehe; der Sinn der Ehe muß in einem ungleich individuelleren Verstehen erobert werden, als dies in früheren standes- und besitz-, standorts- und traditionsbestimmten Epochen notwendig war. Die individuelle Verantwortung nimmt zu. Die emotionellen Spannungszustände gestörten Familienlebens drängen nach außen, in kollektive Ersatzbe-

friedigungen, in irgendwelche Massenerregungen hinein. Schließlich hat die Enge der Wohnverhältnisse eine Unzahl neuer quälender Dauerstörungen produziert.
All das erfordert ein großes Maß an Triebbeherrschung. Aus welcher Richtung nimmt der Einzelne gleichsam den Plan, nach dem er sich in den verschiedenen Lagen orientiert? Zuerst aus der Tradition. Jede Tradition bietet eine Schichtung von Vorbildern an. Jeder Einzelne durchläuft in den Identifikationen mit diesen Vorbildern seine individuelle Geschichte. Statische Gesellschaften haben eine eindeutig labile, wie die unsere, eine kritisch umkämpfte Hierarchie von Vorbildern, die sagen, was sozial getan werden darf und muß und was zu unterbleiben hat. Die zunehmende Individualisierung – und das heißt auch die zunehmende Vereinzelung, schließlich Vereinsamung – hat gemeinsam mit der dauernd sich verändernden sozialen Umwelt dahin geführt, daß alle alten Vorbilder, Idealbilder, unzuverlässig, undeutlich oder gar in ihrer Widersprüchlichkeit unerträglich geworden sind.
Die Vermengung von Menschen der verschiedensten Traditionen in der modernen Massengesellschaft stellt völlig neue Anpassungsaufgaben. Die Lebensbedingungen sind nicht statisch reguliert, sondern nach vorne, nach der Zukunft hin ungewiß. Alte Vorbilder taugen nicht mehr, Vorbilder werden jetzt im Gruppenkontakt mit Menschen gleicher Lebenslage gesucht. Es entsteht eine Diskrepanz zwischen den »ewig gleichen« Triebbedürfnissen, die ihrer Regulierung harren, und den dauernd sich wandelnden sozialen Lebensbedingungen, also den Realzwängen. Der Einzelne sieht sich in seinem Verhalten dauernd von neuen Ereignissen, neuen Forderungen überholt. Daraus folgt eine neue Grundeinstellung des Menschen. Triebverzichte sind nicht mehr an feste, auch für die Zukunft gesicherte erscheinende Normen gebunden; es gibt nicht mehr ritualisierte periodische Triebgewährungen als feste Einrichtungen in jahreszeitlichem Ablauf, sondern das Dauerangebot der Ersatzbefriedigungen. Die verzögerungs-

freie Anpassung nach außen hat zudem die Spanne zwischen Erregungswahrnehmung und Erregungsbefriedigung verkürzt. Die Angst, »nichts vom Leben zu bekommen«, erzwingt immer kurzfristigere Triebbefriedigungen, immer mehr Ersatzangebote.

Es hat keinen Sinn, die Ersatzbefriedigungen der modernen Massenzivilisation zu beklagen; sie sind vielmehr Ausdruck eines Grundbedürfnisses des Menschen. Aufmerksamkeit erfordert allein der Vorgang, der von den ausgleichenden kollektiven und ritualisierten Ausbrüchen der unterdrückten Triebnatur wegführt zur permanenten, zwanghaften Ersatzbefriedigung. Damit fassen wir die Kehrseite des Fortschritts ins Auge. Der Lebensraum des Einzelnen in der Masse ist viel kleiner geworden, Konkurrenz und Bedrohungen seines Besitzes, seiner Zukunft, seiner individuellen Freiheit halten ihn in dauerndem Erregungszustand. Ohne diese gesteigerte Erregbarkeit würde er dem allgemeinen Lebenstempo mit seinen Überraschungseffekten nicht gewachsen sein.

Einer zunehmenden »Verkindischung« steht eine Steigerung der individuellen und spezialistischen Verantwortung des Einzelnen gegenüber. Von einer Art Infantilismus darf man sprechen, weil die geringe Toleranz gegen Unlustgefühle – und unser Leben hat nun einmal unlustvolle Seiten – charakteristisch für die frühe Kindheit ist. Das Wesen der Erziehung besteht darin, das Ertragen der Unlustgefühle zu erleichtern. Allerdings muß dem dann ein entsprechender Ausgleich, eine Erschließung sowohl der Welt wie der im Menschen liegenden Fähigkeiten gegenüberstehen. Die spezialistische Arbeit im modernen Betrieb bietet hier keinen echten Ausgleich. Die Gestaltungsbedürfnisse werden nicht befriedigt. Auch Hobbies oder »Heimatkunst« werden diesen Verlustvorgang kaum aufhalten können. Die Anpassungsvorgänge an den modernen Produktions- und Massenstil werden ohne Zweifel eine tiefgreifende Änderung der Charakterstruktur des Menschen von bleibender Art mit sich bringen. Es wäre deshalb töricht, diesen Umbau der menschlichen Sozialnatur, also seiner zweiten Natur über seiner unveränderlichen Triebnatur, vorschnell zu bewerten.

Dem, was man im Emotionellen als »Verkindischung« beschreibt, lassen sich mit ebensoviel Prägnanz Züge von Verselbständigung anfügen. Bisher war eine individuelle Kulturorientierung immer nur für die sogenannten Eliten ein Problem; die sozial unteren Schichten ordneten sich dem Kulturideal der Oberschichten unter. Aber gerade die sozial führenden Schichten sind in ihrem Kulturanspruch mehr als fragwürdig geworden; weder die konservativen noch die Parvenü-Ideale können das Mißtrauen der Massen zum Schweigen bringen. Das »Mitläufererlebnis« zeigt deutlich, daß individuelle und gefahrvolle Entscheidungen trotz allem konformistischem Zwang, trotz Terror und Diktatur vom Einzelnen erwartet werden. Vorläufig beantwortet er diese Übertragung von Verantwortung mit einer scheinbaren Uninteressiertheit an den Organisationen des Staates, an Parteien, an Politik überhaupt. Es ist aber kein Zweifel, daß sich darunter ein sehr waches und kein resignierendes Mißtrauen verbirgt, und daß immer mehr Menschen die auf sie zukommende Forderung, sich zu entscheiden, mit dem nötigen Vorbehalt und nicht blindlings auf sich nehmen.
Hier liegt also ein Weg offen, auf dem die Massen zu einen neuen Kodex des Verhaltens kommen werden. Organisationspläne und ihre bürokratische Ausführung helfen nicht weiter. Rituale sind jedoch Antworten auf die innere Angst des Einzelnen. Durch kollektiv ritualisiertes Verhalten in der Erregung darf er sich unter seinesgleichen geborgen wissen. Es ist interessant genug, daß viele Rituale der Erregungslenkung geschichtlich eine viel dauerhaftere Bindung der Menschen erzeugt haben als alle politischen, administrativen Ordnungen. Wenn man den Menschen helfen will, so muß man ihnen beistehen, im Umgang mit ihrer Triebnatur angstfreier zu werden. Dazu müßte man die Massenbedürfnisse verstehen, um sie vielleicht noch bändigen zu können.

# 5. Scheinfütterung
*Kollektive Ersatzbefriedigungen in der heutigen Kultur*

Das Wort »Ersatz« hat einen schlechten Klang, und mit diesem Beigeschmack ist es auch in viele Sprachen als Fremdwort eingegangen, obwohl es doch auf die Findigkeit verweist, statt des ursprünglich Erstrebten etwas anderes zum gleichen Zweck verwenden zu können. In der Verbindung mit dem Wort »Befriedigung« als Ersatz-Befriedigung ist der abwertende Einschlag besonders deutlich. Über die kollektive Ersatzbefriedigung gar scheint der Stab gebrochen. Ersatz ist nicht das Echte, das ist eindeutig.

Sobald man einen Standpunkt einnimmt, der einem hohen moralischen Standard entspricht, scheint es einfach, zu bestimmen, was eine Ersatzbefriedigung ist. Nehmen wir etwa das puritanische Idealschema des »Gott wohlgefälligen Lebens«, in dem Arbeit und Askese Erlösung versprechen und jeder Genuß, jedes Spiel weltliche Verworfenheit sind, jede heitere Verlorenheit an den Augenblick, jedes beglückte Dasein hienieden Sünde. Und wäre nicht Sünde als das Urbild findiger Ersatzbefriedigung anzusprechen? Aber wie ist es mit dem Lohn der Arbeit, mit dem Besitz, der sich vermehrt mit Gewinn und Zinsen, mit der Lebensversicherung, die hier kapitalkräftig untermauert wird? Haben sie nichts zu tun mit einer Befriedigung – und zwar mit einer, die den geheim lockenden Genuß der Muße, der irdischen Kurzweil, an der man mit abgewandtem Antlitz vorüberging, ersetzt? Ist hier keine Gier zu spüren? Und wiederum: Gier – wo entsteht sie? Ist sie nicht mit dem Ersatz, der keine volle Befriedigung bringt, verknüpft? Der wahre Hedonist, dessen Wissen um das Glück der Welt unserem Bewußtsein so weit entschwunden ist, könnte also den moralischen Standard des Puritanismus, der unsere modernen Gesellschaftsformen hervorgebracht hat, gerade dort, wo man sich ganz legitimiert fühlt, arg in die Enge treiben.

Wir leben – banal, es zu wiederholen – in einer Zeit des Übergangs, in einer Zeit, in der sich alte Wertordnungen nach neuen Gegebenheiten orientieren müssen. Moralen, und dies gilt es einzusehen, sind also keine zeitlos optimalen Lösungen, gottebenbildlich, sondern sie sind Konventionen. Sie haben zwei Widersacher: einmal die Fremdmoralen, die Konventionen der anderen, und einen noch gefährlicheren: die innere Korruption, und zwar den Vorgang, in dem die Erfüllung ihrer Forderungen scheinheilig wird, in den Ersatz umschlägt.

Es wäre also gut, wenn wir noch einen Ansatzpunkt fänden, von dem aus eine Wesensbestimmung unserer angestammten und der künstlichen Befriedigung unserer Bedürfnisse möglich wäre. Befriedigung gibt Lust und Entspannung – Ersatzbefriedigung, so müßte man folgern, verspricht Entspannung, sie führt ein Stück weit auf dem Wege der Beruhigung, aber den eigentlichen Effekt, die gelöste Ruhe, das Stück Zeitlosigkeit in der Unruhe des Lebens, vermag sie nicht oder nur als Täuschung zu gewähren. Wenn man das Beispiel des Opium- oder des Marihuana-Rauchens oder des Morphinismus nimmt, so wird sofort auch der konsumierende Charakter dieser Ersatzfreuden deutlich – sie zehren aus und lähmen, von den paar großen Ausnahmen, die die Regel bestätigen, abgesehen.

Sicher begreifen wir, ebenso wie bei der Analyse der Moral, wiederum nur einen Teilausschnitt der Wesenseigentümlichkeit des Menschen, wenn wir ihn von der Biologie her befragen, und zwar von jenem modernen Zweig her, der als Verhaltensforschung so bemerkenswerte Einsichten zu vermitteln begonnen hat. Ein einfaches Beispiel: Ein erfolgreicher Kaufmann erzählte mir einmal, daß ihm bei schwierigen Verhandlungen folgende Beobachtung immer ein sicheres Indiz der Verlegenheit seiner Partner gewesen sei: Wenn er ihnen nämlich eine Frage stellte, die sie nicht beantworten wollten oder konnten, auf die sie aber zugleich eine Antwort finden mußten, griffen sie sich regelmäßig an die Nase. Diese unwillkürliche, von ihnen gar nicht bedachte und bemerkte Bewegung wurde für diesen Beobachter zum Alarmsignal für erhöhte Aufmerksamkeit. Wie ist diese Verlegenheitsbewegung dynamisch zu verstehen? Das Beispiel zeigt, daß eine Erregung besteht, daß sie aber in der Entfaltung und Entspannung momentan gehindert wird. Es springt jetzt eine andere Handlung unbewußt, ungewollt, gleichsam reflektorisch in die entstehende Lücke des bisherigen Handlungs- oder Denkzusammenhanges ein. Was in unserem Beispiel passierte, war, daß ein affektiv geführter Kampf der Individuen, der gedanklich und durch Worte ausgetragen wurde, durch ein neues Argument eine unerwartete Wendung nahm, die einem der Partner die Überlegenheit bringen konnte. Interessanterweise wird nun die Überlegungslücke bis zur Reaktion durch ein Tun zu schließen oder zu überbrücken versucht. Der Partner vollbringt gegen seinen Willen eine Ersatzhandlung, eine rudimentäre, sinnlos erscheinende Bewegung. Er steht unter einem deutlichen inneren Druck; die kleine Wischbewegung kann seine Zwangslage nicht auflösen, die Stimmung bleibt ungemütlich.

Dieses Beispiel soll nur anschaulich machen, daß die verschiedenen »Systeme«, in denen Spannung entstehen kann, beim Versuch der Entspannung sich zu unterstützen und zu vertreten vermögen. Gefühle können das Denken verschleiern – und wie oft geschieht dieser Ersatz! Reflexhafte Handlungen können wiederum Gefühle und Affekte zu entlasten versuchen. Das war in unserem Beispiel der Fall. Wieweit kann aber dies alles wirkliche Befriedigung erbringen?

Wobei wir gut tun, das Wort »Befriedigung« nun nicht mehr bloß quantitativ als Energiebewegung oder biologisch als Befriedigung, d. h. Sättigung, zu definieren. Befriedigung – und das ist eine Minimaldefinition – scheint eine Befriedigung im angestrebten und angestammten Bereich zu sein, und sie gewinnt daraus ihren immanenten Sinn, daß dieser Lebensbereich kontinuierlich zum Ganzen der Selbstverwirklichung des menschlichen Lebens beiträgt. Der Versuch, die

Geschlechtlichkeit z. B. in ihrem Spannungs- und Erlebnisbereich moralisch zu entwerten, zu entwürdigen, zu entrechten, trifft aber nicht nur diese selbst, sondern durch sie das stets labile Gleichgewicht der Gesamtpersönlichkeit. Auch hier wiederholt sich dann, was schon die simple Ausdrucksbeobachtung beim An-die-Nase-Fassen und Hinter-dem-Ohr-Kratzen zeigt: die Antriebsmacht des geschlechtlichen Lebens versetzt nicht nur ein Teilgebiet der leibseelischen Erfahrungswirklichkeit in Spannung, sondern korreliert über grobe und feine Stimmungsübertragungen mit den Bereichen der anderen Antriebsmächte. Essen, Trinken, ein zwanghaftes Arbeiten, Besitzlust, Machtgefühl, Herrschsucht, Grausamkeit – eine Fülle von Verhaltensformen kann zum Ausweg werden, auf dem die gehemmte, wie man heute sagt, frustrierte Antriebsspannung abgeleitet wird.

Gewähren diese Ersatzleistungen wirklich Befriedigung, gibt es überhaupt so etwas wie Ersatzbefriedigung, oder handelt es sich zwar um Notfallfunktionen, die aber keine zureichende Hilfe bringen? Um die Frage beantworten zu können, muß man sich kurz an zwei Tatsachen erinnern. Einmal: Jede Befriedigung im triebnahen Bereich ist nur vorübergehend, und auch jede tiefempfundene Befriedigung über eine sozial und kulturell einfügbare Leistung, die einem gelungen ist, schwankt zumindest und enthält den Stachel der Unzufriedenheit und des Unbefriedigtseins, der zu neuer Leistung anregt. Das Bedürfnis, die Befriedigung zu wiederholen, der vitale Zwang der Repetition ist gekoppelt mit etwas anderem, mit dem Wunsch nach Abwechslung, nach Perfektionierung, oft auch Verfeinerung des Erlebnisses. Offenbar handelt es sich hier um eine zur eigentlichen Monotonie des vitalen Triebgeschehens als Komplement wirkende Befähigung, die entscheidend ist für die Weite, mit der der Einzelne die Welt wahrzunehmen vermag.
Der zweite Gedanke schließt gerade hier an: Offenbar ist Kultur im spezifisch menschlichen Sinn nur durch diese

humane Mobilität dem sonst starren Triebbefrieden gegenüber möglich. Das Wesen der »Sublimierung«, dessen Wurzeln Freud in der Triebhaftigkeit sah – nämlich daß das, was allenfalls verfeinert, kulturell sublimiert, verwandelt werden könnte, die vitale Antriebskraft der Triebspannung sei –, das Wesen dieses Vorganges mag in der Art und Weise, wohin diese Triebenergie geleitet oder wie sie sublimiert werden kann, noch unverkennbar genug sein. Erwiesen durch die geduldigen Beobachtungen in der Tiefenpsychologie ist jedoch, daß eine fortwährende Beeinflussung der Antriebskräfte untereinander besteht, und ferner besonders die Tatsache, daß Spannung und Spannungsentlastung nicht simpel mit hygienischer oder psychohygienischer Vorstellung verknüpft werden dürfen. Vielmehr hängt die Kraft zur Wiederherstellung der Spannung und der Effekt der Entspannung – nämlich ob sie Befriedigung verschafft oder bloße Ermüdung, Verarmung bringt – vom Weltbezug des einzelnen Menschen ab. Unter Weltbezug sei die leidenschaftliche Anteilnahme an dem verstanden, was der Mensch als Wirklichkeit, als wirklich in irgendeinem Sinn erfahren hat und zu erfahren gelernt hat. Dieser Bezug kann zwischenmenschlich sein oder sich auf die Dinge und Einrichtungen der kulturellen Umwelt und der Welt überhaupt erstrecken. In jedem Fall entsteht aus ihm eine andere Art von Spannung als die, die der Organismus innerhalb seiner selbst schafft durch die Lebensbedürfnisse, für die er Befriedigung verlangt.

Das Wort »leidenschaftlicher Weltbezug« mag noch einer kurzen Erklärung bedürfen. Die Intensität der Umweltbeziehung und der Auswahl dessen, was aus allem in der Welt Befindlichen zur Umwelt im Sinne der Beziehungswelt werden kann, ist im höchsten Maße störbar. Und zwar einmal, weil unsere Beziehungswelt nicht bloß supraindividuell, arthaft in den Instinkthandlungen reguliert ist, also sich von Individuum zu Individuum kaum variabel wiederholt, zum anderen auch deshalb, weil die sozialen Konventionen und die sozialen Lebensbedingungen fortwährend in einem Umbau sich

befinden und eine immer neue Anstrengung der Anpassung verlangen.
Es sind also zwei verschiedene Ebenen, auf denen sich Lebensbewegungen in Richtung der Befriedigung und Befriedung als störbar erweisen. Zwar ereignet sich verschiedenes, und doch hängt beides zusammen. Eine vitale Antriebsmacht, die leibliche Bedürfnisse schafft, kann an der Befriedigung gehindert werden. Offensichtlich werden schwere Behinderungen der leiblichen Daseinsfristung, z. B. chronischer Hunger oder chronische Lebensbedrohung, nicht nur vom Gesamtorganismus beantwortet, sondern sie entscheiden auch über den Weltbezug bzw. über die Einengung dieses Weltbezuges. Anderseits wird die Belastung oder Tönung der Umweltbeziehung im Rahmen der jeweiligen kulturellen Anforderungen, ihrer Wertordnungen und Vorurteile nicht ohne eine tiefe Rückwirkung auch auf das leibliche Befinden bleiben. Daß es hier geradezu krankmachende Einflüsse gibt, hat die psychosomatische Medizin in jüngster Zeit zu untersuchen begonnen; sie ist dabei immer auch Soziologie am Krankenbett.
Soweit zur anthropologischen Abklärung der Vorfrage, wie etwa Ersatzbefriedigung ermöglicht werden könnte. Wiederholen wir nur, daß ein vitaler Antriebsbereich nicht gänzlich befriedigend durch Befriedung in einem anderen ersetzt werden kann. Wo Verzicht gefordert wird, muß Verzicht ertragen werden. Das scheint übrigens die Produktivität der Askese, die in irgendeiner Form von jeder Kultur gefordert wird, auszumachen. Ferner: Triebbefriedigung ist noch nicht Triebbefriedigung. Befriedigung ist mehr, sie ist zugleich das Ansichtigwerden eines Sinnes. Und zwar eines Sinnes, der aus der kollektiven Weltorientierung herrührt. Schließlich: wo Triebbefriedung und -befriedigung zu weit auseinander geraten, so daß sie nicht mehr zur Deckung gebracht werden können, und wo zugleich eine Bereitschaft des Verzichtens nicht besteht, wird die Suche nach Ersatzlust beginnen, sei es im gehemmten Triebbereich selbst, sei es auf Umwegen. Die

Findigkeit des Menschen hierin ist eine seiner unermüdlichsten schöpferischen Anstrengungen. Aus der Distanz nehmen sich diese Entdeckungen zumeist als kulturelle Kuriosa aus, im jeweiligen historischen Augenblick und im jeweiligen kulturzusammenhang vollzieht sich das Leben in ihnen mit großer Intensität.

Bisher war nur vom einzelnen Menschen die Rede. Unsere Gegenwart ist charakterisiert durch die große Zahl, sowohl die große Zahl der lebenden Menschen wie durch alle jene Einrichtungen und Produktionsvorgänge, die dieser großen Zahl das Leben ermöglichen. Wenn es schon schwer ist, im einzelnen Fall die Übergänge von produktiver zu unproduktiver Befriedigung zu bestimmen, so erhöht sich die Schwierigkeit der Beurteilung abermals, wo es sich um Vorgänge in der Massengesellschaft handelt. Was ist hier Ersatzbefriedigung und was ist diktiert durch die Tatsache des massenhaften Lebens, dem nicht auszuweichen ist, so daß von Ersatz insofern keine Rede sein kann, weil man keine Wahl hat. Orientieren wir uns an einem historischen Beispiel. Nehmen wir das Theater der klassischen Zeit der griechischen Tragödie. Verklären wir weder dieses Volk noch den Augenblick, in dem es lebte, so werden wir annehmen können, daß das Bedürfnis nach festlicher Überhöhung in jedem Fall auch auf Entbehrung, Sorge, Not in der außerfestlichen Zeit schließen läßt. Das Schauspiel wirkt immer durch die Identifikationsmöglichkeit des Zuschauers mit den handelnden Personen. Sie sprechen, tun, sobald er gefangengenommen ist, für ihn. Für ihn, der alsbald in eine schlafähnliche Untätigkeit versinkt. Wenn wir aber das Theater des Äschylos und Sophokles mit dem zirzensischen Theater des cäsarischen Rom vergleichen, so müssen wir nicht unbedingt verklärenden, weltflüchtigen Träumen von »edler Einfalt und Größe« nachhängen, wenn wir dem griechischen Theater den Charakter einer kollektiven Befriedigung, dem des imperialen Rom eher den Charakter der kollektiven Ersatzbefriedigung zusprechen. Was hat sich zugetragen? Es wäre allerdings zu einfach, wollte man sagen, die Dichter hätten in der griechischen Welt eine Sinnklärung des Daseins geleistet, was später nicht mehr gelungen sei. Es wäre wohl besser zu sagen, daß die unbewußten mehr noch als die bewußten Erwartungen der Zuschauer damals auf Sinnklärung drängten und daß diese eben in der Linie der erstrebten Befriedigung lag. Die Entfernung vom sogenannten »kultischen Theater«, die sich im späten Rom vollzogen hatte, und das Wuchern der ebenso zeitlosen Posse mit ihrem handfesten Prügeln, der Zote, und schließlich der pure Mord im Gladiatorenspiel zeigt an, daß jetzt nicht mehr Leidenschaft im Zusammenhang mit Sinnorientierung besteht, sondern nackt als brutal auf Befriedung drängende Kraft, als Triebhunger erlebt wird, der hier wiederum in der Identifikation mit dem rohen Handlungsablauf gestillt wird. Massen waren entstanden, staatlich administrative und kultische Regulierung der Lebensweise waren auseinandergetreten. Die individuelle Sinnorientierung war durch diese neue Lebenslage schwerer geworden. Und insofern die individuelle Sinnorientierung immer der kollektiven als der dauernden, der vielgestaltigeren, der bestimmenderen aufruht, beweist das kollektive Anteilnehmen an der rohen Darbietung eben einen kollektiven Orientierungsverlust in einem übergeordneten, sublimeren Sinn des Lebens.

Hier stoßen wir auf einen Wirkungszusammenhang von offenbar gesetzhaftem Charakter. Das Ertragen der Frustrierungen, d. h. der Befriedigungsverbote, die jede Kultur ihren Mitgliedern auferlegen muß, hängt von der leidenschaftlichen Anteilnahme der Mitglieder am Ganzen dieser Sinnordnung ab. Entbehrung kann in fruchtbarer Weise, nämlich als Befriedigung gebend nur dort ertragen werden, wo eine vom Individuum übernommene kollektive Sinnorientierung besteht. Ersatzbefriedigungen wird es immer als Antwort auf die Frustrierungen des kulturellen Zusammenlebens geben. Allein entscheidend ist, ob sie, die Ersatzbefriedigungen, einen selbständigen Charakter annehmen, und zwar bei einer großen

Zahl von Menschen, ob sie zum suchthaften Zwang werden.

Hiermit sind wir am Kern der Sache. Intensität des Weltbezuges heißt in der Sprache der Psychoanalyse, die sich bei der Aufklärung des Phänomens der Ersatzbefriedigung als ein vorzügliches Instrument der Kulturkritik erwiesen hat – Intensität des Weltbezuges heißt: »libidinöse Objektbesetzung«. Nur dann, wenn die Lebensform einer Gesellschaft es den Mitgliedern erlaubt, sich in breiter Weise an ihrer Umwelt und menschlichen Mitwelt zu engagieren, verlieren die immer möglichen und immer gangbaren Wege der Ersatzbefriedigung das Wesen einer zwanghaften Nötigung. Verliert der Mensch die Möglichkeit dieses leidenschaftlichen Engagements, so läuft die vitale Antriebskraft gleichsam leer und verwandelt sich in die Gier der Sucht, der nur noch ein verarmtes Arsenal an Objekten besetzungsfähig wird. Dabei ist es für das Wesen kollektiver Lebensprozesse sehr interessant zu beachten, daß das Unvermögen, libidinös zu besetzen, unabhängig vom realen Besitz ist, den der Einzelne hat. Die besitzenden Schichten einer Gesellschaft können hier ebenso gelähmt sein wie die besitzlosen. Das zeigen uns die Analysen Tolstois, Balzacs, Zolas, der großen amerikanischen Romanciers von heute auf das deutlichste. Wir können die Gründe des eigenartigen Weltverlustes in Zeiten, die durch die Massenhaftigkeit des Menschen bestimmt werden, hier nicht näher untersuchen. Es ist aber abermals interessant, daß der sich hier abspielende Weltverlust auch nicht durch die Möglichkeit, die Welt zu sehen, ersetzt werden kann. Die kollektive Reisewut der Gegenwart scheint vielmehr eines der sinnfälligsten Zeichen kollektiver Ersatzbefriedigung unserer Zeit – eine planlose Illusionssuche. Die »Erholungsreise« ist bereits ein verdächtiges Indiz für eine sinnlose vorangegangene Ermüdung.

Auf die Frage: was leistet nun eigentlich die Ersatzbefriedigung? wäre vielleicht die prägnanteste Antwort: sie bringt eine Affektentleerung. Vor einiger Zeit machte ich eine kleine

Selbstbeobachtung nach dem Besuch eines großen Boxkampfes. Das Miterleben, wie sich die beiden Hünen bis zur blutigen Schreckentstellung ihrer selbst bearbeiteten und zu Boden schlugen, hatte mich ganz unabhängig von der professionellen Distanziertheit, in der der Arzt und der Beobachter menschlichen Verhaltens einigermaßen geübt ist, für Tage innerlich ausgenommen. Ich war zur affektiven Teilnahme an meiner Welt nicht mehr fähig. Der unbewußt wirkende Identifizierungszwang an dem Orgiasmus der Gewalttätigkeit war stärker als die intellektuelle Reserviertheit, mit der ich zuzuschauen geglaubt hatte.

Die Affektentleerung steht natürlich in innerstem Zusammenhang mit der Eigenart der industriellen Arbeit. Man kann diese als Verdammung zur spurlosen Arbeit bezeichnen, einer Arbeit, der man nicht mehr den persönlichen Herkunftsstempel aufzudrücken vermag, die es einem nicht mehr erlaubt, sich arbeitend und leistend am Produkt selbst zu erkennen. Hier ist kein affektives menschliches Leben unterzubringen. Aus ihr resultiert infolgedessen die bloße Erschöpfung. Die affektiven Bedürfnisse in der Freizeit sind entsprechend gesteigert. Aber auch hier macht die Besitzlosigkeit des Massenmenschen sich geltend. Je mehr die Massengesellschaft auch die herkömmlichen individuellen tragenden Beziehungen etwa der Sippe, der Brunnengemeinschaft, der Straße usw. auflöst, desto widerstandsloser wird der Mensch im Bereich einer festlosen Vergnügungsindustrie zum Konsumenten – z. B. als identifizierender Zuschauer beim Robotersport. Suchthaft exzessiv gesteigerte Erwartungen werden hier mit härtester Leistungsakrobatik zu stillen versucht. Das Impulszentrum für die vielbeklagte Vermassung scheint darin zu liegen, daß in einer höchst spezialisierten und arbeitsteilig atomisierten Welt die lebensnotwendige Erfüllung des Bedürfnisses, Welt affektiv zu besetzen, um sie zu »besitzen«, Dinge der Welt durch solche gefühlshafte und gestaltende Bindung zu erhöhen und auszuwählen, immer unerreichbarer wird. In der Arbeit muß man im tieferen Sinne unproduktiv bleiben; die unbefriedigte

Gestimmtheit, die hieraus entsteht, soll von der Industrie der Ersatzlüste aufgefangen werden. An die Stelle der Muße tritt die Langeweile, an die Stelle des Rausches die Intoxikation.

Zuspitzungen wie diese sind gefährlich. Sie von verblichenen Moralen her zu interpretieren, ist nicht mehr legitim. Vielmehr gilt es, sie als Signum der Übergangsperiode zu verstehen, in denen oft das Glück von Generationen im geschichtlichen Fortschritt untergeht.

Zu einem Boxkampf kann ich gehen, oder ich kann es lassen. Ob ich am Aufmarsch einer modernen Staatsdiktatur teilnehmen will oder nicht, danach werde ich häufig nicht gefragt – ebensowenig wie z. B. an den Gottesdiensten früherer Glaubensdiktaturen. Wie diese dadurch ruchlos wurden, daß sie die persönliche Entscheidungsfreiheit des Menschen in ihrem Zentrum trafen und vernichteten, setzen die Diktaturen die Scheinheiligkeit mit modernen Organisationsmitteln fort. Eine Ersatzbefriedung läßt sich aber nicht mit Zwang in eine Befriedigung verkehren. Es bleibt ein geschichtliches Geheimnis, was den Menschen im Kollektiv wie in der Einzelentscheidung dazu bringt, einen Sinn in seinem Dasein zu finden und die daraus entstehenden Verpflichtungen ernst zu nehmen. Wo man diese menschliche Schwäche, die Orientierung zu verlieren, skrupellos nützt, gerät man unausweichlich in die vernichtende historische Zwangslage, durch die Wege der Ersatzbefriedung echte Befriedigung versprechen zu müssen. So problematisch der Fortschritt in der Geschichte ist – über den Ersatz ist sie noch jedesmal hinweggegangen, auch wenn der Sinn in ihr immer wieder verloren wurde. Neue gesellschaftliche Gegebenheiten wie etwa die Tatsache des Massendaseins verlangen neue Anpassung. Der Umbau der Verhaltensweisen ist immer gewalttätig. Auf dem Fieberbett der Menschheit, von dem Goethe sprach, spielen die Linderungen der armen Lust eine große Rolle. Aber vielleicht nicht die bedeutende, vor der die Moralisten apokalyptisch warnen, und sicher nicht die Schlüsselrolle, die sich die Tyrannen erträumen. Die Überwindung der Ersatzbefriedigung liegt im Verzicht auf die in ihr versprochene Lust. Askese ist noch nicht mehr als Verneinung, aber sie ist schon eine große Hilfe auf dem Weg zur sinnvollen Befriedigung.

## 6. Hemmen Tabus die Demokratisierung der deutschen Gesellschaft?

Von »den Deutschen« zu reden ist eine Vereinfachung. Es geht um einige Züge im Verhaltenshabitus. Wenn diese Züge bei vielen gemeinsam sind, dann wird man darin so etwas wie ein kollektives Phänomen erblicken wollen. Mag das erneut eine Vereinfachung sein. Sie ist erlaubt, wenn diese Züge gehäuft bei denen vorzufinden sind, die das öffentliche Leben bestimmen, insbesondere die Politik.
Ein solches kollektives Phänomen in der deutschen Gesellschaft besteht zum Beispiel darin, daß sie einen großen Mangel an Einfühlung in andere aufweist, einen Mangel an Fremdverständnis. Umgekehrt gelingt es ihr schlecht, ihre Selbstüberschätzung und Selbstidealisierung politisch ungefährlich zu machen – etwa durch ein starkes Gewissen, das ehrlose Brutalität nicht zuläßt, oder, noch besser, durch Selbstironie. Dazu bedarf man der Fähigkeit, den eigenen Standpunkt relativ zu sehen.
Es gibt Hinweise, daß im breiten Durchschnitt der Bevölkerung Einfühlung in den anderen keine sehr verbreitete nationale Eigenschaft ist und daß von dieser Einfühlung auch nicht sicher verankerte Gegensteuerungen zur Selbstüberschätzung erfolgen. Unsere Demokratie hat sich noch in keiner vitalen Krise bewährt. Dann würde sich nämlich die Frage entscheiden, ob auch unter beängstigenden Belastungen der Mechanismus der Einfühlung, einer sicheren Orientierung an der Realität stark genug bleibt, um das Verhalten zu regulieren, oder ob man wiederum nach einer autoritären Regulierung Ausschau halten würde, die einem die Bürde der Einschätzung der Wirklichkeit abnimmt. Dergestalt wird bei uns erfahrungsgemäß Realität nicht in einer »gerechten« Weise beurteilt, sondern autoritäre Figuren stellen bis zu einem wesentlichen Grad realitätsfremde kollektive Projektionen dar, genauer: sie vereinigen in sich verbreitetes realitäts-

fremdes Wunschdenken und exekutieren es mit politischer Macht. Man hofft, sich mit diesen Personen gegen die Realität zu schützen. Ich erwähne hier nur etwa den Gedanken der Herrenrasse. Wer einer solchen angehört, ist quasi von Geburt her geschützter, sicherer und damit überlegen.

In einem Satz zusammengefaßt, geht es also um die Frage: Wie effektvoll sind die Instrumente der Realitätseinsicht bei uns entwickelt, und wie effektvoll kann solche Einsicht in politisches Handeln umgesetzt werden, insbesondere dann, wenn starke Affekte auf den Plan treten? Demokratie bedarf, um zu funktionieren, eines hohen Maßes von Einsicht in die Eigenarten zwischenmenschlicher Beziehungen, von der Familie bis in die supranationalen Konstruktionen. Orientierungsmechanismen, die diese Einsicht nicht vermehren, sind der Demokratie schädlich; dazu gehören weit verbreitet Vorurteile und Tabus. Die Handlungsanweisungen, die Vorurteile und Tabus geben, sind sehr zwingend, jedoch ohne eine Begründung, die sich nachprüfen ließe. Tabus sind vielmehr Bezirke, die man nicht durchforschen darf. Sie sind einer analytischen Betrachtung der Zusammenhänge entzogen. Dem Versuch, ihnen näherzukommen, seien einige Beobachtungen vorangeschickt, die sich auf Besonderheiten des kollektiven Verhaltens beziehen. Die Vermutung geht dahin, daß die ins Auge zu fassenden Züge des Verhaltens Auswirkungen der Tabuhörigkeit darstellen.

Es ist häufig darüber geklagt worden, daß sich die Deutschen, also der breite Durchschnitt der Bevölkerung und ihre politische Vertretung, höchst ungern an ihre Vergangenheit erinnern – und zwar an ihre unstilisierte Vergangenheit, an das, was sie waren, wie sie tatsächlich dachten, was sie wirklich taten. Statt dessen geben sie einem ihnen in Fleisch und Blut übergegangenen Hang nach: Sie stellen grundsätzliche Erwägungen an. Kaum in die Politik zurückgekehrt, verkünden sie zum Beispiel eine Doktrin – die Hallstein-Doktrin –, auf die sie jedermann verpflichten wollen. Ihre offiziellen Vertreter entfachen nicht etwa eine intensive Diskussion über Wesen und Eigenart jener östlichen Nachbarn, die soeben noch die Opfer unserer Eroberungszüge waren. Sie versuchen nicht, sie zu versöhnen, sondern begegnen ihnen mit Vorschriften, zum Beispiel der genannten Doktrin. Damit folgen sie, wie gesagt, einem Verhaltenszwang, der ihnen gar nicht bewußt ist. Denn die Deutschen benötigen, um sich in der politischen Wirklichkeit bewegen zu können, zu allererst ein von ihnen selbst entworfenes System dieser Wirklichkeit – ob sie Sieger sind oder Besiegte. Wem die Verallgemeinerung mißfällt, erinnere sich daran, daß die offizielle deutsche Politik durch diese Haltung gekennzeichnet ist. So sieht die politisch legitimierte Verallgemeinerung nun einmal aus.

Die These, die Begegnung mit der unstilisierten Vergangenheit würde vermieden, ist wohl bezeugt. In zwanzig Jahren hat sich daran kaum etwas geändert. Nur der massive Druck der außerdeutschen Öffentlichkeit konnte etwa von den deutschen Parteien die Zustimmung zu einer Verlängerung der Verjährungsfristen für die Naziverbrechen erzwingen.

Der Versuch, Deutschland zu demokratisieren, muß auf Schwierigkeiten stoßen, denn er erfolgt in einem Augenblick stürmischer Veränderungen in der Weltpolitik, insbesondere auch in der Sozialstruktur aller von ihr ergriffenen Völker. Selbst die klassischen Demokratien haben gewiß nicht geringe Schwierigkeiten, den »spirit«, die Essenz demokratischer Gesinnung bei sich zu retten. In einer Zeit, in der wir zwischen sehr vielen politischen Fronten zu operieren haben, also ein hohes Maß von Selbst- und Fremdverständnis aufbringen müßten, um unsere Identität nicht zu verlieren, können wir in Deutschland auf wenig geschichtliche Erfahrungen im Umgang mit Liberalität zurückgreifen. Liberalität ist aber doch jener »spirit« in der Demokratie. Wenn wir uns in einer neuen Lage zurechtfinden müssen – wie etwa nach der Katastrophe von 1945 –, denken wir nicht zuerst an Liberalität. Vielmehr suchen wir nach einer Doktrin, die wir der Situation verordnen können, statt die Situation auf ihre Chancen ziemlich unbefangen zu untersuchen. Das gilt für Innen- wie Außenpolitik.

Man braucht die Weisheit der Väter unserer Verfassung nicht zu bezweifeln, wenn man sieht, daß sie sehr viel autoritäres Denken in unsere Grundgesetze aufgenommen haben. Es wäre weltfremd von ihnen gewesen, mehr liberale Erfahrungsgrundlagen bei uns vorauszusetzen, als nach unserer geschichtlichen Entwicklung bestenfalls angenommen werden konnten. Das spiegelte sich zur Zeit der Abfassung dieser Bemerkungen in der Diskussion über die Notstandsgesetzgebung recht deutlich wider. Die besten Argumente, die gegen die vorliegenden Gesetzentwürfe sprechen, schlagen unter Politikern kaum Wurzeln. Man gibt sich relativ unbesorgt, hat bewußt – ganz naiv vielleicht – die administrativen Vorkehrungen für außerordentliche Lagen im Sinn. Durch diese subjektiv den Einzelnen beruhigende Selbsttäuschung will man in diesem Lande, nach seiner längeren und nach der jüngsten Vorgeschichte, die Voraussetzungen dafür schaffen, wiederum eine Regierung mit autoritären Machtvollkommenheiten auszustatten – eine Angelegenheit mit höchst ungewissem Ausgang. Entweder ist der Vorstellungshorizont des einzelnen Abgeordneten, Ministers oder auch Wählers traditionell-autoritär; dann ist er, mit Adorno zu sprechen, eine »autoritäre Persönlichkeit«, und es kostet ihn keine große Überwindung, sich gerade in diesem Streit der Auffassungen zu entscheiden, also naiv an Verwaltung zu denken und nicht an die implizierten Machtverschiebungen, denen die Notstandsgesetze die legale Gewandung verleihen. Je stärker er unbewußt der Witterung in Richtung unkontrollierter Herrschaftsbefugnisse folgt, um so lauter wird er legalistisch argumentieren. Das haben doch die Nazis bis 1933 bewiesen. Als Alternative dazu muß man annehmen, die Fähigkeit, sich zu erinnern, sei affektiv stark eingeschränkt. Wiederum gilt es zu beachten, daß diese Erinnerungsschwäche unbewußt motiviert und keineswegs nur vorgetäuscht sein kann. So fehlte es vielen verantwortlichen Repräsentanten unserer Öffentlichkeit den Notverordnungsgesetzen gegenüber vielleicht nicht an historischer Faktenkenntnis, aber an Phantasie.

Diese sehr schwer beschreibbare Erinnerungsschwäche, die Trägheit der Assoziationsbereitschaft – man kann sie Gedankenlosigkeit nennen – verhindert, daß die große Öffentlichkeit sich der Tragweite der Entscheidungen innewird. Sie läßt sich durch solche naive oder pfiffige Verharmlosung der Implikationen beeinflussen. Das bringt uns zum Thema Tabu und Wirkung von Tabus auf das Selbstbewußtsein in Deutschland, auf das Selbstbewußtsein im allgemeinen, das den Hintergrund des politischen Bewußtseins bildet.

Zuerst einmal zur Wirkung von Tabus. Davon hat Sigmund Freud eine treffende Beschreibung gegeben: »Die Tabubeschränkungen sind etwas anderes als die religiösen oder moralischen Verbote. Sie werden nicht auf das Gebot eines Gottes zurückgeführt, sondern sie verbieten sich eigentlich von selbst; von den Moralverboten scheidet sie das Fehlen der Einreihung in ein System, welches ganz allgemein Enthaltungen für notwendig erklärt und diese Notwendigkeit auch begründet. Die Tabuverbote entbehren jeder Begründung; sie sind unbekannter Herkunft; für uns unverständlich, erscheinen sie jenen selbstverständlich, die unter ihrer Herrschaft stehen« (S. Freud: Totem und Tabu. Ges. Werke Bd. IX, S. 26 ff).

Es steht zu erwarten, daß sich die Übertragung eines Typus von Verboten, wie sie ein Tabu umschreibt, nicht ohne weiteres aus den Stammeskulturen polynesischer Eilande – von dort haben wir das Wort entliehen – auf unsere Kultur vornehmen läßt. Immerhin ist es bemerkenswert, daß sich dieses Wort so eingebürgert hat und auch dem Sinne nach hier wie dort das gleiche meint. Bevor wir in die Funktionsanalyse des Tabus, das heißt also in die Analyse der von ihm ausgelösten Reaktionen eintreten, sei noch einmal auf dieses hervorstehende Merkmal hingewiesen, daß ein Tabuverbot keiner Erklärung noch Begründung bedarf; es versteht sich von selbst.

So scheint es sich für uns von selbst zu verstehen, daß wir ein Recht auf freie Entscheidung haben, zum Beispiel der Wiedervereinigung der beiden Nachfolgestaaten des Dritten Reiches. Wir pochen hier auf das Selbstbestimmungsrecht der Völker, auf seine selbstverständliche Gültigkeit. Obgleich wir bis zur bedingungslosen Kapitulation die Lehre von der Herrenrasse und ihrer Sendung vertreten haben, obgleich wir keineswegs in Elsaß-Lothringen einen Volksentscheid herbeigeführt haben, ob sich die Elsässer erneut an Deutschland anzuschließen wünschten, obgleich wir nicht in der Tschechoslowakei fragten, ob man dort mit der Eingliederung in der Form eines Protektorates oder in Polen in der eines Generalgouvernements einverstanden sei – wir hingen nämlich der Lehre von der Herrenrasse an, zu deren Dogmen es gehörte, daß nur Herrenvölker ein Selbstbestimmungsrecht besitzen –, verlangen wir jetzt die humanitäre Rücksichtnahme auf uns. Nach einem Widerstand, der bis zur Vereinigung gegnerischer Truppen aus West und Ost in unserem Lande fortgesetzt wurde, nach einem hartnäckigen Kampf für dieses deutsche Herrenrassen-Dogma tritt plötzlich wieder das Tabu der Verletzung des Selbstbestimmungsrechts der Völker hervor.

Dieser plötzliche Umschwung überzeugt nur uns selbst. Für alle anderen Nationen, auch die uns befreundeten, ist er wenig glaubhaft, wie wir ja auch bei jedem Individuum äußerst skeptisch bleiben und Beweise der Dauerhaftigkeit der Sinnesänderung abwarten würden. Wir haben unter Berufung auf politisch-rassische Dogmen die Freiheit von Völkern vernichten wollen. Es gelang uns nicht auf Dauer. Nach einem verlorenen Krieg, der die machtpolitische Antwort auf das machtpolitische »System Herrenrasse« darstellt, schalten wir die Erinnerung an unsere früheren Konzeptionen der Einordnung von riesigen Bereichen Europas in ein Groß-Deutschland ab, adaptieren uns an die humanitären Forderungen unserer ehemaligen Gegner, die das Selbstbestimmungsrecht fordern, und verlangen, daß unser Land in den Grenzen von 1937 wiederhergestellt wird. Es wäre schön, wenn dieser Traum in Erfüllung gehen könnte. Durch unsere wilden Annexionen und Feldzüge haben wir allerdings die Gewichte in der Weltpolitik nicht unerheblich und auf Dauer verschoben.

An eine Wiedervereinigung der Nachfolgestaaten ist bei realitätsgerechter Betrachtungsweise in absehbarer Zeit wegen dieser durch uns heraufbeschworenen weltpolitischen Situation nicht zu denken. Aber die Forderung nach Restauration der Grenzen von 1937 wird von Jahr zu Jahr – je weniger realitätsgerecht die Hoffnung auf sie geworden ist – immer selbstverständlicher und mit immer weniger Rückblick auf die Geschehnisse erhoben. Ein Tabu etabliert sich.

Das läßt sich noch vielerorts entdecken. Zum Beispiel muß man die Zwei-Populationen-Theorie, die Heinrich Lübke immer wieder vertrat, als signifikante deutsche Geschichtsinterpretation der Vergessenheit entreißen. Die Aussage lautet: Nicht das deutsche Volk habe die Untaten des nationalsozialistischen Regimes begangen, sondern Hitler habe sich eines Abschaumes von Menschen bedient, den es in jedem Volke gebe (Die Welt, 1. April 1965). Vergessen sind die Millionen jubelnder Anhänger des Führers, als ob ihr Jubel nicht die Untaten erst möglich gemacht hätte. Ebenfalls im April 1965 erklärte Lübke in Bergen-Belsen: »Was geschah, geschah nicht im Auftrag und nicht mit Wissen und Willen des deutschen Volkes – wohl aber in unserem Namen.« Im November 1952 hatte Theodor Heuss an der gleichen Stelle gesagt: »Wir haben von den Dingen gewußt« (Die Zeit, 30. April 1965).

So weit haben wir uns in 13 Jahren von den Schwellen der Einsicht in das, was wir wußten, wessen wir fähig waren, zurückgezogen.

Das geringe Fremdverständnis, das zu jener unrealistischen Einschätzung der Lage geführt hat, verflachte sich dementsprechend noch weiter: Es sind wieder stereotypisierte Gegner, mit denen man es zu tun hat. Durch eine einfache Umfrage in den Schulen konnte man sich kürzlich davon überzeugen, daß hier keine gelockerten Auffassungen nachwachsen.

Ein durchschnittlicher Schüler hat heute ebensolche stereotypen Vorstellungen von den »dreckigen« Polen, wie sie im Dritten Reich bestanden. Wer zum Osten Beziehungen aufnehmen will, um die Menschen dort besser kennenzulernen, besonders auch ihre emotionellen Einstellungen, erfährt heftigste feindselige Kritik aus den eigenen Reihen. Das demonstriert eine beachtenswerte Ausstrahlung des Tabus, das in seinen ältesten Formen ein Berührungsverbot war und dies auch heute noch im Kerne ist: Wer ein Tabu verletzt, wird selbst ein Tabu. Er schließt sich aus dem Kreis der wohlmeinenden, rechtgläubigen Menschen aus.[1]

Das Tabu ist überdies nicht ein Solitär unter den seelischen Reaktionsweisen. Seinem Verbotscharakter entspricht die Gebotseigentümlichkeit des Dogmas. Beide erklären sich aus sich selbst, ihre Ansprüche werden als übernatürliche Forderungen deklariert, und das Einverständnis des Einzelnen wird zu diesem höheren, stärkeren, vorgeordneteren Anspruch gefordert. Viele Tabus mögen diesen Heiligkeitscharakter auf den ersten Blick nicht mehr verraten. Man kann ihn aber doch rasch ermitteln, denn die Verteidiger von Tabus berufen sich ebenso wie die von Dogmen auf die Anti- oder Suprarationalität dieser Regulationen. Da heißt es dann etwa: »Es ist eben nicht alles mit Rationalität zu regeln; der Mensch ist auch antirational«. Das Tabu und das Dogma formulieren diese Anti-Rationalität in verbindlicher Form. Daß hier eine Fälschung im Gange ist, mögen wir schon aufklären können. Diese Bemühung hat jedoch wenig Sinn, bevor wir nicht noch mehr vom Tabu erfahren haben. Seine Wirkung ist vorerst durch einsichtiges Verhalten nicht außer Kurs gesetzt worden.

Ob Tabus nützlich oder schädlich sind und inwiefern, kann

---

[1] Nachträglich: die humane Entschlossenheit der Regierung Willy Brandt tritt bei den Erinnerungen, die dieser Text auffrischt, noch deutlicher hervor.

erst erörtert werden, wenn wir wissen, wie es zu ihnen überhaupt kommt. Wir müssen fragen: Welche Funktionen haben sie intrapsychisch, also im seelischen Haushalt des Individuums? Damit hängt die Frage zusammen: Welche Wirkung entfalten sie interpsychisch, nämlich im zwischenmenschlichen Leben?
Dogma und Tabu sind offenbar sehr archaische und primitive Gebots- und Verbotsregulationen. Sie sind übermächtige Forderungen anonymer Art, und sie sprechen auch nicht das Individuum als Individuum, sondern – wenn man so sagen darf – den Sterblichen an. Es geht also von den Tabus ein starkes Verbot aus: »Wo ein Verbot vorliegt, muß ein Begehren dahinter sein« (ibidem S. 87). Das Modell, nach dem wir uns die Entstehung eines Tabus vorstellen können, besagt demnach, eine starke Neigung – zum Beispiel etwas zu berühren, sich etwas anzueignen – müsse das Primäre sein. Gegen diese Neigung wird ein Verbot errichtet. Früher war der überweltliche Charakter stärker, jetzt ist es der Einspruch der Gesellschaft, vor dem der potentielle Frevler zurückschreckt. Ich denke an die außengeleitete Gesellschaft, wie David Riesman sie beschreibt.
Die Heftigkeit eines Verbots hebt natürlich den Trieb und sein Verlangen nicht auf. Um in diesem Konflikt zu einer Lösung zu kommen, muß das Verbot so ins Innere unserer Person aufgenommen, so introjiziert werden, daß unser Ich gezwungen wird, den ursprünglichen Wunsch zu verdrängen. Die Triebrepräsentanz, also das Verlangen, wird ins Unbewußte abgedrängt, es verschwindet aus unserer bewußten Wahrnehmung. Dieser Vorgang selbst vollzieht sich unbewußt. Damit tritt vielleicht eine Konfliktmilderung ein, aber keine Konfliktlösung.
Freud, dessen Darstellung wir mit diesem Modell folgen, schreibt deshalb: »Verbot und Trieb bleiben beide erhalten«, was geschaffen wird, ist »eine unerledigte Situation, eine psychische Fixierung« (ibidem S. 39).
Der Konflikt selbst dauert also, vom Bewußtsein unbemerkt,

fort und stimuliert ein ambivalentes Verhalten. Die verbotene Neigung zu einer Handlung, welche Triebwünsche befriedigen würde, hält an, aber sie wird verabscheut. Eine teilweise Entlastung der unterdrückten Triebspannung bringt der Vorgang der Projektion. In ihr verschieben wir unbewußt in uns selbst wahrgenommene eigene Wünsche, die tabuiert sind, also im Bewußtsein verabscheut werden, auf andere, denen nun diese unsere Abscheu gilt. Indem man sie am anderen wahrnehmen darf, kann man sie ein Stück weit auskosten.

Solange eine Zivilisation dem Individuum wenig Information über Kausal- oder Motivzusammenhänge anbieten kann, wird der Einzelne um so bereitwilliger dogmatische Glaubenssätze oder Tabuverbote anerkennen. Übertragen wir dieses Wissen auf die gegenwärtige Lage, so ließe sich – sehr grob freilich – eine Konstruktion wie diese vertreten: Die Regulation heftiger Triebwünsche erfolgt in der deutschen Zivilisation nach wie vor auf der primitiven Ebene von Dogma und Tabu, und zwar in einem Ausmaß, das man nur als Rückständigkeit bezeichnen kann. Rückständig, weil sich in anderen Bereichen der westlichen Welt höher differenzierte, den kritischen Einspruch des Individuums berücksichtigende Sozialformen entwickelt haben.

Blicken wir auf die jüngste Geschichte zurück, so wurden dort heftige Triebwünsche als die Lebenszeichen einer Herrenrasse eingekleidet und damit dogmatisch anerkannt. Es wurde ihnen eine bevorzugte Befriedigung in Aussicht gestellt. Gewissenseinsprüche, zum Beispiel die des christlichen Gewissens, konnten damit offenbar erfolgreich zum Verstummen gebracht werden. Das spricht dafür, daß die älteren, vorfaschistischen Sozialisierungspraktiken in Deutschland ebenfalls von sehr heftiger und dogmatischer Art gewesen sein müssen, sonst bliebe mindestens die Leichtigkeit des Einverständnisses mit dieser Art zu argumentieren, unverständlich.

Das Dogma, uns stehe ein Groß-Deutschland zu, war stärker als die Einfühlung in Nachbarvölker, die dabei ihre nationale Selbständigkeit einbüßen mußten. Hier war also eine sehr far-

big sich anbietende Triebbefriedigung – aggressiv und libidinös – verlockend ausgemalt. Daß zu deren Verwirklichung völkerrechtliche Verbote übertreten werden mußten, wurde geringgeachtet. Vielmehr wurden die liberalen und demokratischen Nationen, denen dieses Völkerrecht zu verdanken war, mit beißendem Hohn bedacht. Nach dem Zusammenbruch solcher Hoffnungen konnte nur die Identifikation mit den Wertnormen der Sieger, unter anderem also auch mit dem Selbstbestimmungsrecht der Völker, ein Herausarbeiten aus der Situation eines hoffnungslos Diskriminierten verheißen.
Diese neue Wertorientierung nahm aber, und dies ist der springende Punkt meiner Überlegungen, in unserem Lande und seiner Tradition entsprechend den Charakter der Übernahme von neuen Dogmen und Tabus an. Die Gültigkeit des Selbstbestimmungsrechts der Völker wird nun nicht mehr als ein in der Praxis schwer zu erreichendes Ziel, als eine ideale Orientierung angesehen, sondern als ein Dogma – seine Nichtbeachtung wird zum Tabu. Es gilt als eine selbstverständlich zu befolgende Forderung insbesondere uns gegenüber. Wer sie nicht beachtet, diskriminiert sich selbst, wird selbst tabuiert. Den Russen wird ohne Seitenblick auf die Politik des Gaullistischen Frankreich, oder Englands nachgesagt, sie verweigerten uns die Vereinigung der beiden Nachfolgestaaten. Damit sind sie als Tabubrecher, als Alleinschuldige abgestempelt.
Es werden also, ohne daß dies Früchte einer langen Auseinandersetzung und einer langsam gewachsenen Erkenntnis wären, Wertorientierungen von unseren ehemaligen Feinden übernommen. Aber weil sich eben in uns selbst, in unserem psychischen Habitus, nichts geändert hat, keine Stärkung der Ich-Kräfte gegen primitives Triebverlangen erarbeitet wurde, nehmen diese übernommenen demokratischen Wertorientierungen für unsere innere Ökonomie den Charakter von Geboten und Tabus an.
Bis 1945 hatte man die Lebensordnung unserer ehemaligen Feinde, ihre demokratisch zersetzende Moral oder Amoralität

in unzähligen Führerreden verächtlich machen hören. Jetzt vermag man sich fast über Nacht diese abscheuliche Moral zu eigen zu machen. Es ist klar, daß dies nicht mit seelischer Identität zu vereinbaren ist. Identität ist ein evolutiver Prozeß. Ich wachse und ändere mich jenseits der biologischen Reifungsschritte und -krisen, weil ich mir neues Wissen, Erkenntnis »einverleibe«, wie es unsere Sprache so anschaulich beschreibt. Einverleibung heißt Aneignung, Assimilierung. Das verändert mich, aber ich weiß mich mit mir dabei noch identisch. Wie gefährdet diese Identität ist, wissen wir aus den Pubertätskrisen, die in unserer Zivilisation sehr heftig und in ziemlicher zeitlicher Dehnung verlaufen. Aber das Individuum muß sich gerade in solchen stürmischen Lebensphasen daran gewöhnen, daß kindliche Tabus, kindliche Vorstellungen von göttlicher Wirksamkeit aufgegeben und zugunsten einer verfeinerten Gewissensorientierung ersetzt werden müssen.
Dieser psychologische Exkurs bringt uns eine Hypothese ein: Nationalsozialistische Gewaltherrschaft und Neu-Etablierung als demokratischer Staat im Westen spielen sich seelisch auf der gleichen Ebene ab – beide Male erfolgt die Orientierung an Dogmen und Tabus. Der Übergang zur Demokratie stellt vorerst nicht das Ergebnis eines inneren Suchens, sondern eine pure Kriegsfolge im Sinne eines Oktroy der Sieger dar. Es muß nachgewiesen werden, daß ein Prozeß der Identitätsfindung durch diese Forderung der Sieger in Gang gebracht worden ist, indem sich der Einfluß kritischen Bewußtseins verstärkt hat. Hier sind Zweifel am Platz. Gewiß, sehr roh formuliert, aber wohl kaum die Determinanten des Geschehens grob verfehlend, läßt sich sagen, wir wären Zeugen zweier opportunistischer Anpassungsphasen gewesen; zunächst der Anpassung an den Faschismus in nationalsozialistischer Prägung und dann an die Wertvorstellungen unserer ehemaligen Gegner im Westen, der Anpassung an die Struktur der westlichen Demokratie. Entsprechendes gilt für die DDR.

Das Wichtige an dieser Hypothese liegt in der Betonung der Unterwerfung; denn man wird folgern dürfen, daß die Triebwünsche, die einstmals im Faschismus die Opportunität erblicken ließen, die gleichen geblieben sind. Es handelt sich wirklich um Triebwünsche aggressiver Art und libidinöser Wunscherfüllung. Das bleibt an der Tatsache zu erkennen, daß jedermann, das heißt Vertreter aller Bildungs- und Sozialschichten, dem Imperativ der Nazidogmatik erlegen ist und sich heute für einen Demokraten hält. Eigentlich haben wir keine Anzeichen dafür, daß die Triebproblematik sich geändert hat. Ohne Änderung des Vorzeichens wird zum Beispiel auf »den Kommunismus« weiter projiziert – wieder von hoch und niedrig. Ich rede nicht von Kommunismus als äußerer Realität, wie hassenswert oder nichthassenswert er sein mag, sondern vom Kommunismus als innerer Realität. Ich spreche also von der Tatsache, daß verdrängte Inhalte unseres eigenen seelischen Geschehens den Russen »angelastet« werden, um einen Begriff aus dem Wörterbuch des Unmenschen zu verwenden.

Fremdverständnis hat sich wohl partiell, zum Beispiel im Westen, angebahnt. Im Osten aber, wo starke Projektionsvorgänge unbemerkt weiterwirken, ist diese Einfühlung gleich rudimentär und archaisch, wie sie noch zu Zeiten des Faschismus war. Die seither erfolgte Vertiefung der Fähigkeit zur Einfühlung sollte nicht überschätzt werden. Es hängt wenig leidenschaftliches Erkenntnisstreben daran. Einen überwältigenden Beweis für die Richtigkeit des Opportunismus ihrer Angleichung an die Sieger im Westen sehen die Massen in ihrem unaufhaltsamen materiellen Aufstieg. Eigentlich war das, was Hitler in seiner Großraum-Ideologie vorgeschwebt hatte, jetzt mit der Intensivierung der industriellen Produktion erreicht: ein Reichtum, der uns nicht mehr hinter den alten Hegemonialmächten Europas zurückbleiben ließ. Die Triebbefriedigungsquote hat sich von Jahr zu Jahr mächtig vergrößert. Damit ist die zweite opportunistische Wendung besser gerechtfertigt als die erste. Aber die Motive – Krän-

kung des Selbstbewußtseins durch Diskriminierung nach 1918 und nach 1945 – wie die Ziele – Rehabilitierung des kaum veränderten Selbstgefühls – waren in beiden die gleichen.
Die Anforderungen an die menschliche Entbehrungsbereitschaft, mit anderen Worten: die Anforderungen an das moralische Verhalten, sind meist übertrieben. Der Triebsphäre muß Gerechtigkeit widerfahren. Wenn der Mensch viel hungert, ist er neidisch; wenn er neidisch ist, sieht er die Schuld für das, was ihm entgeht, hauptsächlich bei den anderen. Kritische Selbstbesinnung fordert besonders dann, wenn es einem schlecht geht, große Selbstüberwindung. Wir haben viel geleistet in unserer Geschichte, aber wir können wirklich nicht behaupten, daß wir hierin vorbildlich gewesen seien. Es kann sein, daß sich, wenn die wirtschaftliche Entwicklung eine stetige Wohlstandsquelle sichert, wie es imperialer Besitz zuvor tat, damit ein stabileres Selbstbewußtsein entwickelt. Unter dieser Voraussetzung einer Identität, die nicht so leicht verlorengehen kann, wäre man dann auch in unserem Lande in der Lage, eine Staatsform zu respektieren, gar zu lieben, unter deren Herrschaft sich zuvor der Aufschwung vollzog – und zwar auch in Krisenzeiten, denn nichts anderes zählt.
Die Heftigkeit übrigens, mit der gegen die Vasallenqualität der DDR bei uns polemisiert wird, ist ein sehr deutliches weiteres Anzeichen der Projektion: Das eigene Vasallenverhältnis wird damit beschönigt. Auf diese Vasallenqualität müssen wir aber Nachdruck legen. Demokratie wurde von uns nicht erobert. Wir kennen keine Bastille, auf der das geschehen wäre. Es ist nicht einmal sicher, welches politische Gesicht Deutschland erhalten hätte, wäre es den Verschwörern des 20. Juli 1944 gelungen, ihre Sache mit Erfolg zu Ende zu bringen.
Demokratie wurde uns nicht anders überimpft als der DDR ihr Kommunismus. Die Art und Weise, wie dies bei uns im Westen geschah, zeichnete sich durch erheblich mehr Intelligenz und Weitsicht aus. Wir hatten es eben mit demokratisch

geschulten Siegern zu tun. Trotz der schrecklichen Schuld, die der Faschismus Deutschlands auf sich geladen hatte, trotz einer viel weitergehenden Niederlage als 1918, hatten diese Sieger seit jenen Tagen von Versailles etwas gelernt. Den von den russischen Heeren überrollten Teilen Deutschlands widerfuhr solches Glück nicht. Aber weil wir vom Schicksal begünstigt wurden, ist doch nicht daraus zu folgern, daß wir uns etwas aus Demokratie machen.

Bisher sind wir in der Welle der Industrialisierung mit weitem Vorsprung vor der Entwicklung im Osten mitgeschwommen. Der Vorsprung wird langsam kleiner. Es bilden sich bei uns aber sehr nachdrückliche Zeichen, schwach gesagt, restaurativer Tendenzen, die sich in einer Indifferenz bis zur offenen Feindseligkeit gegen demokratische Spielregeln und demokratische Zielsetzungen bekunden. Wir wissen durchaus nicht, welche Tonart zum Beispiel konservative Politiker in Deutschland, etwa Repräsentanten der Vertriebenenverbände, anschlagen würden – gleichgültig, welcher Partei sie angehören –, stünden wir nicht in einem vasallenähnlichen Abhängigkeitsverhältnis von den USA. Wie der Brustton dieser Männer unverstellt klingt, wird man vielleicht bald deutlicher anhören müssen, wenn sich in den Vereinigten Staaten »law and order«-Denken und Rassismus weiter ausbreitet.

Der Vorgang unserer Anpassung an die Demokratie – soweit unsere Hypothese – spielte sich bisher unter der kräftigen Mitwirkung primitiver seelischer Reaktionsgestalten ab: Es sind die Mächte Dogma und Tabu. In den Sozialisierungspraktiken, also bei der Erziehung jedes Einzelnen, wurden sie erzieherisch verankert. Die Reaktionsform, die Dogma und Tabu herausfordern, heißt absoluter Gehorsam. Begründet wird diese Gehorsamsforderung tautologisch mit dem Hinweis, daß sich Gehorsam hier von selbst verstehe.

Tabu und Aufklärung schließen einander aus. Ohne Aufklärung – psychologisch gesprochen: ohne systematische Schulung des kritischen, nach Ursache und Wirkung fragenden Ich

– ist keine Entwicklung zur Demokratie denkbar. Nicht der einzelne Inhalt, der in einem Tabu angesprochen wird, terrorisiert uns allein. Es ist vielmehr die Bereitschaft, leichtsinnig Zuflucht zu nehmen. Die Demokratisierung ist überall dort schwer behindert, wo es gelingt, den Konflikt, in dem ein Kollektiv steckt, rasch dadurch zum Verschwinden zu bringen, daß der Triebanteil – repräsentiert in unseren Allmachtsphantasien – verdrängt wird und damit auch die Erinnerung verblaßt, die von dem Konflikt berichten könnte.

Die Funktionsdefinition der Demokratie – jedenfalls für den Psychologen und den Anthropologen – würde doch lauten, daß sich in ihr gegenüber älteren Herrschaftsformen die Bereitschaft, abweichende Meinungen zu ertragen, in Koexistenz mit ihnen leben zu können, gesteigert habe. Das verlangt eine Distanzierung von eigenen Affekten, besonders dann, wenn Angst und Wut sehr heftig erregt werden, und zwar durch fremdes »unverständliches« Verhalten.

Man muß deshalb vernünftigen Einwendungen, daß man in einer Gesellschaft ohne Tabus nicht auskommen könne, keineswegs unzugänglich sein – ich bin durchaus dieser Auffassung. Dennoch bedarf die These, daß es im politischen Bereich – also auch im Bereich der Erziehung – zumindest in unserem Lande nicht darauf ankomme, die Unumstößlichkeit der Tabus zu verteidigen, wohl noch auf Generationen hinaus der Unterstützung durch eine kritische Aufklärung. Denn die Entwicklung, die die Menschheit im allgemeinen ergriffen hat, ist durch Wissenschaften in Gang gekommen. Wissenschaften sind aber, nach der Definition, Ur-Feinde der Tabus. Tabus stehen auch nicht, wie uns halbfaschistische Romantiker glauben machen wollen, als dialektische Antipoden im Widerstreit zur Wissenschaftsrationalität. Sie sind einfach auf dem Weg der menschlichen Emanzipation antiquiert. Ihre Rolle wird in der zukünftigen Menschheit – wenn diese überlebt – die Selbsttreue übernehmen, womit der Entwicklungsweg zur Identität gemeint ist.

In diesem Zusammenhang muß noch einer hervorragenden

Besonderheit der deutschen Szene gedacht werden, nämlich ihres mangelnden Respektes vor der Erfahrung – und zwar vor der Sozialerfahrung. Wie geht man mit Menschen um, die einem unterstellt sind, die sozial schwächer, anderer Konfession oder Meinung sind? Dafür gibt es ein einheitliches Konzept, das sich aus dem Sozialklima der deutschen absolutistischen Duodezfürstentümer herleitet. Dort wurde der Typus des Untertanen geboren. Er hat sich bisher als ein unlösbares Problem erwiesen. Die Traditionen, die zu seiner Charakterentwicklung führen, sind bisher nicht überwunden. Deutlich wird das, wenn wir uns die Frage vorlegen: Wie erzieht man mit autoritär erzogenen, an autoritäre Regulationen gewöhnten Lehrern liberale, nachdenklichem Widerspruch anhängende Schüler?

Im übrigen liegen hier zwei sehr unterschiedliche Haltungen miteinander im Kampf. Im Bereich der sachbezogenen Techniken wird Erfahrung bei uns sehr hoch geschätzt. Wo es sich um das Schleifen von Linsen, das Herstellen von Stahl, um ungezählte andere technische Bereiche handelt, zollt man dem Erfahrungsschatz realitätsgerecht die gebührende Hochachtung. Noch mehr, man entwickelt ihn weiter. Er enthält nur wenige hemmende Tabus.

Im Bereich der menschenbezogenen Technik, des Umgangs, ist das ganz anders. Dort gibt es Aufzuchtprozeduren, die längst vor dem Struwwelpeter tabuiert waren: etwa, daß Kinder früh zu Bett gehen und regelmäßig das ihnen Vorgesetzte aufessen müssen. Der Sinn solcher Vorschriften erklärt sich ganz von selbst: Das muß man doch, daran kann man doch nicht zweifeln. Hier handelt es sich um eine der vielen Facetten des Tabu-Gehorsams. In ihn sind wir über die Maßen eingeübt, und ihn bringen wir unseren Kindern bei.

Die Grenzen des riesigen Territoriums, innerhalb dessen wir gewohnt sind, blindlings zu gehorchen – und wenn nicht blindlings, dann opportunistisch –, sind noch kaum an einigen Stellen angenagt. Auf Verstöße gegen den Tabu-Gehorsam folgt die Strafpflicht der Eltern und aller Autoritäten, die ihnen nachfolgen; und auch das bleibt eine Selbstverständlichkeit. Wenn ein Hund verprügelt wird, ruft der Tierschutzverein nach der Polizei. Wenn das gleiche mit einem Kind auf unseren Straßen geschieht, sieht die Umgebung angeregt zu, mindestens ist sie stillschweigend einverstanden. Durch Generationen hat sich diese schon von Luther beredt empfohlene Erziehungsmethode kaum gewandelt. Ein tieferer Einbruch macht sich eigentlich erst seit 1945 bemerkbar. Er wird eher als Schwäche beklagt, als Verfall der Sitten, der im Zweifelsfall aus Amerika zu uns gekommen ist. Damit stoßen wir übrigens auf die Ambivalenz den Siegern gegenüber, die uns die Demokratie aufgenötigt haben. Kaum jemand sieht in den Anzeichen kindlichen Ungehorsams die Chance, einen Fortschritt in unseren Sozialisierungspraktiken zu erzielen. Natürlich kann sich in Ungehorsam Führungslosigkeit widerspiegeln, aber Führung muß umgekehrt nicht Forderung auf Unterwerfung sein.

Das Tabu bewirkt also intrapsychisch eine Denk- und eine Einfühlungshemmung. Damit wird die Ökonomie der seelischen Verläufe entscheidend vereinfacht – ein lastender Konflikt scheint autoritär entschieden. Wir haben gesehen, daß dies de facto keineswegs der Fall sein muß. Es kann bei einer mehr oder minder listigen Anpassung unter Drohung bleiben. Oft reicht die Charakterverkrümmung tiefer; das Ich selbst korrumpiert sich, läuft zum Geist der quälenden Autoritäten über. Der Gewinn, den das Individuum mit Hilfe des Tabu-Gehorsams erzielt, ist nicht unbedeutend. Es wird dadurch aktionsfähig, daß ihm durch Tabus die denkende Konfliktbearbeitung erspart wird. Die Einfühlungshemmung, welche der Gehorsam vor anonymen unwidersprechbaren Befehlen voraussetzt, wird in solchem Milieu schwerlich beobachtet, geschweige als anstößig empfunden.

Die interpsychische Wirkung des Tabus ist die der Verständigungserleichterung. Da man das gleiche glaubt, das gleiche verabscheut – und zwar selbstverständlich –, da man durch die gleichen selbstverständlichen Verbote reguliert wird, verringern sich die Konfliktmöglichkeiten zwischen den Individuen. Es wäre aber verkehrt zu glauben, man verstünde sich besser, indem man Tabus oder Vorurteilen folgt. Man ist zwar gleichgestimmt und auch auf die gleiche Weise aktionsfähig gemacht, aber man bleibt kollektiv ahnungslos, wie die Christen durch die Jahrhunderte ahnungslos über Mohammedaner oder Juden geblieben sind, über die ein so heftiges Berührungstabu verhängt war.

Innerhalb unseres Landes hat die demokratische Ordnung lange eine gewisse Leblosigkeit nicht überwinden können. Eine gewisse Belebung ist erst in den letzten Jahren eingetreten. Unser Staatswesen hat innenpolitische Spannungen, das dürfen wir uns durchaus selbst bestätigen, nicht so schlecht überwunden; jedenfalls müssen wir den Vergleich mit anderen demokratischen Nationen nicht scheuen. Zur gleichen Zeit formieren sich bei uns und anderswo die Kräfte der Reaktion. Sie glauben, diese Linie der Selbstverwirklichung, die Konflikte nicht zudeckt, als »Schwäche«, »Führungslosigkeit« verdächtigen zu können, wie das seinerzeit schon in der Weimarer Republik beliebt und leider erfolgreich war. Koexistenz auf allen Ebenen macht uns doch die größten Schwierigkeiten. Das geht darauf zurück, daß wir nach der schematischen Antithese von Dogma und Tabu, von »ideal« und »unrein«, unsere Wirklichkeitsorientierung vollziehen.

Erinnern wir uns aber an Freuds Beschreibung: Die Verdrängung eines Wunsches, der tabuiert wurde, schafft eine »unerledigte Situation«, eine »psychische Fixierung« – keine wirkliche Lösung. Dem Kind ist es sozusagen erlaubt, wenn es eine Tasse zerschlagen hat, das zu verleugnen, davon wegzublikken – aber nicht dem Erwachsenen. Infolgedessen sind diese psychologischen Abwehrmechanismen – wie Verdrängung und Verleugnung – infantile Schutztaktiken gegen die Realität, die gefährlich werden können.

Unser unbewußtes Ich verfügt also über Mittel und Wege, um Störendes zu vergessen, Scham Erweckendes weniger peinlich erscheinen zu lassen. Alles dies geht auf Kosten der Wahrheit, und der Konflikt mit ihr wird nur unbewußt gehalten. Das bedeutet aber, daß er aus dem Kontakt mit der Erfahrung abgeschnitten wird. An dieser Stelle können wir nichts mehr dazulernen. Der Konflikt wird in seiner Primitivität konserviert. Wer durch 20 Jahre die Verlautbarungen bundesdeutscher Politiker, etwa über die Ostblockstaaten und ihre Bewohner, gelesen hat – Besserung scheint sich anzubahnen –, kann die Infantilität der Denkweise linguistisch nachprüfen. Damit ist noch gar nichts zum Lob dieser Staaten, insbesondere nicht der DDR, gesagt. Wir sind aber im Augenblick nicht mit ihnen, sondern mit den Bedingungen der Demokratisierung in unserem Staat beschäftigt. Demokratisierung heißt die Affektkontrolle steigern, damit man unbefangener wahrnehmen kann. Das gilt für jeden Bereich des politischen Lebens, und das fällt schwer, wo die eigensten Interessen betroffen sind. Trotzdem hat die Politik der Nichtanerkennung der Realität, das affektive Antworten auf gezielte Provokationen der Gegenseite, niemandem etwas eingetragen. Aber sie hat das Denken in Schablonen gefördert. Sie ist bis zu einem gewissen Grad ritualisiert worden.

Für den Einzelnen wie für das Kollektiv gilt, daß also Dogma und Tabus den Erkenntnisstand tief halten. Das »Du sollst« und »Du darfst nicht« ist eine Lenkungsweise für das Kleinkind. So korrespondiert den Tabus ein infantiles Weltverständnis. Zu den Eigentümlichkeiten unseres seelischen Haushaltes gehört es, daß unter Konfliktdruck in unserem Innern – ebenso wie unter bedrohlichen Einflüssen von außen – die Neigung wach wird, erlangte Reifungspositionen aufzugeben und zu älteren, einfacheren Reaktionsformen zurückzukehren. Darin drückt sich eine der Menschenart eigentümliche seelische Reaktionsweise aus.

Der Verlust der Monarchie 1918 muß mehr Menschen in Deutschland in ihrem seelischen Gleichgewicht tiefer getroffen haben, als den wenigen an der Demokratie Interessierten damals klar wurde. Die Arbeitslosigkeit zehn Jahre später traf also schon eine regressionsbereite Population. Die pubertär verstiegene Redeweise Hitlers fixierte aufs neue an Tabus, gab neue dogmatische Gewißheiten. Zunächst wirkte das wiederum auf weit mehr Menschen, als man erwarten würde, angstbefreiend, lockernd. Es wurde nun in der Tat in ihrem Brustton gesprochen. Sie hatten sich in jenen Gläubigkeits- und Hoffnungspositionen eingerichtet, zu denen sie psychisch regrediert waren. Alles sah einem Erfolg zum Verwechseln ähnlich. Der Wahn Hitlers nahm sich im Chor der Massen wie Beschreibung der Realität, wie Vernunft aus. Regression bietet aber nicht nur unzureichenden Schutz, sie verlockt im Gegenteil zu so groben Fehleinschätzungen der Realität, daß Katastrophen meist nicht allzu lange auf sich warten lassen.

Die Katastrophe kam, und wieder änderte sich mit ihr die Szene. Wir haben schon eine opportunistische Konsequenz, die Anpassung an die Staatsform der Sieger, beschrieben. Ein anderer Aspekt des der Niederlage folgenden seelischen Geschehens war abermals Regression, beziehungsweise Beharren auf schon besetzten infantilen Positionen, das heißt Beharren auf infantilen Verleugnungsvorgängen an der neu entstandenen Lage. Die Regression übersprang nach Möglichkeit die Episode Drittes Reich, aber auch Weimarer Republik, an die bei den allermeisten keine affektive Bindung bestand, und kehrte im unverdächtigen Wilhelminischen Deutschland ein. Der Mann, der den stärksten politischen Einfluß auf die Entwicklung unserer Republik genommen hat, empfing seine Persönlichkeitsprägung in diesen Jahren vor dem Ersten Weltkrieg. Er bot sich den Regressionsbedürfnissen wie ein dankbar empfangenes Geschenk an. Wieder begann wie nach 1918 – nur unter ungleich besseren ökonomischen Bedingungen – ein Verleugnungsprozeß.

So haben wir eine Abfolge von Katastrophen im Laufe eines guten halben Jahrhunderts. Sie werden zentral nicht zum Anlaß der Reflexion – das ist der springende Punkt –, es wird nicht danach geforscht, was sie eigentlich herbeigeführt haben mag, sondern es erfolgt ein hartnäckiger Rückzug aus der Verantwortung.

Weitgehend wurde zudem noch eine weitere Abwehrtaktik angewandt. Sie ist von gleicher Art wie Verdrängung und Regression: Es wird ins Gegenteil verkehrt. Die Niederlage 1918 wurde rasch danach mit dem Fangwort »im Felde unbesiegt« umgekehrt. Aus dem faktisch zweigeteilten Deutschland wird die Fiktion vom »unteilbaren Deutschland«. Die Schuld an den millionenfachen Morden des deutschen Faschismus wurde unserem »Abschaum« allein übertragen; wir, die respektablen Bürger der Bundesrepublik, hatten nie etwas damit zu tun. Wir beobachten, wie die Legende aufgebaut wird, Hunderttausende Deutscher in der Tschechoslowakei und sonst in den östlichen und südöstlichen Staaten Europas seien quasi aus heiterem Himmel, ohne ausreichende Motivation, einem mörderischen »Volksvergnügen« zum Opfer gefallen. Die Wortwahl vom Volksvergnügen des Mordens und Zu-Tode-Quälens auf offener Straße traf Franz Joseph Strauß in einer Rede am 10. April 1965 in einem Münchener Bierkeller. Nicht, daß diese Schreckenstaten nicht begangen worden sind. Aber bei Hosea heißt es schon: Wer Wind säet, wird Sturm ernten. Die dem Wunschdenken entspringende Umkehr ins Gegenteil vergißt nur den gesäten Wind – man stellt es so dar, als ob diese »Ostvölker« ohne irgendeinen Anlaß schuldlose Deutsche überfallen hätten – und ist damit stracks beim Tabu der Minderwertigkeit, der Niederträchtigkeit des Charakters, das bereits Hitler, gestützt auf eine gängige Kolonialideologie, ausgesprochen hatte.

So ist also ganz im Gegensatz zu den martialischen Äußerungen die deutsche Szene psychologisch in diesem Jahrhundert durch ein kollektives Zurückweichen vor der Härte der Realität ausgezeichnet, einer Realität, die in ihren bedrückenden Konsequenzen freilich weitgehend durch Selbstarrangements bestimmt wurde. Wie man in den Wald hineingerufen hatte, so war das Echo.

Die Neigung, in einer Gefahrensituation kindliche Anlehnung zu suchen, was in Wirklichkeit wegen des chamäleonartigen Opportunismus zu einem Identitätsverlust führt, ist bisher

unzureichend korrigiert. Regression muß naturgemäß zur Verstärkung von Dogmen und Tabus und ihrer Handlungsanweisungen führen. Verleugnung führt dazu, daß schmerzhafte Konflikte mit der Realität in einem blinden Flecken verschwinden und statt dessen Wunschvorstellungen als Realität, oder wenn nicht das, dann als bald zu realisierende Hoffnung ausgegeben werden.
Damit ist die Frage, ob Tabus die Demokratisierung Deutschlands beeinträchtigen, beantwortet: Sie tun es.
Wenn dies der Fall ist, muß unsere ganze therapeutische Aufmerksamkeit darauf gerichtet sein, regressive Reaktionsformen früh zu erkennen und zu bekämpfen. Eine Vorbedingung sehen wir in der Korrektur der zur Ideologie unserer Gesellschaft gehörenden Verachtung des Sozialpragmatismus. Diese Verachtung schlägt sich in einem Mangel an Affektkultur, an kultiviertem Talent der Menschenbehandlung nieder. Hier wird zum Beispiel kein Nachfolger des Premierministers sorgfältig herangezogen; hier gibt es keine Rechtsprechung, die sich an den Präzedenzfällen orientiert, hier wird der Lehrer überwiegend am Stoff geschult und meistens unter den Voraussetzungen einer idealisierend verstiegenen Anthropologie mit der Technik des Lehrens vertraut gemacht. Er soll ja »Bildung« vermitteln. Darunter wird immer Sachwissen verstanden. Daß die Schule eine differenzierte Gruppenerfahrung sein sollte, eine lange und sorgfältige Einübung in soziale Selbständigkeit und Verantwortlichkeit, wird erst in allerletzter Zeit von den fortgeschrittenen Pädagogen als Möglichkeit gesehen und praktiziert. Das Gros erzieht weiter auf Gehorsam, nicht auf Initiative, nicht auf ein Engagement am Gruppenleben. Letzteres gedeiht schulisch kaum zu einem rechten Elan: Zwischen Anarchie des Widerstandes und tradiertem Kadavergehorsam ist die Integration oft schwer zu finden.
Selbst in einem so exquisit auf einem pragmatischen Beruf vorbereitenden Training wie dem des Medizinstudenten stehen die Vorlesung, in welcher der Hörer zur Passivität verur-

teilt ist, und das Buchwissen weit im Vordergrund. Der approbierte Arzt wird dann in die Praxis entlassen, ohne daß ihm jemand beigestanden hätte zu lernen, wie man das erworbene Wissen als Arzt anwendet, wie man mit Menschen in dieser Rolle umzugehen hat. Immer wieder entdeckt man bei uns, daß Sachwissen als Drill vermittelt wird. Im Wissen um menschliches Verhalten hinken wir trostlos den westlichen Kulturstaaten nach.

Das Ausbleiben einer deutschen Revolution zur größeren Selbstverantwortung der Bürger – zuletzt am kriegerischen Ende des Dritten Reiches – macht sich sehr bemerkbar. Es scheint, sie kann durch nichts ersetzt werden – ein Psychologikum, das freilich jenseits der Aufgabe dieses Referates liegt. Hier ging es um die These, daß vorerst Demokratie in Deutschland ein Faktum ist, aber kein leidenschaftlich erstrittener Besitz.

Seit altersher mangelt es in Deutschland an der Vorliebe für die pragmatische Humanität. Statt dessen werden hochfahrende Entwürfe über die Bestimmung des Menschseins sehr geschätzt. Da wimmelt es dann von Worten wie Ehre, Treue, Begnadung, höheren Werten, Dasein, Geist und Sinngebung. Diese ausgesprochene Vorliebe für idealisierende Überheblichkeit, bei der die Selbstanbetung in dem eigenen »System« sicher keine geringe Rolle spielt, macht Deutschland zu einem Boden, in dem Tabus die Aussicht haben, sich fest verwurzeln zu können, und zwar auf allen Ebenen der Gesellschaft. Das Pragmatische, dieses »know how«, muß immer nach den Motivationen, nach den natürlichen Zusammenhängen suchen. Man ist auf die Einsicht, auf das Hineinschauen in die Verschlungenheit der Bedingungen angewiesen, wenn man sich in einer Lage zurechtfinden und mit ihr fertig werden will. Der Systemorientierte hingegen mißt an seinen Wertkategorien, an seinen Soll-Vorschriften. Ihnen hat man zu genügen. Diese Kategorien selbst, dieses System von Privilegien und Pflichten, haben sich nicht zu rechtfertigen. Sie sind selbstverständlich.

Das Zusammentreffen von »selbstgefälligem« Denken darüber, wie die Welt sein wollte, und von Handlungsanweisungen durch Tabus, die so selbstverständlich sind, daß sie keiner Erklärung bedürfen, ist natürlich keine Affäre, die sich allein in Deutschland ereignet hätte. Mit einer Mischung von Neid, Bewunderung und Verachtung haben wir auf die Engländer geblickt, die so sicher in der Annahme waren, die privilegierte Herrenrasse zu sein, daß es ihnen überhaupt nicht entfernt in den Sinn kam, darauf einen Gedanken zu verschwenden. Diese Grundlage ihrer Kultur war sacer, heilig, tabu. Aber das hinderte sie nicht, zum Beispiel eine vorzügliche Ethnologie zu entwickeln und ihr Wissen um die Eigenart anderer ethnischer Gruppen erfolgreich politisch auszunützen. Da genügt als Kontrast der Hinweis auf die Politik der Naziregierung den Ukrainern gegenüber. Die im politischen »System« verankerte Erniedrigung der »Ostvölker« zu Sklavenrassen ließ nicht den Umgangston finden, der zum Beispiel bei den Ukrainern eine nahe der Oberfläche schlummernde Hoffnung auf nationale Selbständigkeit und Befreiung von der großrussischen Expansion zu nützen gewußt hätte. Es kam zu keiner pragmatischen Übereinkunft, sondern zu einer maßlosen Enttäuschung und einem kategorischen Sinneswandel des ukrainischen Volkes, das sich nun nicht befreit, sondern erobert und gedemütigt erlebte. Man erinnere sich hier an William Wilberforce, der um die Wende vom 18. zum 19. Jahrhundert zum unermüdlichen und erfolgreichen Vorkämpfer gegen den Sklavenhandel wurde – ein Engländer, mit nichts bewaffnet als dem besseren Argument im Kampf mit dem, was die anderen für ein unbezweifelbares Vorrecht hielten, das ihnen übrigens zur damaligen Zeit die höchsten Einnahmen aus ihren Kolonien brachte. Diese innere Dialektik zwischen einem unerschrockenen individuellen Gewissen und dem Eigennutzen der Nation gehört nicht zu den Charakteristiken unserer Geschichte.

Zusammenfassend ist zu folgern, daß Tabus offenbar dann zu Instrumenten der Störung – geradezu der Selbstzerstörung –

werden, wenn sie nicht balanciert sind, und zwar durch
direkte Gegenkräfte des Tabus. Das können nur seelische
Leistungen sein, die dem »tierischen Ernst« systematischer
Einteilung und starrer Verbote direkt entgegenlaufen, wie
zum Beispiel Ironie, gipfelnd in Selbstironie, überhaupt
Distanz überall dort, wo ein Affekt diese Distanz zur Sache
verschlingen will. Der Systematiker gerät aber leicht in Rage,
weil die Wirklichkeit sich diesen teils hochkomplizierten, verstiegenen, teils simplifizierenden Gedankenentwürfen seines
Systems über diese Wirklichkeit nicht anzupassen pflegt. Das
muß alles mit »Zusatzhypothesen«, nämlich mit Realitätsverleugnungen geleistet werden, was der Laune nicht bekommt.
Ich wiederhole: Tabus sind Regulative sozialen Verhaltens.
Betrachtet man sich ihre Rolle in der Menschheitsgeschichte,
so haben sie in den kleinen Gesellschaften der Geschichte
insbesondere sexuelles Verhalten gelenkt. Für die Gegenwart
trifft zu, daß sie mindestens ebenso stark die Lenkung aggressiver Potentiale besorgen, und zwar gerade solcher, die von
einer Legierung mit den erotischen Strebungen ausgeschlossen und deshalb besonders »hart« sind. Tabus stehen damit
Vorurteilen nahe, sind zum Teil mit ihnen identisch. Da dem
Individuum nicht die Kraft gegeben ist, in allem Erlernten
nach der Berechtigung der Aussage zu forschen, nimmt es
Auffassungen um so leichter hin, je unbeschwerter von Zweifeln sie angeboten werden.
Erreicht diese Willfährigkeit jedoch Ausmaße, die keine kritisch zweifelnde, spottende Haltung irgendeiner ins Gewicht
fallenden Autorität gegenüber zulassen – insbesondere nicht
angesichts der Autorität des eigenen Selbst –, dann werden
Tabus zu gefährlichen Lenkungsmechanismen. Sie machen
das Individuum wehrlos, realitätsfremd, ganz wie das alte
Wort »tumb« es beschreibt. Da Demokratie essentiell auf der
Anerkennung einer opponierenden Meinung beruht, die sich
auf viele Tabus der herrschenden Gesellschaftsschichten
erstrecken mag, ist sie eine soziale Ordnung, die unbefragbaren Gewißheiten nicht günstig gesonnen ist. Deshalb haben

zum Beispiel religiöse Autoritäten, die sich sehr stark der Dogmatisierung und Tabuierung bedienen, der Demokratie nie sehr wohlwollend gegenübergestanden. Die außerordentlichen Fortschritte der politischen Klerikalisierung in Deutschland sind ein weiteres Zeichen für die offensichtliche Schwächung demokratischer Ansätze in unserem Land.

Demokratisierung heißt Steigerung der Bereitschaft, abweichende Meinungen zu ertragen, in Koexistenz mit ihnen leben zu können. Diese Distanzierung von Affekten – besonders von Angst und Wut –, wo man auf fremde, »unverständliche« Haltungen trifft, bereitet eine bessere Ausgangsposition für das kritische Denken, als Tabus es können. Erziehungspraktiken, Sozialtraditionen überhaupt, bereiten in Deutschland auf »Radfahrerreaktionen«, also ein situationsabhängig entweder autoritär tretendes oder unterwürfig buckelndes Verhalten, in solcher Breite vor, daß Toleranz trotz besten Willens meist mißlingt. Das schlägt in der Politik zu Buch. Adenauer hat mit großer Zustimmung autoritär regiert; um ihn sind mehr Zerfallsformen autoritärer Herrschaft als demokratische Sitten entstanden.[2]

---

2 Nachträglich: Willy Brandts außergewöhnliches Ansehen bei Politikern des Westens wie des Ostens ist darauf zurückzuführen, daß er den Verleugnungspraktiken – aus seiner Erfahrung in der Emigration heraus – nie erlegen ist. Die Struktur der Bundesrepublik hat ihn als Bundeskanzler zugelassen. Das ist doch wohl als demokratischer Fortschritt zu werten.

# 7. Aggression als individuelles und gesellschaftliches Schicksal

(Zusammen mit *Margarete Mitscherlich-Nielsen*)

Hungernde in dieser Welt zu finden, ist nicht schwer. Der nackte Hunger ist für den Großteil der Menschheit bis heute noch nicht gestillt worden. Es ist auch nicht schwer, eine andere Art Hungriger zu finden: die Hungrigen nach Macht. Deren Hunger ist mehr oder weniger leicht und stark zu wecken. Und wer ist nicht begierig auf den Genuß eines Stückchens Macht? Mit Machthunger hat man es zu allen Zeiten zu tun. Bei manchen Individuen oder Gruppen nimmt er die Form eines gewaltigen Appetits, einer Freßgier an. Die beiden Hungerarten, die Nahrungs- und der Machthunger, erklären sich aus sich selbst.

Die Entschlossenheit, recht zu behalten, ist verbreitet und bedarf auch keiner Erklärung. Mit der Gerechtigkeit ist es anders. Sie erreichen wir doch nur mühevoll, zweifelnd, verzweifelt, wenn überhaupt. Nehmen wir an, es gibt einen »Hunger nach Gerechtigkeit« – er kann kein primärer Antrieb sein wie physischer Hunger. Vielmehr macht er sich erst am Ende einer langen seelischen Entwicklung bemerkbar, wenn wir fähig geworden sind zu begreifen, was »Gerechtigkeit« ist, daß Gerechtigkeit nicht die Lebensform der »Stärkeren« ist, kein Instrument, um den Machthunger zu stillen, sondern Herstellung einer Ordnung, von der wir wissen, daß sie allezeit wieder in Ungerechtigkeit umschlagen kann.

Verstehen wir eigentlich, warum der Hunger nach Gerechtigkeit unter Menschen nicht zu stillen ist? Offenbar sind Hunger nach Nahrung und nach Macht die Gegenspieler. Aus vielfältigen Erfahrungen wissen wir, daß Macht die Gerechtigkeit häufiger durchkreuzt als ihr zum Sieg verhilft und daß beim elementaren Hunger die Gebotlosigkeit beginnt: Not kennt kein Gebot. Wenn wir das Licht der Welt erblicken, fangen wir an, in einem Spiel mitzuhandeln, das schon seit langem, lange vor unserer Geburt, im Gange ist. Wir übernehmen Gebote und Verbote, Urteile über Gut und Böse, vor allem darüber, welche Menschen gut und welche böse sind. Auf diese Weise werden wir rasch befangen. Ginge es nach den strengen Regeln eines Gerichtes zu, müßte man uns häufig als befangen gerade dort ablehnen, wo nach einem gerechten Urteil gesucht wird. Aber der Gedanke an Relativismus macht uns Angst, die Vorstellung, daß es vielleicht nicht nur viele Ungerechtigkeiten gibt, wo sich die Beteiligten ganz im Recht fühlen, sondern auch viele Gerechtigkeiten, wo wir laut die Ungerechtigkeit beklagen.

Diesen Gedanken gilt es trotzdem festzuhalten, nicht aus Freude am Zynismus, sondern weil er uns auf Antriebskräfte, die in uns wirken, verweist, für die es offenbar *keine endgültig festliegende Bewertung* gibt. Würde man heute eine Zigeunerin für einen gestohlenen Laib Brot und ein gestohlenes Huhn am Galgen aufhängen, wir könnten es nicht als Gerechtigkeit, wir müßten es als einen Exzeß bösartiger Rachsucht empfinden. Aber es ist noch nicht lange her, daß auch in unserer Mitte jemand, der einen »Feindsender« abhörte, das gleiche Todesschicksal traf, und viele, viele fanden das gerecht.

Noch jeder, der sich mit der menschlichen Aggression – die wir für die Störung der Gerechtigkeit auf Erden verantwortlich machen müssen – wissenschaftlich beschäftigt hat, mußte rasch einsehen, daß er es hier mit einem Gegenstand zu tun bekommen hat, der zwar überall anzutreffen, in dessen Verständnis man aber nur unter Aufwendung äußerster Vorsicht einzudringen in der Lage ist. Wenn wir also jetzt dem Hunger nach Gerechtigkeit ein Triebphänomen wie das menschliche aggressive Verhalten entgegenstellen, so wird das zunächst Widerspruch erwecken. Man muß das Opfer bringen, nicht von einem utopischen Menschenbild, nicht von einem theologischen, überhaupt nicht von einem Wunschbild des Menschen auszugehen, also nicht davon, was er sein könnte, wenn er erlöst würde von dieser seiner Aggression, sondern davon, was er ist, hier und heute.

Er ist ein Wesen, das mit den aggressiven Impulsen fertig werden muß, die in ihm aufsteigen, die mit ihm wachsen, die sich mit seinem Wachstum, mit seiner Entwicklung verändern. Und er ist ein Wesen, das die Aggression der anderen von außen, bald klug und berechnet, bald in sinnlos harter Form zu spüren bekommt. Unrecht, das wir erlitten haben, haftet meist gut in unserer Erinnerung. Hingegen fällt es uns schwer, die intensiven Neid-, Haß-, Rache- und Wutgefühle erinnernd nachzuerleben, die wir anderen gegenüber empfunden haben und die uns bewogen haben mögen, ihnen Unrecht zu tun. Auch nicht in säkularisierter Form können wir uns auf ein Menschenbild zurückziehen als ein Wesen, in dessen Macht es läge, seine Naturausstattung einfach abzuschütteln. Der bis zum Witz abgebrauchten großen Devise »Edel sei der Mensch, hilfreich und gut« steht die bedrückende Einsicht gegenüber, von der man nicht sagen kann, sie sei eine vorzeitige und damit eine ungerechte Verallgemeinerung:

»Denn wovon lebt der Mensch? Indem er stündlich
den Menschen peinigt, auszieht, anfällt, abwürgt und frißt.
Nur dadurch lebt der Mensch, daß er so gründlich
vergessen kann, daß er ein Mensch doch ist.«

Worauf der Chor antwortet:

»Ihr Herren, bildet euch nur da nichts ein:
der Mensch lebt nur von Missetat allein!«[1]

Die Chancen der Befriedigung des Hungers nach Gerechtigkeit, dem unsere Versammlung Worte leihen will, um seiner Befriedigung näherzukommen, müssen wir also mit Skepsis beurteilen. Das Charakteristische dieses Hungers läßt sich am besten als Hoffnung beschreiben. Als die Hoffnung, nicht mehr den Aggressionen der Artgenossen, den Aggressionen der Mitmenschen ausgesetzt zu sein, und zwar in irgendeinem Alltag, in dem ich keinen Kadi brauche, um die gerechte

---

1 Bert Brecht, Stücke, Band III, S. 100.

Lösung zu finden, und keinen Aufseher, der mich zwingt, sie einzuhalten.

Nicht ohne Grund kommt die Aggression schnell, aber doch vorzeitig in den Geruch, die Macht der Ungerechtigkeit, die Kraft des Bösen zu sein. Das ist aber nicht so, sondern die Aggression dient ebenso dem »Guten«, also allen jenen Werken menschlicher Fähigkeiten, die ohne ihren energetischen Untergrund nie verwirklicht werden könnten. Denn Aggression ist zunächst als ein menschliches Verhalten zu verstehen, das auf einen triebhaften Ursprung in unserem Wesen, in unserer Naturanlage zurückzuführen ist. Dies jedenfalls ist eine Theorie, eine Arbeitsannahme, auf die sich, der Einsicht Sigmund Freuds folgend, nicht wenige der modernen Verhaltensforscher geeinigt haben. Das bedeutet, Aggression ist nicht nur, wie eine andere psychologische, die behavioristische, Schule annimmt, eine Reaktionsform auf bestimmte Enttäuschungen, auf vereitelte Hoffnungen. Das würde ja bedeuten, daß der Mensch nicht aggressiv zu handeln brauchte, wenn man ihm diese Enttäuschung erspare. Die kann man ihm aber nicht ersparen, weil seine Fähigkeit, den anderen als wertvolles Objekt zu erkennen, erst dadurch entfaltet wird, daß der andere ihm, in Selbstverteidigung, Grenzen setzt. Die These, Aggression entstehe nur aus Entbehrung und Enttäuschung ohne eine Naturkomponente, ein Merkmal unserer Art, scheint eine einseitige Annahme zu sein. Sie ist durch sorgfältige Selbstbeobachtung, die jeder von uns machen kann, in Frage zu stellen. Zwischen aggressiven Tagträumen, auch Nachtträumen, Phantasien, gereizten Stimmungen und äußerem Anlaß (Reiz) ist zuweilen ein groteskes Mißverhältnis. In solchem Fall ist die vor dem aufreizenden Anlaß bestehende innere Triebspannung groß gewesen und suchte nach Entspannung, Abfuhr, Handlung. Es gibt auch recht gute Untersuchungen tierischen Verhaltens, die uns dazu veranlassen, aggressivem Verhalten eine, wie Freud formulierte, »kontinuierlich fließende innersomatische Reizquelle« zuzuordnen, »zum Unterschied vom Reiz, der durch vereinzelte und von außen kommende Erregungen hergestellt wird«.[2] Auf einen Angriff von außen fliehen wir entweder, oder wir stellen uns ihm in einer ähnlich aggressiven Haltung. Einer aggressiv gereizten depressiven Stimmung etwa können wir uns aber nicht durch Flucht entziehen, wir sind ihr vielmehr unterworfen.

Ein Beispiel, das auf das Bestehen eines tierischen Aggressionstriebes hinweist, wollen wir nicht geben. Es könnte Verwirrung stiften; denn das Argument: zwischen tierischem und menschlichem Verhalten bestünden so große Unterschiede, daß man sie nicht vergleichen dürfe, kann berechtigt sein, kann aber ebensogut Ausdruck eines *irrationalen* Bedürfnisses sein, dem Menschen eine Sonderstellung zuzuchreiben. Daß er das hat, ist unbestreitbar, fraglich ist bloß, ob sie so tief ansetzt, daß Triebäußerungen bei Tier und Mensch nicht in Beziehung zueinander, als aus einer Entwicklungswurzel stammen, gesehen werden dürfen. Diese Streitfrage werden wir jetzt nicht aufrühren, uns statt dessen mit Hinweisen auf die menschliche Aggressivität begnügen. Eine Ahnung davon, wie schwer es ist, über sie etwas Verbindliches auszusagen, bekommt man etwa bei der Untersuchung uns bekannter Kriege. Man stellt fest, in ihnen sind Hunderttausende und Aberhunderttausende von Menschen ums Leben gekommen; keine der beiden kriegführenden Parteien hat deshalb die zerstörerischen Handlungen eingestellt. Wo ist nun eigentlich die aggressive Quelle für diese unter Umständen gigantischen Zerstörungstaten aufzufinden? Da stößt man doch auf eine große Zahl von Menschen, die keineswegs aggressiv gespannt sind, die vielmehr eher den Eindruck des Geschobenen machen, die aber gehorsam das tun, was man ihnen überträgt. Freilich ist dann eine Reihe anderer aufzufinden, die den Kampf suchen, die nicht abwarten können, bis sie »in Feindberührung« kommen. Ein Prototyp sind Kampfflieger mit hoher »sportlicher« Rivalitätsaggression. Wieder andere betreiben ohne Anzeichen des Bedenkens die bürokratische

---

2 S. Freud, Drei Abhandlungen zur Sexualtheorie, Ges. Werke, Bd. V, S. 67.

Maschinerei, die immer effektiver arbeitend den Tod für Hunderttausende und Millionen bringt.
Die Gruppe, die Freude am Handwerk des Tötens hat, ist offensichtlich nicht sehr groß. Trotzdem, die Beobachtungen im Zweiten Weltkrieg konnten einen belehren, daß die Zahl der faktischen Mörder immer mindestens so groß war wie die Nachfrage nach ihnen. Man hat nie von einem der Vorgesetzten gehört, daß er nicht genügend Personal für die Tötungsmaschinerie hätte bekommen können. Die Entschiedenheit, mit der sich sonst recht besinnliche Menschen ziemlich konfliktlos mit den weithin als verbrecherisch sichtbar gekennzeichneten Kriegszielen Hitlers, Görings, Himmlers und der Generalität zu identifizieren vermochten, zeigt, daß sie nicht ungern von dieser Abfuhr sonst leidlich unterdrückter aggressiv-destruktiver Absichten Gebrauch machten.
Wie aber hängen die Zerstörungsphantasien mit dem faktisch geschehenen Zerstörungsexzeß zusammen, und hängen sie zusammen? Immerhin, die Destruktion war organisierbar, und es gelang der Kriegsführung auf unserer Seite, die Massen bis fünf Minuten nach zwölf Uhr bei den Fahnen des Verhängnisses zu halten. Geblieben ist das Nachweisbare, die Zahlen der Verwundeten und Gefallenen, die Tonnen der abgeworfenen Bomben, die Summe zerstörter Häuser. Es ist so, als könnten wir von diesen Fakten her keinen Weg zurück gehen, der uns auf die innere Verfassung der Menschen hinführen würde, die damals gehorsam waren, gehorsam gehandelt haben, gehorsam den Feind getötet haben oder gehorsam sich töten ließen, ohne sich kritisch zum Beispiel darüber Rechenschaft geben zu können, ob in der Tat die Juden an allem schuld waren. Und dies alles von Menschen getan, die, wie gesagt, vorher und nachher im bürgerlichen Leben besinnlich, »angepaßt«, durchaus unauffällige Bürger waren.
Wo sind die Quellen für diese Aggression, die doch weit über die Erfordernisse der Selbsterhaltung hinausgeht, ja im Gegenteil, nicht nur dem Feind gegenüber, sondern auch auf einem langen Weg der Selbstvernichtung zum Zuge kam? Wir

wissen viel weniger, als uns lieb ist, über Quellen und innere Struktur aggressiven Verhaltens bei uns selbst und bei den uns relativ vertrauten Menschen, geschweige daß wir etwas wüßten vom Zustandekommen individueller wie kollektiver aggressiver Akte von Menschen, die in Kulturzusammenhängen leben, zu denen wir kaum einen tieferreichenden Zugang besitzen. Wir wissen so wenig darüber, weil wir von diesen zahllosen Äußerungen menschlicher Aggressivität den Weg zur triebhaften Grundlage nicht in überzeugender Weise gefunden haben. Auch wenn man der Frustrationstheorie anhängt, ist es nicht anders: Warum zünden zuweilen Frustrationen ein solches Übermaß von Aggression? Meist gelingt es uns im Einzelfall nicht, das Zusammenspiel von triebhaften und gesellschaftlichen Determinanten einigermaßen genau herauszufinden. Das gibt unserer Therapie – oder gar Prophylaxeversuchen – die Note von Ungenauigkeit, Beliebigkeit der Maßnahmen.

Es scheint unerläßlich, unser mangelhaftes Wissen zu betonen. Denn wenn man eine Sache gut versteht, ist es erlaubt, sie vereinfachend zur Anschauung zu bringen. Wenn man eine Sache aber nur in einzelnen Facetten begriffen hat, dann ist es leichtfertig und unter Umständen unverzeihlich, dieses fragmentarische Wissen in gleicher Manier zu vereinfachen. Von den vielen Gründen, die es notwendig erscheinen lassen, sich mit der Aggression forschend auseinanderzusetzen, möchten wir nur zwei erwähnen, die unser Interesse besonders motiviert haben. Da ist einmal die Tatsache, daß sich im Laufe von wenigen Jahrzehnten das technische Potential, das sich zur Lebens- und insbesondere auch zur Menschenvernichtung verwenden läßt, gigantisch verstärkt hat. Wir haben uns daran gewöhnt, »mit der Bombe zu leben«. Haben wir uns daran gewöhnt; und wenn, um welchen Preis? Haben wir Anstrengungen unternommen, ein Bewußtsein dafür zu entwickeln, daß sich unser Sitzplatz in der Geschichte unter einem Damoklesschwert befindet? Wie könnten wir unsere Sekurität in dieser Lage verbessern? Man geht wohl kaum in die Irre, anzunehmen, daß sich nur eine sehr kleine Zahl von Menschen bewußt mit der Gefahr des Atomtodes oder des Todes durch biologische Kampfmittel auseinandersetzt und daß die riesige Majorität der Menschheit entweder von diesen Waffen noch gar nichts weiß oder aber die Gefahr der Lage verleugnet. Das ist vielleicht auch ein Selbstschutz, da man die Realität kaum aushalten kann, die der Lage eines Häftlings gleicht, der in Sing-Sing in der Todeszelle auf den Hinrichtungstermin wartet.

Das zweite Motiv für die Beschäftigung mit der Aggression war für uns eine feindselige Verachtung zwischen den Generationen, deren Ausbreitung in den letzten Jahren nicht mehr zu übersehen ist. Wir werden gleich von der sogenannten Frustrationstheorie sprechen, nach welcher die Aggression auf Enttäuschungen und Entbehrungen zurückzuführen ist. Unleugbar geht es, materiell betrachtet, der jungen Generation einschließlich der Studenten besser als ihren Vätern, die in der Zeit der großen Arbeitslosigkeit ihre Ausbildung durchliefen; sie sind in materiellen Dingen wesentlich weniger zu Entbehrungen verurteilt. Trotzdem sind oft nicht einmal mehr Haß, sondern kalte Verachtung die Gefühle, die sie Eltern und Lehrern entgegenbringen. Es ist das nicht der gewöhnliche Generationskonflikt, die gewöhnliche Rivalitätsspannung zwischen der jungen und der älteren Generation; vielmehr sieht es so aus, als ob sich zwischen den Generationen heftige Gefühle der Feindschaft herstellen würden, wobei man beobachten kann, wie der Begriff der »Generation«, zum Beispiel bei Technikern oder Sportlern, sich dennoch vom biologischen Sachverhalt ablöst und zu einem Begriff für einen kulturellen Sachverhalt wird, zu einer immer kleineren Zeitspanne zusammengeschrumpft, in der man »auf der Höhe« ist. Warum diese neue Feindschaft, warum diese Aggressionen von beiden Seiten?

Nicht daß wir diese beiden Fragen zu beantworten imstande wären, sie zeigen nur vorzüglich die Größenordnung aggressiver Konflikte, die nicht geschlichtet sind, und geben viel-

leicht auch einen beispielhaften Hinweis auf die Vielfalt der Wirkungszusammenhänge im aggressiven Verhalten.
Hinzu kommt noch, daß Freud erkannte, daß weder Libido noch Aggression restlos für die Aufgaben der Kultur zu gewinnen seien. Nicht alle Triebäußerungen lassen sich sublimieren, veredeln; ein Rest besteht auf direkter Befriedigung. Deshalb: »Verhinderte Aggression scheint eine schwere Schädigung zu bedeuten; es sieht wirklich so aus, als müßten wir anderes und andere zerstören, um uns vor der Tendenz zur Selbstdestruktion zu bewahren. Gewiß eine traurige Eröffnung für den Ethiker.«[3]
Die Bestürzung über solche Einsicht läßt sich nicht mildern. Der Sachverhalt ist wirklich tragisch: Wir alle suchen durch die Generationen hindurch die gerechten Lösungen, und vor allem sind es die aufgeklärtesten Köpfe, die sich hier herausgefordert fühlen. Fortwährend zerstören wir aber gleichzeitig zwanghaft die gesuchte Gerechtigkeit, und nicht selten sind es die, die einst auszogen, die Welt zu verbessern, weil sie den Hunger nach Gerechtigkeit verspürt hatten, die dann sich bereit finden, bei der aggressiven Zerstörung mühselig aufgebauter Ordnungen kräftig mit Hand anzulegen.
Versuchen wir eine erste These und Definition. Aggression ist ein Triebgeschehen, und das Wort vom Hungern nach Gerechtigkeit ist ein Vergleich, eine Metapher, aber sie trifft. Wie im körperlichen Hunger nach Nahrung, so hungern wir als erlebende Wesen nach einer Ordnung, die uns vor der Aggression der Mitmenschen und vor der eigenen Aggression schützt. Wir hungern aber ebenso nach Hilfe, die uns lehrt, wie wir aggressive Antriebe in uns in konstruktive Leistungen, in erlernbares Können umwandeln könnten. Es hungert uns also nach einer Fähigkeit, Gerechtigkeit herzustellen. Aber um dieser Gerechtigkeit willen muß man doch sagen: Es sind nur wenige unter uns, die ihren Alltag, die ihre täglichen Entscheidungen von diesem mahnenden Hunger bestimmt

---

3 S. Freud, Ges. Werke, Bd. XV, S. 112.

erleben. Bei den meisten von uns ist dieser sublime Hunger entweder gar nicht zur Wahrnehmung gekommen oder ganz in den Hintergrund gedrängt von den massiven Bedürfnissen der Existenzsicherung und des Erwerbs der erhofften Genußquote. Damit soll nichts Abträgliches gesagt sein, sondern noch einmal wiederholt werden, daß dieses Hungern nach Gerechtigkeit eine Zielvorstellung innerhalb der menschlichen Geschichte darstellt, Gerechtigkeit ist der Stein des Sisyphus, der uns immer wieder entgleitet.

Von der Verhaltensforschung ist unseres Erachtens zu Recht Aggression als ein Verhalten beschrieben worden, das sich zwischen Artgenossen abspielt und das darauf abzielt, den anderen, den Partner, aus dem Feld zu schlagen, den eigenen Absichten gefügig zu machen, ihn zu unterwerfen und unter Umständen zu töten. Kein Lebewesen der Welt, außer den Menschen, vermag soviel Hemmungen gegen aggressive Schädigung seines Artgenossen abzuwerfen. Von blindwütigen Ausbrüchen abgesehen ist Aggression ein gerichtetes, ein auf ein Objekt zielendes feindseliges Verhalten. Im Hungern nach Gerechtigkeit kommt die Hoffnung auf die Verwirklichung einer Utopie zum Ausdruck, daß Gerechtigkeit nämlich ebenso sicher und zuverlässig menschliches Verhalten zu lenken vermag, wie es bei den Tieren durch angezüchtete, im Laufe der Artentwicklung (Evolution) verfestigte Verhaltensstrukturen geschieht. Das innerartliche aggressive Verhalten, also zum Beispiel das Rivalitätsverhalten bei der Herstellung einer Rangordnung, ist im Tierreich streng ritualisiert.

Zum Beispiel treten in bestimmten, den Partner gefährdenden Kampfsituationen Aggressionshemmungen, Tötungshemmungen in Kraft, die den Unterlegenen schützen und eine »gerechte« Ordnung herstellen. Nimmt man das Prinzip der Arterhaltung als die oberste Richtschnur, so werden in der Tat diese angeborenen, arteigenen Verhaltensmechanismen den an sie geknüpften Forderungen gerecht. Aber was ist eine gerechte Ordnung unter Menschen? Die Arterhaltung ist hier

sicherlich nicht mehr das einzige unwidersprochene Ziel, von dem sich Gerechtigkeit herleitet.
Für die innerartlichen Beziehungen der Menschen gibt es natürlich ebenfalls Hemmungsmechanismen in Fülle. In den allermeisten Fällen könnten und wollen die, die irgendeinem ihrer Mitmenschen in Wut androhen, ihn umzubringen, dies gar nicht in die Tat umsetzen. Aber unsere Tötungshemmungen funktionieren bei weitem nicht mit der gleichen Perfektion, mit der dies in der Tierwelt der Fall ist. In der Bundesrepublik bringen jährlich mehr Eltern ihre Kinder um, als es durch dritte Personen geschieht. In der menschlichen Gesellschaft können also auch die von der Natur her stärksten zwischenmenschlichen Beziehungen durch »primärprozeßhafte«, das heißt von keiner Gewissens- und Realitätskontrolle beherrschte destruktive Antriebe gestört werden. Was wir lernend an Aggressionsbeherrschung erwerben und was an die Stelle der angeborenen arteigenen Hemmungsmechanismen getreten ist, stellt keinen vergleichbar gesicherten Besitz dar.
Auch die starren innerartlichen tierischen Verhaltensformen lassen sich als das Ergebnis eines Lernprozesses auffassen, der sich über sehr große Zeiträume, über eine sehr große Anzahl von Generationen hin erstreckt und die Auslese gelenkt hat. Menschliches innerartliches Verhalten, das Triebbedürfnisse repräsentiert, muß vom Individuum hier und jetzt in jeder Generation neu gelernt werden, auf wechselnde kulturelle Umwelten hin. Die Kultur vermittelt in dem Lernprozeß die Vorbilder individuell. Tiere brauchen zur Orientierung ihrer innerartlichen Aktivität häufig keine solchen Vorbilder, sie bringen vielmehr ihr Verhaltensrepertoire fertig mit.
Wir werden ohne Vorbild – wie die »Wolfskinder« zeigten – gar keine Menschen. Unter Lust und Schmerzen erwerben wir den jeweiligen gültigen Kulturstil, die Wertorientierung jener Gruppen, denen wir im Laufe unseres Lebens angehören. Dabei macht uns einerseits die Heftigkeit der aus unserem

Inneren aufsteigenden Triebbedürfnisse wie andererseits die Rücksichts- und Einfühlungslosigkeit gesellschaftlicher Forderungen, denen wir uns ausgesetzt sehen, einen Strich durch unsere individuelle Rechnung, das heißt, manche Hoffnung auf Genuß wird nie eingelöst. Im ersteren Fall, im Fall der Triebnot, handelt das Individuum dann mehr oder weniger realitätsblind, in seiner Aufmerksamkeit eingeengt, also mit Scheuklappen; aber auch mit Konformitätszwängen wissen die Gruppen der Gesellschaft es in vielen Lebenslagen durchzusetzen, daß das Individuum individuelle Wünsche seiner Selbstverwirklichung aufgibt und sich mit Haut und Haaren dem Schicksal seiner Gruppe anvertraut.

Gemessen an den Zeiträumen, in denen sich tierisches Instinktverhalten entwickelt und geformt hat, sind menschliche Kulturtraditionen von blitzhafter Kürze. Entsprechend ungesichert ist die Zweckmäßigkeit und Unzweckmäßigkeit menschlichen Wertstrebens. Im Rückblick auf das Kommen und Gehen menschlicher Kulturen nehmen sich viele gesellschaftlich gesetzte oder gewordene Normen menschlichen Verhaltens, viele Rollen, viele Ideale als eine Sammlung von Absonderlichkeiten aus. Insbesondere haben sie eine Funktion nicht erfüllt: sie vermochten es nicht, das langsame Aufstauen aggressiver Triebüberschüsse zu verhindern. Damit sind alle jene Bedürfnisspannungen gemeint, die im Lebensbereich der eigenen Gruppe nicht ausgelebt, nicht befriedigt werden können und für die der Einzelne keine Ausdrucksformen, keine passende Gelegenheit findet, um sie auszudrücken.

In solchen Fällen passiert etwas, das unserer genaueren Beachtung wert ist. Wenn wir einem Individuum die Abfuhr- und Ausdrucksmöglichkeit seiner Aggression vereiteln, so wird diese entweder zur Selbstbeschädigung verwendet oder nach außen auf eine Fremdgruppe projiziert – auf Nachbarn, auf Beneidete und Bevorzugte –, die dann noch neben den stichhaltigen Gründen aus irrationalen zum »Feind« wird. Manchmal ist der aggressive Triebüberschuß so

groß, daß irgendwelche Menschen, die sich zufällig anbieten, für dieses Feindbedürfnis herhalten müssen, wie der charakteristische Brauch vom »chip on the shoulder« zeigt, jener amerikanische Brauch, in dem ein junger Mann sich ein kleines Holzstück auf die Schulter legt und mit dem, der es ihm in zufälliger Begegnung herunterstößt, eine Rauferei beginnt. Es kann aber auch auf die von der Gruppe oder der Gesamtgesellschaft deklarierten Erzfeinde und Sündenböcke projiziert werden. Dieser Vorgang geht regelhaft mit einer Schwächung des Über-Ich einher.
Freud hat in einer charakteristischen Passage dieses dynamische Geschehen von Introjektion und Projektion der Aggressivität beschrieben.[4]
»Welcher Mittel«, so fragt er, »bedient sich die Kultur, um die ihr entgegenstehende Aggression zu hemmen, unschädlich zu machen, vielleicht auszuschalten?... Wir können sie an der Entwicklungsgeschichte des einzelnen studieren. Was geht mit ihm vor, um seine Aggressionslust unschädlich zu machen? Etwas sehr Merkwürdiges, das wir nicht erraten hätten, und das doch so nahe liegt. Die Aggression wird introjiziert, verinnerlicht, eigentlich aber dorthin zurückgeschickt, woher sie gekommen ist, als gegen das eigene Ich gewendet.
Dort wird sie von einem Anteil des Ichs übernommen, das sich als Über-Ich dem übrigen entgegenstellt und nun als ›Gewissen‹ gegen das Ich dieselbe strenge Aggressionsbereitschaft ausübt, die das Ich gerne an anderen, fremden Individuen befriedigt hätte. Die Spannung zwischen dem gestrengen Über-Ich und dem ihm unterworfenen Ich heißen wir Schuldbewußtsein; sie äußert sich als Strafbedürfnis. Die Kultur bewältigt also die gefährliche Aggressionslust des Individuums, indem sie es schwächt, entwaffnet und durch eine Instanz in seinem Inneren wie durch eine Besetzung in der eroberten Stadt überwachen läßt.« In dieser Beschreibung steckt ein geniales

---

4 S. Freud, Ges. Werke, Bd. XIV, Das Unbehagen in der Kultur, S. 482

Stück Einsicht, weil Freud uns die Irrationalität vieler Feindverhältnisse, die wir in unserer Umwelt und in der Geschichte beobachten können, aufklärt. Unter dem Druck gesellschaftlicher Forderungen bewirkt die Wendung der Aggressivität gegen das eigene Innere, gegen das eigene Ich, die Errichtung des Gewissens. Zugleich sah Freud die Störbarkeit dieses Mechanismus. Um sich seines Schuldgefühls zu entledigen, bringt der Einzelne immer wieder die Umkehr des Geschehens zustande: er richtet die Aggression wieder nach außen und erleichtert sich das mit Vorurteilen; zum Beispiel projiziert er Gefühle, die er in sich verabscheut, auf Fremde, die dann, ohne Schuldgefühl zu erwecken, Opfer seiner Aggression werden können.

Ohne dieses Gewissen wiederum wäre der Mensch weder in der Lage, den anderen in seiner Eigenart, in seiner psychischen Verfassung zu verstehen, noch könnte er sich selbst kritisch begegnen. Auf diesem Introjektionsvorgang unserer Aggression, die die natürliche Tendenz hat, nach außen abzufließen, beruht eine der Grundvoraussetzungen menschlicher Kultur überhaupt. Es ist aber auch ein Grundkonflikt damit beschrieben: wir hungern nach Gerechtigkeit, aber wir sind auch Meister darin, Recht zu beugen, Realität zu unseren Gunsten auszulegen, gewissenlos zu handeln.

Zur Funktion des Gewissens ist doch noch eine Anmerkung nötig. Es arbeitet zunächst zwangsläufig *traditionsgebunden*. Seine Leistung ist keineswegs eindeutig im Sinne der Verbesserung zwischenmenschlicher Beziehungen wirksam. Mit unserem Gewissen übernehmen wir auch einen mehr oder weniger großen Ballast historisch verankerter Vorurteile; durch unsere Identifikationen mit den Vorbildern unserer Lebensgeschichte drängen sich uns diese Vorurteile als wahre Aussagen über die Realität auf. In ihnen stimmt dann unsere Sicht mit der unserer Umwelt überein. Das hat aber doch die fatale Folge, daß wir unter Umständen Ungerechtigkeit, die durch Vorurteilseinstellungen geschieht, als solche gar nicht wahrnehmen können.

Überschaut man kalkulierend das Ausmaß der Ausbeutung, die im Laufe der menschlichen Geschichte die Schwachen von den jeweils Herrschenden zu erdulden hatten, so wird man zu der Einsicht gezwungen, daß die Verinnerlichung der Aggression, die uns zur Selbsterkenntnis verhilft, oder vorsichtiger: verhelfen sollte, einen der korrumpierbarsten Mechanismen unseres Seelenlebens darstellt. Vorurteile, die in Traditionen weitergetragen werden, haben immer wieder unter dem Druck aggressiven Triebüberschusses zu schwerem Herrschaftsmißbrauch, zu mutwilligen, kriegerischen Verwicklungen geführt, wobei sich dann die Kulturen selbst den Untergang bescherten.

Man stelle sich aber die psychologischen Determinanten dieses historischen Geschehens nicht isoliert vor. Natürlich spielen wirtschaftliche Faktoren, der Immobilismus der Institutionen gegenüber neu entstandenen machtpolitischen Lagen oder technische Fortschritte eine wichtige Rolle. Alle diese gesellschaftlichen Umstände haben ihre seelischen Repräsentanzen, die sich gegenüber diesen »objektiven« Umständen recht weitgehend zu verselbständigen vermögen. Die Psyche ist also kein bloßes Ausführungsorgan für Reize, die sie von außen erreichen. Wir interpretieren fortwährend unsere Umwelt, und diese Interpretation kann uns dann zum Beispiel die Einsicht bringen, daß wir ausgebeutet sind. Für jede dieser kritischen Situationen gilt aber, daß wir in ihnen Täuschungsmöglichkeiten unterliegen können. Unsere Bereitschaft zu aggressivem Einsatz, um damit eine bessere soziale Realität herzustellen, kann einem Zuwachs an kritischer Einsicht in diese soziale Realität entsprechen, aber auch ein Ausdruck einer bedrohlichen Vermehrung unseres aufgestauten Triebpotentials sein. In diesem Fall verkennen wir dann häufig die Realität, was man in der Psychoanalyse als »Rationalisierung« bezeichnet, im Sinn von Scheinbegründungen, die als solche unerkannt bleiben.

Wo Irrtümer grassieren, tut Bildung not. In den inneren und äußeren Krisensituationen, von denen wir im Augenblick sprechen, spielt »Affektbildung«[5] eine ins Gewicht fallende Rolle. Nur wenn die Kultur Anweisungen gibt, wie wir uns den eigenen Triebbedürfnissen gegenüber selbstkritisch verhalten können, unterliegen wir nicht groben Selbsttäuschungen, denn wir bleiben gewöhnlich nur dann das hilflose Opfer äußerer Kräfte – zum Beispiel politischer Beeinflussung –, wenn wir keine Möglichkeit einer sicheren Unterscheidung zwischen innen und außen entwickelt haben. Das mag auf den ersten Blick ganz verständlich sein, weil vieles unbewußt geschieht. Wir kennen oft die Motive unserer Verhaltensweisen nicht – nie kennen wir sie ganz –, vieles bleibt unbewußt, wird verdrängt, projiziert, Scheinbegründungen werden gefunden usw. Solche psychischen Selbstschutzmechanismen verhindern in der Tat, daß wir etwa eigenes Versagen, eigene Triebbedürfnisse als solche sehen können. Statt dessen sind wir durchaus überzeugt, daß für ein eigenes Fiasko einen anderen die Schuld trifft. Da hat sich seit Kindertagen nichts geändert, seit wir den Stein straften, über den wir stolperten. Es war uns immer eindrucksvoll, wie in der Öffentlichkeit massiv verketzerte Menschen, wie zum Beispiel Rosa Luxemburg oder Sigmund Freud, Jahrzehnte brauchten, bis sie hinter dem Popanzbild, das von ihnen gemacht worden war, als die auftauchen durften, die sie wirklich gewesen sind. Mit Recht klagen also in einer Situation, in der sie nicht wissen, was durch eigene Angst und Projektion in ihrem Bild von der Welt zustande kam und was tatsächlich in der Außenwelt sich zutrug, viele unserer Jugendlichen, deren Aggressionsentwicklung fehlgeleitet wurde, darüber, daß ihnen die Sicherheit solcher Unterscheidung zwischen »innen und außen« nicht vermittelt wurde. Sie kann aber nur von dem vermittelt werden, der an sich selbst solche Selbsttäuschungen oder Wahrnehmungstäuschungen kennengelernt hat, was meist nur unter wohlwollender Hilfe und nicht unter Absicht, dem anderen die Maske vom Gesicht zu reißen, gelingt.

5 Mitscherlich, Auf dem Weg zur vaterlosen Gesellschaft, München 1965.

In dieser aktuellen Krise steckt aber eine ältere, eine, die sich nun schon sehr lange hinschleppt. Unsere christlich-abendländische Kultur hat als »*Schuldkultur*« ohne Zweifel zur »Affektbildung«, zur sozialen Ausdrucksgestaltung unserer Affekte viel beigetragen. Es sind ihr viele Bändigungen durch Ritualisierung gelungen. Aber sie hat wenig Sicherheit im Umgang mit den Triebbedürfnissen zu geben vermocht. Als Schuldkultur hat sie beide Triebarten – sexuelle Libido und das aggressive Triebverlangen – eher als böse, »erbsündig« betrachtet und die introjizierte, ins Über-Ich aufgenommene aggressive Energie allzuoft zur Erzwingung von Unterdrückung, zum Beispiel zur Verdrängung, verwendet. In dieser Zwangslage kann das bewußte Ich seine Triebbedürfnisse nur unter dem Aspekt des Schlechten kennenlernen, von Schuldgefühlen begleitet. Schuldgefühle werden dann aber unfruchtbar, wenn sie sich pauschal aus der Abwehr des Triebgeschehens herleiten und dem Individuum gar keine Möglichkeit gelassen wird, zu untersuchen, wieweit seine Triebäußerungen ihm selbst und dem Mitmenschen denn schaden.[6] Nichts anderes kann das entscheidende Kriterium für die Wertung der Triebbedürfnisse abgeben. Wird das Ich angewiesen, Triebverlangen an sich als schlecht zu erleben, so kann schnell eine schwer erträgliche Situation entstehen, die zu einem seelischen Selbstverteidigungsmechanismus führt: unser um Selbstwert ringendes Ich findet sich plötzlich nicht mehr mit der Beobachtung eigener Triebempfindungen beschäftigt und mit den inneren Konflikten, die sie heraufbeschwören können, sondern mit den Merkmalen triebhafter Erregung bei irgendwelchen anderen. Wenn diese Aufmerksamkeit für ein neues Opfer Fremde trifft, können wir ohnehin mühelos archaisch-feindselige Regungen in uns erwecken; Fremde sind

---

6 Diese Unkenntnis bleibt auch dann noch bestehen, wenn – wie in der allerjüngsten Zeit – durch Ovulationshemmer eine neue Sexualkultur entsteht. Sie muß Liebes-Unkultur werden, solange keine vorbildhaften Selbstformungen dem an sich formlosen Triebverlangen gegenüber gefunden wurden. Ein spürbar verstärktes Verlangen nach Zärtlichkeit im Verhältnis junger Menschen deutet darauf hin, daß ein neuer Liebesstil im Entstehen begriffen ist.

an sich die Schlechteren. Was durch die Jahrtausende für unsere Kultur die Juden waren, sind heute zum Beispiel für die mohammedanischen Afrikaner die unter ihnen lebenden Inder. Das Schauspiel der Projektion spielt sich überall ab, wo Menschen leben.

Wir müssen uns aber über die Tatsache klar sein, daß die Projektion auf die Fremden nicht den Anfang dieses Ablenkungsmanövers darstellt, vielmehr kommt darin das Bestreben zum Ausdruck, die feindseligen Gefühle zu unseren Nächsten, die unvermeidbar sind und in uns Schuldgefühle erwecken, von diesen Nächsten abzulenken. Der Schritt, der dies besorgt, ist eben die Projektion nach außen, außerhalb der eigenen Gruppe auf uns fremde Menschen. Wenn die Juden, Inder usw. schlecht sind, dann ist unser eigenes Selbst und Selbstideal nicht entwertet und in Frage gestellt. Vielmehr sind es die fremden Wesen, die mit verderblichen triebhaften Eigenschaften ausgestattet sind. Nunmehr ist aber das Über-Ich, wie zuvor beschrieben, in der »glücklichen« Lage, ihnen gegenüber – ohne in Schuldgefühle verwickelt zu werden – aggressive, destruktive Zerstörungs-, gar Tötungslust empfinden zu dürfen. Wieviel mehr müßte die Bildung im Elternhaus und in der Schule – während der sensiblen Frühzeit des Menschen – »Affektbildung« sein, um die Entstehung dieses Teufelskreises zu verhindern.

Mit dem Blick auf die Unterstützung, die unter Umständen die ganze Gesellschaft solchen Projektionen gewährt, haben wir uns wieder den Phänomenen Macht und Institutionalisierung der Macht zur Herrschaft genähert. Wir sprachen eingangs von Machthunger. Keine der uns bekannten Kulturen vermochte es auf die Dauer, stabile Machtverhältnisse herzustellen, in denen das Hungern nach Gerechtigkeit erträglich Befriedigung erfahren hätte. Je erfolgreicher es einer Gesellschaft in einem bestimmten historischen Augenblick gelungen sein mochte, ihre sozialen Probleme in einer Weise zu ordnen, die dem Zeitgenossen gerecht erschien, desto mehr ist sie in Gefahr, später zu erstarren, sich nicht mehr aus ihren institutionell verhärteten, bürokratisierten Formen lösen zu können, und um so sicherer wird sie dafür sorgen, daß innerhalb ihrer Grenzen der aggressive Triebüberschuß wächst. Jedes Jahr verzögerter Anpassung leistet dem Zerfall Vorschub. Der Untergang zweier zu Beginn des Jahrhunderts wohlgegründet scheinender imperialer Machtstrukturen – der österreich-ungarischen Monarchie und des britischen Empire – hat uns das in der Spanne eines Lebensalters vor Augen geführt. Wo sich innerhalb einer politischen Struktur ein starkes Potential an aggressivem Triebüberschuß gebildet hat, werden Frustrationen schließlich immer ungehemmter mit einem aggressiv-destruktiven Verhalten beantwortet.

Es ist aber sehr an der Zeit, nun auch der kultur*freundlichen* Gegenseite menschlicher Aggression zu gedenken. Damit ist unsere Fähigkeit gemeint, aus dem Reservoir aggressiver Triebenergien Kraft für konstruktive Leistungen, für die Produktion alles dessen, was wir »Kulturgüter« nennen, zu entnehmen – und auch für eine konstruktive Ordnung unseres mitmenschlichen Daseins. Wie im einzelnen dieser Umwandlungsvorgang von Triebenergie einmal in aggressiv-destruktives und einmal in aktiv-gestaltendes Verhalten vorzustellen ist, darüber haben wir zunächst nur die eine Kenntnis, daß bei genauer Beobachtung menschlichen Lebens im Einzelnen zwischen Destruktivität und sozialer Einfühlung, überhaupt der Entwicklung produktiver Fähigkeiten – die ja auch »Feingefühl« verlangen – ein wechselseitiges Kräfteverhältnis besteht.

Zu dieser Aussage kommt man freilich nur, wenn man nicht nur das berücksichtigt, was von menschlichem Verhalten gemeinhin zu sehen ist, sondern wenn man dazu noch die Phantasien eines Menschen kennenlernt, die er für gewöhnlich niemandem mitteilt, mit denen er allein sich beschäftigt. Erst die psychoanalytische Methode hat uns von diesem stummen inneren, oft hochdramatischen Geschehen eine systematischere Kunde gebracht. Zum Beispiel von der nach innen gewandten Aggression, die Freud veranlaßte, in ihr einen

Trieb zu sehen. Wo in einem Menschen Phantasien destruktiver Art stark genug sind, muß das Ich häufig mit großem Energieaufwand zu verhindern suchen, daß sie Einfluß auf sein tatsächliches Verhalten gewinnen. Diese Kräfte fehlen dann natürlich bei einer von Interesse geleiteten Zuwendung zur Welt, beim Lernen – auch beim Erlernen der Einfühlung, was einen Hauptteil der Affektbildung ausmacht.

Sicher hat bei dieser Fehlleitung der aggressiven Triebenergie auf die destruktive Seite die gesellschaftliche Frustration einen starken Einfluß. Was zur Gewalttätigkeit und undifferenzierten seelischen Reaktion neigende Menschen betrifft, so ist ihr Denk- und Handlungsstil, von den Extremen abgesehen, sicher weit weniger Ausdruck einer urtümlichen Anlage als vielmehr das Ergebnis von Frustrationen in Familie und Gesellschaft. Nach unserer Erfahrung ist es nicht so, daß gewalttätige Menschen Aggression in Aktivität besonders schlecht konvertieren können, sondern daß Anlage und soziale Mitwelt sich hier ungünstig verstärken. Die Massivität brutalen Verhaltens, die Brutalität als Charaktereigenschaft signalisieren uns, daß früh im Leben dieses Menschen Wunden geschlagen wurden, die, wie Anna Freud beschrieb[7], »zu aggressiv-destruktiven Folgeerscheinungen führen, die jedem erzieherischen Eingriff gegenüber unbeeinflußbar bleiben«.

Man kann hinzufügen, daß dies nicht nur für die gewalttätigen Charaktere, sondern ebenso für viele andere Formen des neurotischen Fehlverhaltens gilt. Statt eines gewalttätigen Ausagierens kann sich auch ein depressiver Zwang zur Selbstzerstörung entwickeln. Da fast alles erzieherische Verhalten mit seinen harten, gar grausamen Prozeduren sich auf sein gutes Recht und vor allem auf sein *gutes Gewissen* zu berufen pflegt, ist zweckmäßigen Selbsttäuschungen Tür und Tor geöffnet. Je besser mein Gewissen, desto ungestörter kann ich meinen Egoismus befriedigen.

[7] Wege und Irrwege in der Kinderentwicklung, Stuttgart 1968.

Haben wir kein Gewissen, sind wir Monstren; folgen wir blindlings unserem Gewissen, können wir in permanente Sklaverei geraten. Es kommt also auf die *Gestaltung des Gewissens im Rahmen der psychischen Leistungen im ganzen* an. Das bringt uns auf die entscheidende Frage, auf welchem Weg denn überhaupt denkbar sein kann, daß sich menschliches aggressives Verhalten als kulturfähiger, in Zukunft als weniger korrumpierbar, weniger leicht überschwemmbar von Triebphantasien erweisen könnte.

Für diese Überlegung müssen wir noch einmal auf das Wechselverhältnis der seelischen Kräfte untereinander zurückkommen. Im Leben treffen wir natürlich nicht Aggression als solche in einem gleichsam reinen Zustand an, sondern immer in einem Mischungsverhältnis mit Libido; »nur das Zusammen- und Gegeneinanderwirken beider Urtriebe, Eros und Todestrieb, erklärt die Buntheit der Lebenserscheinungen, niemals einer von ihnen allein«.[8] Je mehr es uns gelingt, Aggressivität zu introjizieren, zu verinnerlichen und zur Kontrolle über ein Verhalten zu benützen, das sich sonst objektblind, blind für die Bedürfnisse des anderen, entladen würde, desto besser kann sich unsere Fähigkeit zur Einfühlung, zum Mitfühlen, auch zum Mitleiden an den Menschen entwickeln, denen wir affektiv verbunden sind. Wo diese affektiven Bande im Sinne der Anerkennung, des Respektierens sich entwickelt haben, wird es uns leichter, aggressive Bedürfnisse in Aktivität zu verwandeln, die Unlust des Lernens dabei zu überwinden, weil uns dann mitmenschliche Anerkennung sicher ist. Denn ohne solche mitmenschliche Anerkennung sind wir nicht in der Lage, auf die Dauer den Vorgang der Introjektion von Aggression zu leisten, auf die Dauer das Gewissen geschärft zu halten. Was wir erreichen müssen, ist doch, uns vom Gewissen weder terroristisch verkrüppeln zu lassen noch im Gegenteil es so zu schwächen, daß wir in den Zustand der »A-Sozialität« geraten.

[8] S. Freud, Die endliche und die unendliche Analyse, Ges. Werke, Bd. XVI, S. 89.

Daraus geht eine anthropologische Grundposition hervor, die wir vertreten: ein Ziel der Evolution erblicken wir in einer Verstärkung der Autonomie des Individuums, und zwar mit Hilfe eines *der Kritik zugänglichen Über-Ich*. Als eines Über-Ich, das uns nicht in uns selbst noch an unsere Gesellschaft versklavt, sondern unsere Urteilsfähigkeit stärkt. Um noch einmal an das ursprüngliche Beispiel Freuds zu erinnern, in dem er die introjizierte Aggression, die zur Instanz des Über-Ich, des Gewissens wird, mit der Besetzung einer Stadt vergleicht: zwischen Besetzern und Besetzten soll freundliche Koexistenz herrschen.

Was wir hier mit wenigen Worten zugunsten des menschlichen Gewissens gesagt haben, darf man sich nicht allzu einfach vorstellen. Das Erwerben kritischer Fähigkeiten stellt einen langen und höchst komplexen Prozeß dar. Das A und O dabei ist, daß die Partner des menschlichen Kindes sich dessen psychischen (und psychosomatischen) Entwicklungsschritten anzupassen in der Lage sein müssen. Sie dürfen also nicht von ihm zur Unzeit Leistungen erwarten, zu denen es noch nicht fähig ist. Umgekehrt sollten sie aber auch mit Hartnäckigkeit jene Forderungen aufrechterhalten, die das Kind im Laufe seiner Entfaltung kulturfähig, und das will heißen, liebesfähig und aktionsfähig und zum Schluß reflexionsfähig machen. Wo im Verhältnis zwischen Erwachsenen und Kindern mehr gewährt wird, als altersentsprechend an Gegenleistungen gefordert werden darf, da entwickelt sich nicht etwa ein aggressionsfreies Kind, sondern entweder ein ziemlich unerträglich rücksichtsloses, das viele Merkmale der archaischen, primären Aggression bietet, oder aber ein Kind, das auch die natürliche Aggressivität, die zu seinem Alter gehört, überhaupt nicht äußern kann, weil das Gewissen bei so viel »Güte« der Eltern eigene Aggression mit einer zu hohen Schuldquote belastet.

Zudem lehrt uns die Erfahrung, daß ein Übermaß an Geduld und Bereitschaft, kindliche Aggressionsausbrüche zu ertragen, das Kind im Umgang mit seinen Triebimpulsen hilflos macht. Es entwickelt dann wegen der Unfähigkeit, seine Triebimpulse zu steuern, Angst. Dieses Plädoyer für eine deutliche und stetige Haltung in der Erziehung, in welcher der Erzieher seine eigenen Bedürfnisse (soweit sie für das Kind entsprechend seiner Reifungsstufe überhaupt zu begreifen sind) unmißverständlich zu erkennen gibt und sie auch gültig, aber entschieden durchzusetzen weiß, scheint uns wegen des überaus mißverständlichen Slogans einer »nicht repressiven«, einer »autoritätsfreien Erziehung« dringend notwendig. Die ohne Zweifel häufig überstarke Repression in der Vergangenheit kann nicht durch deren totale Aufhebung wettgemacht werden. Das meinen aber viele Utopisten.

Bei der Möglichkeit zu so viel wechselseitigem Mißverständnis kann man den Seufzer, der sich auf die Erziehungsmühen bezieht: »Wie man es macht, macht man es falsch«, wohl verstehen. Und doch müssen wir lernen, daß dieser dynamische Prozeß der menschlichen Entwicklung auf Einflüsse, die gemeinhin als unscheinbar erachtet werden, in unerwartet nachhaltiger Weise reagiert. Das stellt den *Angelpunkt aller zukünftigen Beeinflussungen der Aggressivität des Menschen* dar. Nur wenn man ihm in seiner Frühzeit bis zur Pubertät hin jene einfühlende Verständnisbereitschaft entgegenbringt, die sich zum Beispiel nicht auf jede Aggressionsäußerung des Kindes oder des Jugendlichen blindwütig stürzt, kann man erwarten, daß die Kanalisierung aggressiv-destruktiver Tendenzen in gestaltende Produktivität leichter gelingen mag, und zwar nicht beim begünstigten Einzelnen, nämlich vom individuellen Schicksal begünstigten Einzelnen, sondern in einer Gesellschaft, die eine neue Verständnisbereitschaft für das Kind entwickelt hat. Viele Einstellungen, die später als Erwartungshaltungen die menschlichen Beziehungen überschatten (man erwartet prinzipiell nur Enttäuschendes vom anderen, oder man vertraut ihm blindlings, man vermag sich gegen ihn nicht zur Wehr zu setzen, man kann keine zärtliche Geduld entwickeln, weil man unter solchen Einstellungen nie selbst handeln gelernt hat), viele solcher Erwartungshaltungen und typischen Reaktionsformen gehen auf früheste Erfahrungen des Kindes zurück.

Eltern und Pädagogen, die nicht bereit sind, sich in vielen überraschenden Situationen, die das Zusammenleben bietet, statt vorschnell und vorurteilhaft zu handeln, immer wieder reflektierend in Frage zu stellen, ist naturgemäß diese Einsicht, daß der spätere Charakter auch die Erziehungsfehler der Kindheit widerspiegelt, ein Greuel gewesen, seit Freud uns die Entwicklungsstufen der menschlichen Triebentwicklung – zunächst am Beispiel der Sexualität – zu sehen gelehrt hat. Das Kind ist eben nicht nur Liebesobjekt, sondern auch ein bevorzugtes Objekt für Quälerei und Tyrannei.[9]

Unser Wissen um die frühen Anfänge der menschlichen Charakterentwicklung ist aber immer noch lückenhaft; auch können wir kaum behaupten, in der Breite der Bevölkerung habe sich das Wissen darüber durchgesetzt, daß der Grad späteren destruktiv-aggressiven Verhaltens in einem Menschen auf seinen affektiven Erfahrungen im Umgang mit den ersten Beziehungspersonen seines Lebens, also mit seinen Eltern oder deren Ersatzfiguren, beruht.

Für die Aggression – einschließlich der Fähigkeit ihrer Umwandlung in Aktivität – nimmt man eine der sexuellen Entwicklung entsprechende Folge von Phasen an. Beißen, Spucken, quasi kannibalische Einverleibungswünsche charakterisieren die sogenannte *infantil-orale* Aggression, die etwa bis zu eineinhalb Jahren reicht. Mit den ersten Sozialforderungen (der Sauberkeitsgewöhnung) beobachten wir oft heftige Ausbrüche zerstörerischer, wütender, grausamer Aggressivität. Man spricht – die Lernvorgänge um das Sauberwerden als Markierung der Entwicklungsphase benützend – von »*analem Sadismus*«, dessen Vorherrschaft in der Zeit zwischen eineinhalb und drei Jahren liegt. Überschätzung seiner Kräfte und Fähigkeiten, Prahlerei, Überheblichkeit sind für das Kind zwischen dem dritten und sechsten Lebensjahr

---

[9] Das wird sehr deutlich in Klaus Horn, Dressur oder Erziehung, edition suhrkamp 199, Frankfurt 1968.

die natürlichen Formen, in denen es versucht, seine noch mangelhaften Fähigkeiten und Kenntnisse sich und anderen zu verbergen. In der sexuellen Triebentwicklung entspricht dieser Phase die langsame Entdeckung früher, an das Geschlechtsorgan gebundener Lustformen. Diese sogenannte *»phallische Phase«* ist außerdem durch intensive Rivalitätsaggression ausgezeichnet, da in diesem Alter neben der Mutter der Vater nun eine große Rolle zu spielen beginnt und das Kind sehr unter Eifersucht leidet. Die Periode zwischen dem sechsten und zwölften Lebensjahr etwa wird als »Latenzphase« bezeichnet; in ihr kommt die sexuelle Entwicklung zu einem vorübergehenden Stillstand. Die aggressive Triebentwicklung wird nun bei normalem Verlauf intensiv mit physischen und intellektuellen Lernprozessen verknüpft, es werden die Grundlagen für das spätere Übernehmen der Erwachsenenrolle gelegt.

Hier ist noch einmal ein Blick zurück auf die Gewissensbildung notwendig, denn die Fähigkeit, aggressive Impulse sozial zu meistern, hängt davon ab, wie die Gesellschaft, zu der das Individuum gehört, Rollenanweisungen erteilt. Und das kann man an der Entstehung des Gewissens, des Über-Ich sehr deutlich zeigen. Die Eltern sind die Idealfiguren, mit denen wir uns zunächst imitierend und identifizierend in Beziehung setzen. Aber diese Eltern sind als Personen objektiv betrachtet keine solchen makellosen Ideale, sie sind Menschen der Wirklichkeit mit Vorzügen und Fehlern. In dem Augenblick, in dem das Kind über manche »Entwicklungsstufen des Wirklichkeitssinnes«[10] zu dieser Einsicht gekommen ist, daß es auch an den Eltern Fehler auszuhalten gilt, daß man sie nicht mit Gewalt auf dieser Idealstufe halten kann, auf die man sie in der früheren Kindheit gestellt hat, pflegen erneut tiefe Spannungen in der Eltern-Kind-Beziehung aufzutreten. Dies findet am Ende der Latenzperiode, in der Vorpubertät und Pubertät mit oft von beiden Seiten kaum

---

10 S. Ferenczi, Bausteine zur Psychoanalyse, Bd. I, S. 62.

geminderter Heftigkeit statt. Denn auch die Eltern pflegen in dieser Lebenszeit von ihren Kindern enttäuscht zu sein. Auch sie, die Eltern, hatten ideale Anforderungen an die Kinder, nämlich, daß sie so werden möchten, wie das Selbstideal der Eltern ihnen vorschreibt, man solle sein, und wie sie entsprechend versucht haben, sich den Kindern gegenüber darzustellen.

All das, so zeigt sich, war aber weit weg von der Wirklichkeit, und so bedeutet es eine Kränkung für die Eltern, wenn sie an den Kindern feststellen müssen, daß auch sie hinter den Erwartungen zurückbleiben. Zudem muß zugegeben werden, daß die aggressive Kritik der Kinder an den entidealisierten Eltern tatsächlich schwer zu ertragen ist. Sie gehört aber zu dieser Reifungsstufe und stellt einen notwendigen Ablösungsprozeß dar.

Die *Pubertätszeit* hat sich in unserer Kultur mit der Verlängerung komplizierter Lernprozesse weit in einen Altersabschnitt hinein verschoben, der früher zur Erwachsenheit gehörte. Während der Pubertätszeit hat der Mensch große körperliche Reifungsschritte zu bewältigen, was ihm, je weniger er durch die vorangehenden Erziehungsprozeduren eingeengt, endgültig dressiert ist, nur unter großer seelischer Unausgeglichenheit gelingt. Er ist den heftigsten aggressiven und nicht weniger heftigen libidinösen Antrieben in sich selbst ausgesetzt. Aber er muß es lernen, sich von den Verhaltensweisen und den Personen seiner Kindheit weitgehend loszulösen; er muß neue Partner, neue Menschen finden, mit denen er rivalisieren und die er lieben kann. Dabei reifen in ihm körperliche Kräfte und Fähigkeiten heran, die ihm bisher nicht zur Verfügung standen und die er an sich selbst erst kennenlernen muß, um sie sich in einem tieferen Sinn anzueignen.

Die Pubertätsphase verlangt also von seiten der Erwachsenen wie der Jugendlichen Geduld. Sie wird in der Tat auf eine harte Probe gestellt. Nur wenn sich in der Zeit bis zur Pubertät eine intensive emotionelle Bindung zwischen Kind und Erwachsenem hergestellt hat, wird es beiden Seiten mög-

lich sein, nicht aneinander zu verzweifeln. Wie häufig diese Voraussetzung fehlt, muß nicht erörtert werden.
Es kommt aber noch etwas hinzu. Um als Vorbild überzeugend zu wirken, muß der Erwachsene Spuren seiner eigenen Schwierigkeiten, sich sozial zu verhalten – mitmenschlich und nicht narzißtisch auf sich selbst bezogen zu leben –, aufweisen. Er muß seine Fehler, seine Schwächen ebenso wie seine Überzeugungen und Ideale zu reflektieren in der Lage sein und diese Fähigkeit jüngeren Menschen weitergeben können. Das wird nur gelingen, wenn er mit seiner Kultur identifiziert ist und nicht in einer Scheinsozialisierung irgendeine Rolle spielt; mit anderen Worten: wenn er die Werte, an denen er sich orientiert, kritisch zu durchdenken und zu ihnen zu stehen in der Lage ist. Wenn es also eine *persönliche Identität* hat und nicht nur als Repräsentant sozialer Zwänge erscheint, sondern als jemand, der um Geschichtlichkeit, Relativität der Forderungen und um die Schwierigkeit, ihnen gerecht zu werden, weiß. Denn unreflektiertes bloßes Mitlaufen mit den Meinungen der Zeit überzeugt die Jugendlichen mit Recht nicht. Dies ist ein wesentliches Streitmoment, das die heute so feindselig gewordenen Beziehungen zwischen Studenten und ihren Lehrern an den Hochschulen hervorbringt. Fachliche Qualitäten genügen den Studenten wie überhaupt der Jugend als Identifikationsangebot nicht mehr, sie suchen nach Vorbildern, die ihnen glaubhaft darstellen, was »Affektbildung« ist – jene Bildung, die seit dem Ende der bürgerlichen Ära dem Zufall überlassen ist. Man erinnere sich in diesem Zusammenhang nur der Rolle des durchschnittlichen Hochschullehrers im Dritten Reich. Über dieses Thema ist genug in der letzten Zeit gesagt und geschrieben worden.
Wir wollen deshalb auf einen anderen Gesichtspunkt aufmerksam machen, der vielleicht in der bisherigen Diskussion nicht die richtige Einschätzung erfahren hat. Das ist das Problem der Frustration, und zwar der unvermeidlichen Frustration in den Lern- und Entwicklungsprozessen. In den Hoffnungen bestimmter Studentengruppen spiegelt sich ein

utopisches, zumindest noch nicht verwirklichtes Menschenbild wider, nämlich menschlicher Gemeinschaften, die vornehmlich durch Liebe geeint werden und nicht auch durch Zwang. Zu diesem Vorausentwurf menschlicher Gemeinschaft gehört auch, daß in ihr nicht mehr unvermeidbare Frustrationen ertragen werden und Rivalitäten hingenommen werden müssen; infolgedessen braucht man auch nicht zu lernen, mit derlei Lebenssituationen umzugehen. Eine solche, vor Enttäuschungen bewahrte Welt wird aber – wenn wir nicht dem Wunschdenken unsere kritische Einsicht opfern wollen – nur in einem begrenzten Umfang zu verwirklichen sein, denn jede Sozialisierung, jede Einordnung in eine Gesellschaft verlangt vom Individuum Verzichte auf der primär triebhaften Seite. In dieser Hinsicht können wir allerdings wesentliche Verbesserungen erreichen, je einfühlender unsere Einstellung untereinander ist. Doch wir sind in Gefahr, in eine Idylle zu geraten, in die Idylle privater Schicksale, die doch kein volles Entgelt dafür sein können, daß in den großen weltpolitischen, ja oft schon nationalen und Klassenkonflikten ein ungeheures Ausmaß von aggressivem Potential sich aufgestaut hat und unberührt von früheren Kriegs- und Terrorschrecken sich immer wieder zu entladen droht. Wir würden allerdings die psychologischen Motivationen überschätzen, wenn wir nicht – bereitwillig – zugeständen, daß auch die beste individuelle Entwicklung durch Zwänge und Gewaltakte, die von der Gesellschaft ausgehen, vernichtet werden kann.

Es gilt aber noch ein in der entgegengesetzten Richtung wirksames aggressives Element, das sehr verdeckt am Werk ist, zu erwähnen. Es sieht so aus, als ob der Spezialist, was immer seine Spezialität sein mag, nur der Sachintelligenz bedürfe. Das Beispiel der Atomphysik, das sich jedoch durch viele andere Beispiele ergänzen ließe, hat uns aber mittlerweile gezeigt, daß dem nicht so ist. Wenn es nicht so etwas wie eine dauernd wirksame Tendenz zur Destruktion, unter anderem auch zur Selbstdestruktion gäbe, dann wäre es eben nicht möglich, daß die gefährlichen Elemente der modernen Wissensvermehrung scheinbar ganz naiven Forschern zu verdanken sind, die sich gar kein Bild davon machen können, was mit ihren Erfindungen unter dem Diktat der großen Weltfeindschaften wird. Man hat gesagt, daß die Naturforscher nicht auf die Weiterungen ihres Tuns für die Politik vorbereitet gewesen seien. Das trifft für den typisch positivistischen Spezialisten sicher zu. Wenn dem so ist, dann befinden wir uns aber gegenwärtig in einer weltumspannenden Krise. Wer heute nicht als Naturforscher auf die Konsequenzen seines Tuns für den gegenwärtigen Bewußtseinszustand seiner Gesellschaft – und der menschlichen Gesellschaften überhaupt – reflektieren kann und sich diese Reflexion nicht ebenso angelegen sein läßt wie die Forschung, der muß nahezu unvermeidlich zum Verbrecher wider Willen werden.

Man braucht sich aber bloß an die Rivalitätssituation in den Laboratorien zwischen konkurrierenden Konzernen, an das Wettrennen in der Weltraumforschung zu erinnern, um zu der schmerzlichen Einsicht gezwungen zu werden, daß unsere Besinnung auf die Lage höchst magere Auswirkungen zeitigen wird – jedenfalls zunächst. Wir werden durch unsere Aggressionsanalyse kaum einen Forscher dazu bewegen können, seine Ergebnisse nicht zu veröffentlichen oder irgendeinen anderen ähnlichen Schritt zur Vermeidung der Vergrößerung des Zerstörungspotentials zu tun. Ein solcher Entschluß bliebe im übrigen folgenlos, weil sehr rasch ein anderer Spezialist mit weniger Skrupeln, das heißt, weniger kritischem Selbstbewußtsein, ungestörtem Machthunger diese Entdeckungen ebenfalls machen und veröffentlichen würde. (Man erinnere sich an die Kontroverse Oppenheimer/Teller.)

In unseren Gesellschaften besteht – sicher mehr unbewußt als bewußt – eine große aggressive, auch autoaggressive Reaktionsbereitschaft. Aus sehr vielen Einzelkomponenten, vom aggressiv geladenen Vorurteil bis zum scheinbar mit Aggression überhaupt nicht im Zusammenhang stehenden Forschungsergebnis, fließen die aggressiven Beiträge der Einzelnen zum Gesamtgeschehen der Gesellschaft zusammen. Es gehört ein hohes Maß von Stoizismus dazu, die Hoffnung unter diesen Umständen nicht aufzugeben, statt dessen die wirksamen Komponenten dieser allgegenwärtig wachsenden Aggressivität aufzuspüren. Denn das ist die Chance, durch ein sowohl vertieftes wie differenziertes Wirklichkeitsbild eine Gegenkraft gegen diesen autonomen Wachstumsvorgang der Aggressivität und des aggressiven Triebüberschusses zu fördern. Rückblickend werden wir vom Gang unserer Überlegungen sagen können, daß wir an vielen Stellen auf so kompliziert verzweigte Strukturen der Aggressivität gestoßen sind – in unserem Verhalten als Einzelne und als Gruppenglieder –, daß es uns kaum gelungen sein dürfte, mehr als nur einen Eindruck von der Kompliziertheit des Geschehens zu vermitteln. Vielleicht hat unsere Bemühung um das Phänomen der Aggressivität doch einen als gesichert zu erachtenden Einblick vermittelt: *Nur durch eine bewußtere Gestaltung der menschlichen Erziehung werden die Voraussetzungen dafür geschaffen, daß in der Breite der Population Neugierde, Aufmerksamkeit, kritische und selbstkritische Unruhe des Denkens entfaltet, wachgehalten und durch das Leben hindurch kultiviert werden können.* Dabei sollten wir keinen Augenblick die Illusion hegen, daß wir auf diesem Weg immer weiter zu einer endlich aggressionsfreien Gesellschaft kommen. Was wir erreichen können ist, durch gütigere Erziehung die Beziehungen der Menschen untereinander zu bessern, so daß die unvermeidbaren Beschränkungen, die unserem Egoismus auferlegt werden müssen, mit mehr Verständnisbereitschaft ertragen werden können. Wir sehen keinen anderen Ausweg, wie dem in der Menschheitsgeschichte unbeeinflußbaren Vorgang der Entstehung von aggressivem Triebüberschuß entgegenzuwirken wäre. Bisher hat sich dieser Triebüberschuß über länger oder kürzer, mit raffinierten oder plumpen Begründungen, gegen den Einspruch des Gewissens und des Intellekts als eine unwiderstehliche Macht durchzusetzen vermocht.

Die kritische Unruhe des Fragens ist freilich gerade die menschliche Eigenschaft gewesen, die in der Erziehung der bisherigen Kulturen mit mehr oder weniger brutalen Kunstgriffen unterdrückt wurde. Zudem kam es auf eine rasche Sozialisierung des Menschen, der eine nur geringe Lebenserwartung hatte, an. Heute haben sich diese Verhältnisse genau in ihr Gegenteil verkehrt. Mit einer langen Lebenserwartung ist der Mensch darauf angewiesen, in einer Werkzeugkultur wie der unseren ein hohes Maß an Flexibilität, an beweglicher Aufmerksamkeit sich bis in das höchste Alter zu erhalten, um produktiv an den Aufgaben seiner Gesellschaft mitwirken zu können. Widerfährt ihm da in der frühen Kindheit, zum Beispiel in der analen Phase – das heißt in der Phase der Sauberkeitsgewöhnung, von der wir oben gesprochen haben, in jener Phase also, in der die großen ersten Trotz- und Protestäußerungen des Kindes erfolgen –, kein verständnisvolles mütterliches Entgegenkommen, so mögen sich »Störungen im Mischungsverhältnis von Libido und Aggression oder in ihrer Fusion überhaupt« ereignen, die – um die Worte Anna Freuds zu wiederholen – zu »aggressiv destruktiven Folgeerscheinungen führen, die jedem erzieherischen Eingriff gegenüber unbeeinflußbar bleiben«.

Es kommt wohl weniger auf die Schaffung neuer Institutionen, auf den Entwurf idealer Gemeinschaftsformen an als vielmehr auf eine faktische Humanisierung unseres Verhaltens, mit der man sofort beginnen kann. Die Krise zwischen den Generationen verweist auf die Notwendigkeit kritischer Selbstbesinnung auf beiden Seiten, der älteren wie der jüngeren Generation. Zunächst scheint es, daß keine der Parteien bereit ist, um der anderen willen die eigene Position zu revidieren. Die Jugend altert besonders in unserer Zeit sehr rasch. Die vulgäre Hoffnung, daß die Jugend, die »neue Generation«, es schon schaffen wird, könnte sich als eine Fehlerwartung herausstellen. Es sei denn, es würde dieser neuen Generation gelingen, ihre kritische Intelligenz so zu stärken, daß sie ein Stück weiter als die vorangehenden Generationen die *Vergeltungsaggression zu überwinden versteht*. Denn diese Form der Aggression (in der erlittenes »Unrecht« – wie immer das ausgesehen haben mag – durch Vergeltung mit gleichen Mitteln beantwortet wurde) hat sich bisher gegen alle bessere Einsicht immer wieder durchzusetzen vermocht. Von diesem Energiestrom der Vergeltungsaggression sind immer wieder die großen Gruppenkonflikte gespeist worden.

Die Quintessenz unserer Überlegungen wäre also, daß es nicht darum geht, Aggression zu unterdrücken, sondern daß wir lernen müssen, bewußter und angstfreier mit ihr umzugehen. Dazu ist schon ein Stück Autoritätsanalyse notwendig. Im »Unbehagen in der Kultur«[11] hat Freud gesagt: »Die Aggression des Gewissens konserviert die Aggression der Autorität.« Was wir leicht nachvollziehen können, wenn wir uns daran erinnern, daß unser Über-Ich sich aus den Identifikationen mit unseren frühesten Vorbildern aufbaut. Vielleicht – so hoffen wir wenigstens – geschieht auch in unserem Land, das sich vor kurzem noch arachaischen Autoritätsforderungen nicht ohne (sadomasochistische) Lust gebeugt hat, ein Stück solch kritischer Arbeit an uns selbst, in der wir nicht nur überholte Autoritätsansprüche und Autoritätshörigkeit abbauen, sondern unsere Autonomie denkend, reflektierend zu artikulieren und gleichzeitig an der Bewältigung von Realaufgaben zu erproben beginnen.

Aber dann werfen wir einen Blick auf den Krieg von Vietnam und Biafra, auf die bisher vergeblichen Befreiungsversuche der landlosen, im Elend verkommenden südamerikanischen Bauern, den gewiß doch nicht unverständlichen Haß der Neger in den Vereinigten Staaten – gewachsen in Jahrhunderten der Unterdrückung, die besten Gewissens von weißer christlicher Überheblichkeit ausgeübt wurde –, dann befällt uns Ratlosigkeit angesichts elementarer Leidenschaften und elementaren Leidens. Wie viele glückliche Voraussetzungen müssen im Leben zusammenkommen, daß wir unter Mitmenschen unbefangen das Phänomen der menschlichen Aggression betrachten dürfen, ohne, fast noch im gleichen Atemzug, zum Schweigen gebracht zu werden.

11 S. Freud, Ges. Werke, Bd. XIV, S. 487.

## 8. Die Grenzen psychologischer Forschung

Prognosen über unser Geschick – und sei es für einen beschränkten Bereich – zu stellen, wie dies noch der Zeit Hegels angemessen schien, gehört nicht mehr zu den ernsthaften Bemühungen der unseren. An die Stelle der »Systeme« und der Glaubensgewißheit, in ihnen das Entwicklungsprinzip der Geschichte verstanden zu haben, sind Arbeitshypothesen getreten und die Nötigung, sich in den Ungewißheiten eines Fortschrittes zu orientieren, der überall in die biologischen, sozialen und nicht zuletzt die psychologischen Gleichgewichte störend und herausfordernd eindringt.

Das Thema »Grenzen und Möglichkeiten der Entwicklung der Psychologie« ist deshalb ein »heißes Eisen«. Denn die Auffassungen darüber, was Psychologie als Wissenschaft zu sein habe, sind in hohem Maße kontrovers. Außerdem sind die Begriffsbildungen, in denen das Wort »psychologisch« vorkommt, sehr zahlreich, z. T. unheimlich – etwa psychologische Kriegführung, Werbepsychologie, Betriebspsychologie, kurz, alle jene Anwendungen der Psychologie, die auf das hinauslaufen, was man im angelsächsischen Bereich als »human engineering« bezeichnet und was man vielleicht mit Zweckanpassung des Menschen übersetzen könnte, und zwar mit psychologischen Mitteln.

Daneben besteht eine andere Forderung: Psychologie sei ein Wissensgefüge, welches Sinnfragen, das Problem der Orientierung über die aktuelle Reiz-Reaktions-Situation hinaus, also die Möglichkeit zur Reflexion einschließt. Sie solle uns mehr Einsicht in unsere eigene Natur geben, solle uns aufklären über unsere Abhängigkeiten von arteigentümlichen Schematen des Verhaltens, über die Natur unserer Gefühle, und könne damit beitragen, die Reichweite unserer Entscheidungsfreiheit zu vergrößern und das Maß der Selbsttäuschungen einzuschränken. Dabei geht es psychologischer Forschung nicht anders als physikalischer: Sie kann nicht verhindern, daß ihre in friedlicher Erkenntnisabsicht gesammelten

Ergebnisse in aggressive Planungen eingebaut werden, in die Konkurrenzstrategie, in die politische Massenbeeinflussung und Ähnliches. Es schiene uns unpsychologisch, eben diese Verzahnung von Erkenntnis und rascher Transponierung auf Schauplätze rivalisierender Aktion, die doch ein Charakteristikum unserer Zivilisation ist, zu vernachlässigen. Zweifellos hat die Psychologie im letzten halben Jahrhundert außerordentliche Fortschritte gemacht, und es ist unverkennbar, daß dieses Interesse von gesamtgesellschaftlichen Prozessen und Bedürfnissen stimuliert wird. Die psychologische Forschung hat Annahmen über die Eigenart der menschlichen Seele revidiert, die sehr lange Epochen der Geschichte hindurch gültig waren. Diese Stagnation des Wissens über uns selbst und die Bereitwilligkeit, zwischen Ohnmachts- und Allmachtsgefühlen zu schwanken, je nach Stimmung und Lage, ist uns allen nicht fremd. Unsere Einstellung einer Wissenschaft gegenüber, die uns selbst, die Qualitäten unserer Persönlichkeits- oder Charakterstruktur zum Inhalt hat, ist höchst zwiespältig. Neugierde und Abneigung, genauer hinzusehen, wechseln ab. Offenbar richtet sich der Geist, der so erkenntniswillig ist, wenn es sich um Natur außerhalb der menschlichen handelt, große Hindernisse auf, sobald die Eigentümlichkeiten der Person, die sich da in Gefühlen und Urteilen so sicher wähnt, selbst Erkenntnisgegenstand werden sollen.

Von diesen Widerständen soll im weiteren die Rede sein, denn sie können einige zentrale Hinweise darauf geben, welche Möglichkeiten in der psychologischen Forschung stecken und gegen welche Begrenzungen sie sich zu entwickeln hat.

Schon der Preis, der zu zahlen war, um Psychologie einigermaßen gleichberechtigt neben den anderen Naturwissenschaften erscheinen zu lassen, ist eindrucksvoll. Der erste Inhaber eines Lehrstuhls für Psychologie war Wilhelm Wundt in Leipzig. Im einleitenden Kapitel über die »Aufgaben der physiologischen Psychologie«[1] schreibt er:

1 W. Wundt, Grundzüge der physiologischen Psychologie, Leipzig 1908, 6. Aufl., Bd. I, S. 1-5.

»Als experimentelle Wissenschaft erstrebt aber die physiologische Psychologie eine Reform der psychologischen Forschung, die der Umwälzung, welche die Einführung des Experiments in dem naturwissenschaftlichen Denken verursachte, an Bedeutung nicht nachsteht, ja in *einer* Beziehung ihr vielleicht überlegen ist: insofern nämlich, als auf naturwissenschaftlichem Gebiet unter günstigen Bedingungen auch *ohne* Experiment eine exakte Beobachtung möglich, auf psychologischem aber eine solche ausgeschlossen ist. Denn die sogenannte ›reine Selbstbeobachtung‹ kann nur unter wesentlichen Einschränkungen als Beobachtung bezeichnet werden, und auf Exaktheit kann sie überhaupt keinen Anspruch erheben.«

Wundt sieht die zweifelhafte Genauigkeit und Verläßlichkeit der Selbstbeobachtung. Er fragt aber nicht nach den Gründen dieser Ungenauigkeit, sondern er tut etwas anderes: Er weicht zurück und untersucht psychische Elementarleistungen auf ihre Anpassungsfähigkeit in den Situationen des Experimentes.
Vielleicht kann man den Rigorismus, der aus dieser Wendung spricht, heute nicht mehr leicht einfühlen. Er wird schnell ins 19. Jahrhundert abgeschoben, dem man jede Art von primitivem mechanistischen Denken zutraut. Der Irrtum, dem wir mit dieser Reaktion verfielen, wäre die Mißachtung des Mutes, allen Arten scholastischer oder romantischer oder idealistisch-spekulativer Modelle vom psychischen Geschehen den Rücken zuzukehren und sich der empirischen Beobachtung zu widmen. Zwar hat es neben viel Unsinnigem von Heraklit bis Nietzsche nie an großartigen Einsichten psychologischer Art gefehlt – aber sie standen gleichsam wie Sprüche des Orakels oder der Nornen über der menschlichen Existenz. Sie erhellten wie ein Blitz die Szene, aber man konnte in ihrem Schein nicht in Muße zu einer zusammenhängenden Erkenntnis des seelischen Geschehens gelangen. Die Einführung des Experimentes, die Arbeitshypothese, sich dem Psychischen im

Menschen nicht anders zu nähern als sonst einem natürlichen Gegenstand, brach in Tabus, in ideale oder zynische Denkschemata über das Wesen des Menschen ein, die in der einen oder anderen Form Jahrtausende gegolten hatten.

So erkennen wir Wundts radikale Wendung als eine revolutionäre Tat an. Und doch beginnt mit ihr ein neues Elend der Psychologie, das Elend der akademischen diesmal. Und es ist eines, dessen Joch wir beileibe noch nicht abgeschüttelt haben. Denn die Ergebnisse dieser Experimentalpsychologie liegen weit ab von dem, was wir als eine Hauptaufgabe der Psychologie bezeichneten: uns verläßliche Hilfsmittel für unser Selbstverständnis zu geben. Die Lage des Menschen in seiner Umwelt ist eine besondere. Er ist nicht allseits in den Handlungen, mit denen er sich der Umwelt und seinesgleichen zuwendet, protegiert von artspezifischen Verhaltensschematen, sondern lebenslang begleitet von der Aufgabe der *Entscheidung*.

Das macht uns klar, daß Human-Psychologie gar nicht anders kann, als gerade diesen Tatort der Entscheidungen aufzusuchen, wenn sie zur Qualität der menschlichen Situation etwas aussagen will. Wer den Handlungsraum, in dem jeder von uns sich erlebt, untersuchen will, stößt hier auf ultimative Forderungen sehr verschiedener Herkunft, die ihm im Untersuchungszimmer des Experimentators kaum begegnen können. Einmal sind es die leibseelischen Grundbedürfnisse, die sich in den Triebäußerungen kundgeben, zum anderen die Verbote und Forderungen – mehr oder weniger kategorisch vorgebracht –, in denen die Gesellschaft dieses Triebverlangen zu kontrollieren wünscht. Jeder kulturelle Stil ist selbst Ausdruck der psychischen Anpassungsfähigkeit des Menschen an Bedingungen der Umwelt, wie er zugleich zeitlosen Vitalbedürfnissen Rechnung trägt, die sich durch seelisch gesteuertes Verhalten äußern. Die Gesellschaft legt in ihrer jeweiligen Form dem Individuum ein Orientierungsschema vor, das – faßt man den gewöhnlichen Erdenbürger ins Auge – viel Ähnlichkeit mit der unentrinnbaren Instinktausrüstung der

Tierarten hat. Dieses Schema formt entscheidend die psychische Struktur des Menschen, die wir mit einem umfassenden Begriff seinen Charakter nennen. Bei Kant hat es noch geheißen: »Was den Menschen über sich selbst erhebt..., ist nichts anderes als die Persönlichkeit, das ist die Freiheit und Unabhängigkeit von dem Mechanismus der ganzen Natur.«[2] Für die wissenschaftliche Psychologie hatte aber diese Behauptung, daß die Persönlichkeit als Freiheit »von dem Mechanismus der ganzen Natur« zu definieren sei, erst nachgewiesen zu werden.

Wir brauchen uns dabei, daß die Kantsche Formulierung in jedem Fall falsch ist, nicht aufzuhalten. Nichts spricht für die von ihm angerufene Freiheit von den Zwängen der Natur. Vielmehr sehen wir, wie sich Natur in anderer, aber sehr spezifischer Weise im Menschen verwirklicht. Die Regulationsmechanismen unterscheiden sich von denen der subhumanen Welt in der einen Hinsicht, daß die arteigentümlichen Instinktzwänge gelockert sind; an ihre Stelle sind in individuellem Lernen erworbene Orientierungsleistungen getreten und die Fähigkeit des bewußten Reflektierens. Provozierende Reize können alternativ, mit Ja und Nein, beantwortet werden. Diese Entscheidungsfreiheit wird jetzt durch die soziale Einpassung, durch die Art und Weise, wie das soziale Kollektiv diese Situationen entschieden zu sehen wünscht, eingeschränkt. Ohne solche erlernte Anpassung wäre ein Gruppenleben undenkbar.

Damit wird sogleich eine der Grenzen psychologischer Wissenschaft vom Menschen sichtbar. Diese Grenze ist von der Bereitschaft gezogen, bis zu welchem Punkt eine Gruppe bereit ist, ihre selbstverständlichen Annahmen, ihre Vorurteile und Wertstereotype auf deren Entstehungsgeschichte, auf die ökonomische Bedeutung für das psychologische Gleichgewichtssystem als ganzes befragen zu lassen. Davon war aber, um nochmals auf Wundt zurückzukommen, in der

2 Zitiert nach Manfred Koch, Die Begriffe Person, Persönlichkeit und Charakter. In: Handbuch d. Psychologie, Bd. 4. Göttingen 1960, S. 9.

klassischen akademischen Psychologie vorerst noch keine Rede. Sie unterwarf den Einzelnen als Einzelnen einer Experimentalsituation, untersuchte die Schwellen der Reizbarkeit seiner Sinneswahrnehmung und Ähnliches. Die Bezeichnung, die Wundt seiner Psychologie gab, indem er sie eine physiologische nannte, ist demnach korrekt. So begrenzt der Ansatz aus sich heraus (durch das Übernehmen der Methoden des physiologischen Laboratoriums) sein mochte, er gab eine Ahnung davon, daß Gesetzlichkeiten und nicht Gesetzesfreiheit die apparativen Grundleistungen der Wahrnehmung der Außenwelt, der Denkvorgänge usw. bestimmen. »Überblickt man«, schrieb er 1911 in seiner Einführung in die Psychologie, »die mannigfachen Bewußtseinsvorgänge..., so ist einleuchtend, daß allen diesen Vorgängen der Charakter einer strengen Gesetzmäßigkeit zukommt...« Mit Recht hob ein späterer Kritiker, Manfred Koch[3], hervor: »Das Besondere, Eigenartige der Versuchsperson soll gerade ausgeschaltet werden.« »›Persönlich‹ ist in diesem Fall fast ein Schimpfwort, es bedeutet das Gegenteil von ›objektiv‹, von ›naturwissenschaftlich‹.«

Wir wollen gewiß die Fundamentalerkenntnisse, die wir der ersten Ära der Experimentalpsychologie verdanken, nicht schmälern, wenn wir von der Methode, mit welcher sie arbeitete, sagten, sie habe ein neues Elend nach dem der Spekulation heraufbeschworen. Denn zum Menschen gehört eben die von ihr ausgeklammerte Subjektivität. Wie soll man über ihn als ein sich entscheidendes Wesen, als ein zwischen bewußter und unbewußter Steuerung schwankendes Wesen etwas Stichhaltiges aussagen, wenn man diese Subjektivität als wissenschaftlich unerheblich, als einen Oberbau ansieht, der sich zwar im Leben als unvermeidbarer Störfaktor erweist, aber im Laboratorium unberücksichtigt bleiben darf? Diese Lebensferne der »Psychologie ohne Seele«, wie man etwas sentimental zu formulieren pflegt, hat viel Spott hervorgerufen. Es stellt

---

3 M. Koch, aaO, S. 14.

sich in ihr jedoch ein Problem dar, das manchen Spötter zum Verstummen bringen kann. Jede Wissenschaft will prüfbare Aussagen machen, und sie will, soweit sie experimentiert, mit dem Experiment ein Stück der Bedingungszusammenhänge, die zu einer Erscheinung führen, erhellen. Wie aber dieses Ziel erreichen angesichts einer unabsehbaren Variation von Subjektgestalten, von eigentümlichen Personen? Der erste Schritt zur Wissenschaftlichkeit der Psychologie wurde dadurch erkauft, daß sie sich für diese Subjekte, für das Zustandekommen der für den Einzelnen wesentlichen Eigenart, für das ohne Introspektion undenkbare Selbstbewußtsein nicht und statt dessen für die Physiologie interessierte, die allen gemein ist und deren Leistungsbreite bei weitem nicht so schwankend ist wie die Struktur der Persönlichkeiten.

An dieser Entscheidung der akademischen Psychologie ist ein gesellschaftlicher Einfluß fühlbar, den gerade die Psychologie nicht übersehen oder unterschätzen darf. Das Prestige der Wundtschen Schule rührt daher, daß sie Methoden verwandte, die in den Naturwissenschaften entwickelt und zu hohem Ansehen gelangt waren, daß sie als Kriterium für die Wissenschaftlichkeit schlechthin benutzt wurden. Es wäre verfehlt zu glauben, Forscher und Gelehrte seien Wesen, die der Wahrheit im leeren Raum nachgingen. Wollte Wundt seine Forschung ernsthaft zur Anerkennung unter den zeitgenössischen Vertretern der akademischen Naturwissenschaften bringen, so mußte er sich dem herrschenden Experimentalstil anpassen. Die Bedeutung der Gratifikation zu unterschätzen, die einem Forscher aus der Zustimmung seiner Kollegen erwächst, wäre fahrlässig; wenige können diesem Bedürfnis nach Geborgenheit im Kollektiv widerstehen, und es gibt zahllose Beispiele dafür, daß eine wissenschaftliche Lehrmeinung jahrzehntelang, oft Generationen hindurch mitgeschleppt wird, weil ihre Revision mit der anerkannten Beweisführung in Konflikt brächte. Für den Psychologen ist dabei die Beobachtung bestürzend, daß diese Anpassung an das Herkömmliche bewußte Zweifel nicht aufkommen läßt; wie alle Vorurteile, bilden sich auch die in den Wissenschaften gleichsam »selbsttätig«, in unbewußt bleibenden Vorgängen passiver Anpassung, und entziehen sich dem Einspruch kritischer Besinnung.

Eine gegenteilige Entscheidung zu der Wundts traf zur gleichen Zeit Sigmund Freud. Hatte jener den Anschluß an die Wissenschaftlichkeit dadurch gefunden, daß er das Bemerkenswerteste an seinem Forschungsgegenstand, den Subjektaspekt seiner Versuchspersonen ausklammerte, so kam dieser aus einer etablierten, anerkannten Wissenschaft, der Hirnanatomie und Neurologie, in der er sich durch bedeutende Beiträge ausgewiesen hatte. Freud führten seine Beobachtungen aus der Geborgenheit in der Anerkennung seiner Kollegen fort. Der Grund war, daß er für die Erklärung rätselhafter Krankheitserscheinungen, die auf seelische Prozesse verwiesen, nicht die als wissenschaftlich anerkannten Modellvorstellungen benützte, sondern nach neuen, angemesseneren Methoden zu ihrer Aufklärung zu suchen begann. Das Unmaß an Mißverständnis, dem er, gerade auch unter Psychologen, zu begegnen hatte, zeigt, wie es einem Forscher ergeht, der, von den Phänomenen fasziniert, die stereotype Wertorientierung des Kollektivs, hier des der Naturforscher, übertritt.

Freuds Ziele waren ursprünglich zweckorientiert; er wollte seinen Kranken, die an abnormen psychischen Reaktionen litten, helfen. Mit einer Psychologie der Bewußtseinsvorgänge war hier kein Fortschritt zu erzielen. Das Auftreten unüberwindlicher Angst in geschlossenen Räumen oder auf freien Plätzen oder vor Tieren, oder der Zwang, obszöne Worte in Situationen ausstoßen zu müssen, die dem Kranken selbst dies ungeheuerlich erscheinen lassen, und vieles dem Beobachter ähnlich absurd Vorkommende, zwangen zu der Annahme, daß psychisches Geschehen nicht mit den Bewußtseinsleistungen allein beschrieben ist. Vielmehr drängte sich der Schluß auf, daß es nicht ein chaotischer Untergrund, sondern

Gesetzlichkeiten sind, welche aus einer dem Bewußtsein unzugänglichen, unbewußten Region seelische Prozesse mitsteuern.

Geändert hat Freud also die Methode der Beobachtung (er benützte nicht die konstruierte Experimentalsituation); nicht geändert hat er die Voraussetzung naturwissenschaftlicher Forschung, jedes Ereignis in einen gesetzlichen Wirkungszusammenhang einordnen zu wollen. Wie Freud diese Methode auf psychische Zusammenhänge anwendet, läßt sich an einem Beispiel zeigen: Wenn etwa ein Erlebnis sich mit unserer bewußten Wertorientierung nicht verträgt und es »verdrängt« wird, dann gehört dazu ein Energieaufwand, der von einer dem Selbstbewußtsein dienenden seelischen Instanz geleistet werden muß. Er muß größer sein als die Erregungssumme, die von dem beängstigenden Erlebnisinhalt ausgeht. Weiter blieb zu untersuchen, was nun mit diesem abgewehrten, vom Bewußtsein ausgeschlossenen Inhalt geschieht. Freud entdeckte sein gleichsam unterirdisches Schicksal und stellte den Zusammenhang zwischen dem aus dem Bewußtsein verlorenen Erlebnis und seiner entstellten Rückkehr im Symptom her. Ihm gegenüber blieben die Kräfte des Bewußtseins nunmehr machtlos. Dieses Beispiel mag etwas von den Arbeitshypothesen der psychoanalytischen Theorie andeuten und zugleich zeigen, daß auch in ihr eine radikale Abwendung von der spekulativen Seelenlehre vollzogen wurde. Aber wie konnten diese Beobachtungen und die auf ihnen beruhenden Theorien im Stil der »objektiven« naturwissenschaftlichen Untersuchungsmethoden geprüft werden? Eine direkte Transponierung auf die Ebene des physikalischen oder physiologischen Experimentes war offenbar nicht möglich. Trotz dieser Schwierigkeit hielt Freud an seiner Entscheidung fest, in der Krankenbehandlung statt der gezielten Befragung den Partner sich in freier Assoziation entfalten zu lassen. Dies mußte den Kranken an den Ort ihn bedrängender Entscheidung hinführen. Die langfristige Arbeit gemeinsamer Beobachtung stärkte die Erinnerungsfähigkeit. Später entdeckte Freud, daß in der Hier-und-Jetzt-Situation, die sich zwischen Patienten und Arzt bildete, ein Wiederholungszwang wirkte, der von Erlebnissen ausgeübt wurde, die in der Abwehr ihren Erregungsgehalt nicht verloren hatten. Aber in Meßwerte ließ sich das alles nicht einfach übertragen. Das Problembewußtsein hielt Freud jedoch davon ab, sich sein Untersuchungsobjekt experimentgerecht machen zu wollen. Statt dessen suchte er mit seiner Methode dem Forschungsgegenstand immer weiter gerecht zu werden.

Damit war die antithetische Gegenposition zur Experimentalpsychologie errichtet. Der Ausgangspunkt blieb die These, das Verhalten als Ausdruck der psychischen Organisationsform zu verstehen, die dieses Individuum im Lauf seiner Entwicklung gefunden hatte. Für die charakteristischen Eigenheiten des Einzelnen waren die genetische Entwicklungslinie und die Art, in der dabei Naturgesetzliches zur Wirkung kam, aufzufinden.

Dabei kam man aber keinesfalls ohne die von Wundt zu Recht skeptisch eingeschätzte Selbstbeobachtung aus. Aber sie mußte unablässig geprüft und kontrolliert werden. Zudem galt es herauszufinden, welches die Gegenkräfte sind, die im Seelischen einer Kontrolle, der distanzierten Reflexion, entgegenwirken. Die Erfahrung lehrte Freud, daß die Zweipersonensituation von Arzt und Patient in wirkungsvoller Weise zur Stützung der kritischen Selbstvergewisserung beiträgt – vorausgesetzt, der Arzt bleibt, seinen sonstigen Gepflogenheiten zuwider, in der Rolle des Beobachters, der nicht handelnd in das Aktionsfeld des Kranken eingreift. Seine Partizipation hat ihr Schwergewicht darin, zur Verstärkung der kritischen Ichleistungen des Patienten beizutragen, nicht im gefühlsbetonten Teilnehmen an seinem Schicksal. Freud konnte jedoch einer weiteren Erkenntnis nicht ausweichen. Gemäß seiner naturwissenschaftlichen Schulung konzipierte er anfänglich seine Rolle als die eines Spiegels, hinter dem er wie der Leiter eines Experiments als Person zurücktrat. Im Laufe seines Lebens war er genötigt, diese Vorstellung unter dem Eindruck der Erfahrungen zu korrigieren. Er erkannte die Dynamik der Zweipersonenbeziehung, die auch in dieser Konstellation von Krankem und Arzt sich entwickelte, und begriff, daß sie ein integrierender Bestandteil im Prozeß der fortschreitenden Fähigkeit zur Selbstvergewisserung des Patienten ist. Damit war akzeptiert, daß psychische Entwicklung im Sinne des Fortschreitens zu bewußteren Integrationsstufen der Orientierung und des Verhaltens an mitmenschliche Kommunikation gebunden ist und sich nicht im isolierten Individuum vollzieht. Es war damit aber auch die Forderung gestellt, daß der Beobachter soweit als möglich sein Wahrnehmungsvermögen für den Beitrag schärfe, den er zu der Dynamik der Kommunikationsvorgänge leistet. So stellt sich also mit Deutlichkeit die Alternative, ob man experimentell im klassischen Stil Leistungsbruchstücke des Seelischen ermitteln will, die sich auch quantifizieren lassen, aber die Subjektstruktur außer acht lassen, oder ob man davon ausgeht, daß diese Subjekthaftigkeit das Charakteristikum der menschlichen psychischen Organisation ist, daß sie aber nur in Umständen erfahrbar wird, welche diese Leistungen des Subjektes ansprechen.

Eines kann man aber gewiß nicht verschweigen: Die von Freud begründete Psychologie ist in ihren Aussagen schwerer überprüfbar als etwa die Stichhaltigkeit einer repräsentativen Befragung. Nicht nur wegen der Vermeidung des Experimentes. Sie setzt zudem die Schulung des Wahrnehmungsvermögens des Kritikers für die Sachverhalte voraus, mit denen er umgeht.

Ungeachtet dieser Nachteile waren die Erträgnisse der psychoanalytischen Forschung bedeutend und haben über die psychologische Forschung im allgemeinen die Lehre vom Menschen, die Anthropologie, tief beeinflußt. Das Konzept der Dynamik unbewußter Vorgänge, ihre Teilhabe an der Entstehung von Konflikten und an allen emotionell getönten Entscheidungen, der Aufbau des Charakters in Identifizierungsvorgängen, die Lehre von den Abwehrmechanismen gegen konfliktbeschwörende Impulse – um nur einiges zu nennen – sind von den meisten Forschern auf dem Gebiet der Entwicklungs- oder Sozialpsychologie und vieler Gebiete der angewandten Psychologie übernommen worden. Aber damit hat sich der Konflikt zwischen der akademischen und der Tiefenpsychologie nicht eigentlich gelöst.

Nun kann Rechtens eingewendet werden, die nicht-psychoanalytische psychologische Forschung habe sich längst von den engen physiologischen Ansätzen der klassischen Experimentalpsychologie freigemacht. Aber – und das ist der Konfliktpunkt, der geblieben ist – sie hat sich nicht von der gezielten experimentellen Methode als Ausgangspunkt der Datensammlung als solcher distanziert. Im Behaviorismus etwa hat auch sie sich dem Studium menschlicher Verhaltenseigentümlichkeiten zugewendet; Charakterologie und Persönlichkeitstheorien bemühen sich um ein umfassendes Bild von der Wirkungsweise und vom Aufbau der psychologischen Leistungen. Versucht man aber – soweit dies möglich ist –, ein gemeinsames Bindeglied all dieser Forschungen, soweit sie empirischer Natur sind, zu finden, so ergibt es sich im Festhalten am Experiment mit der hinreichenden Zahl der Versuchspersonen als Grundlegung der Ergebnisse. Zwar sind, wie Wolfgang Hochheimer formulierte, »Seele und Mensch in die Psychologie zurückgekehrt, nachdem man sie in ehrlicher Überzeugtheit auf dem Altar eines Exaktheitsbegriffes geopfert hatte, der zur Wirklichkeit der Seele nicht passen wollte«[4], aber man will diesen Exaktheitsbegriff der übrigen Naturwissenschaften doch nicht soweit aufgeben, daß man das quantitative Messen oder die statistische Beweisführung opfern wollte. Andererseits hält die tiefenpsychologische Forschung an dem ungleich schwerfälligeren System der langfristigen Beobachtung seelischer Abläufe in der Dynamik einer realen Zweipersonensituation fest. Sie extrapoliert ihre generellen Aussagen auf Grund der Beobachtungen dieser Entwicklung. An diesen grundsätzlichen Unterschied sind aber weitreichende Folgen geknüpft.

[4] Psyche, VII, 163.

Im psychologischen Experiment kommt man zur mehr oder weniger genauen Voraussage von Verhaltensantworten, die für die Mitglieder einer Gruppe zu erwarten sind – etwa Schulkinder eines bestimmten Alters oder Käufer eines Produktes. Dieser mittlere Erwartungswert sagt zwar etwas über die Häufigkeit einer Reaktion, aber wenig über die Individualität des einzelnen Gruppenmitgliedes aus, z. B. über seine seelischen Entwicklungsbedürfnisse, über das Maß an Frustration, das der provozierten Antwort vorausgegangen ist, sie »gebahnt« hat und zahlloses Andere, was für die volle Beurteilung des etwa in einer Befragung oder sonst einem Test erhobenen Befundes wichtig wäre. Diese Tatsache war es, die uns zu der anfänglichen Bemerkung veranlaßte, wir hätten das Elend der akademischen Psychologie noch keineswegs überwunden.

Blicken wir vom Forschungsgebiet der Psychologie auf den größeren Schauplatz der gesellschaftlichen Verhältnisse, in denen diese Forschung stattfindet und die sie beeinflußt (bzw. von denen sie mit Aufträgen verpflichtet wird), so kann die Gefahr, die mit diesem Stil psychologischer Forschung verbunden ist, gar nicht verkleinert werden. Denn es ist doch evident, daß all diese Untersuchungsergebnisse die Hilfsmittel bereitstellen, um Menschen für die tausenderlei mehr oder weniger wichtigen Entscheidungen im sozialen Raum vorzustimmen. Da die Fragestellungen der Forschung längst die Kenntnisse der unbewußten Triebdynamik berücksichtigen, zielen die praktischen Anwendungen darauf, wie man durch das Ansprechen unbewußt verlaufender Reaktionsneigungen in der jeweiligen Situation die angesprochene Gruppe manipulierbarer machen kann. Die Erfolge bleiben nicht aus. Denn, um Viktor v. Weizsäcker zu zitieren, »die Leidenschaft ist eine viel größere Weltmacht als der Verstand, und sie lenkt die Ereignisse, noch ehe wir sie gewahr werden«.[5] In einer Vereinfachung gesprochen, die zwar brutal, aber nicht wirklichkeitsentstellend ist: Die Psychologie reicht

5 Viktor v. Weizsäcker, Natur und Geist, S. 146.

die Mittel zur möglichst konfliktlosen, rationalisierten Anpassung des Durchschnittsindividuums an die vorherrschenden Verhältnisse (in Rußland tut sie das auf dem Weg der Pawlowschen Reflexlehre, im Westen auf dem Weg der davon nicht weit getrennten behavioristischen Anpassungstheorie). Der Angriffspunkt liegt dabei in der zunehmend verfeinerten Manipulierungstechnik der »paläopsychischen Antriebe«[6] und weniger oder gar nicht bei den »neopsychischen Funktionen«. Als paläopsychische, d. h. als seelische Altfunktion können wir die starr regulierten Instinktmechanismen der Tiere und entsprechend die primitiven Lern- und Anpassungsleistungen des Menschen für die sozialkonformen Regulierungen seiner Instinktbedürfnisse bezeichnen. Sie sind in der Tat weitgehend artabhängig und gruppenspezifisch und wenig individuell überformt. Die neopsychischen Funktionen dagegen sind mit dem großen Evolutionsschritt zum reflektierungsfähigen Bewußtsein zur Entfaltung gekommen. Aus den Leistungen dieses psychischen Bereiches konstituiert sich das Selbstverständnis, das Identitätsbewußtsein, aus ihnen stammt die Fähigkeit zum alternativen Denken, und sie verursachen die Konflikte mit Leidenschaften und dem verinnerlichten Sozialgewissen. Diese als letzte bei der Entwicklung der seelischen Leistungen zur Entfaltung gekommenen Ich-Funktionen lassen sich in der negativen, aber gewiß nicht negativistisch gedachten Formulierung von Albert Camus signalisieren: »Man muß von seiner Fähigkeit, nein zu sagen, Gebrauch machen und diese Funktion des Nein-sagens zu einer eigentlichen Kulturleistung machen.« Nun drängt sich eine Folgerung auf: Es ist die Scheu vor dem Bewußtsein (vor der Selbstbeobachtung), welche die experimentell arbeitende Psychologie dazu zwingt, die physiologischen oder die paläopsychischen Elemente des Seelischen zu untersuchen. Hier sind generalisierbare Auskünfte ähnlich den Verhaltensstudien bei Tieren erhältlich. Für die Humanpsychologie sind sie nur dann legitim verwertbar, wenn sie in Zusammenhang mit Erkenntnissen

6 Ernst Topitsch, Saggi Filosofici 9, 1962, S. 1.

darüber gebracht werden, wieweit diese Altfunktionen durch die Entwicklung der Ichleistungen einer höheren Integrationseinheit eingegliedert werden können. Pointiert gesprochen, zielt die psychologische Manipulierung des Menschen, die im wissenschaftlichen Experiment beginnt und sich in den strategischen Planungen der Massenbeeinflussung fortsetzt, auf die Ausschaltung von alternativem Denken – also des Neopsychischen – und auf die Bahnung von bejahenden Reaktionsformen auf Gleichstimmungen, gleichgültig, ob sich das auf das Einstimmen in einen Verkaufs- oder einen politischen Slogan beziehen mag. Angesprochen sind immer psychische, d. h. emotionelle Altleistungen.

Wir verkennen dabei nicht, daß die psychologische Menschenführung in dieser geplanten und wissenschaftlich gestützten Form in einer Zeit naheliegen mag, die aus den lange eingespielten kollektiven Verhaltensritualen in unübersichtliche und ungewohnte Lebensbedingungen hinübergewechselt ist. Trotzdem können wir nicht übersehen, daß nicht nur die Verhältnisse die Notwendigkeit zu neuer Anpassung geschaffen haben, sondern daß der Prozeß der *Evolution zum Bewußtsein,* der keineswegs abgeschlossen ist, die Voraussetzungen dafür geschaffen hat, daß überhaupt erst die Wendung zum naturwissenschaftlichen Denken möglich wurde, zu einem Denken und Handeln, das schließlich die Verhältnisse, in denen wir leben, heraufgeführt hat.

Mehr und mehr verwirklicht sich die Natur des Menschen auf einer Doppellinie. Einerseits schafft er als arthaft soziales Wesen gruppenspezifische Verhaltens- und Wertorientierungen, andererseits erlebt er sich stärker als je zuvor als individuelle Person. Die Verstärkung des individuellen Bewußtseins ist der Niederschlag eben der evolutiven Verstärkung der Bewußtseinsfähigkeit überhaupt. Den älteren Gesellschaften war sie in dieser Breite unbekannt.

Resümieren wir: Die psychologische Forschung erweist den Menschen nicht als ein von den Zwängen der Natur freies Wesen, sondern auf ganz eigentümliche Weise gezwungen, ihren Entwicklungsabsichten zu folgen. Die Dialektik der psychologischen Forschung spiegelt einen dialektischen Vorgang seelischer Prozesse wider, der den Gang der Geschichte tief beeinflußt. Ein regressiver Anteil des seelischen Geschehens will bei den tradierten Rollenformeln bleiben und damit bei einer unbefragten Abhängigkeit von kollektiven Anweisungen; ein gewiß schwacher, aber nicht mehr unterdrückbarer Anteil will die Entscheidungen prüfen. Das damit verbundene Maß an Unlust ist hoch, kann aber die begonnene Suchbewegung nicht mehr zur Ruhe zwingen.

Soweit Psychologie sich nicht um die Stärkung der Ichfunktionen und deren Ausgleich mit den seelischen Altfunktionen bemüht, fördert sie absichtlich oder unbemerkt retardierende oder regressive Prozesse der Gesellschaft, ist sie weniger Forschung als Teil einer sie umklammernden Ideologie. Der stärkste Einwand gegen eine psychologische Forschung, die ohne den Einschluß der kritischen Selbstwahrnehmung auskommen will, ist der kaum zu entkräftende Hinweis, daß sie sich in der Ausflucht vor der Eigenbilanz befindet und dabei in sekundär rationalisierter Wissenschaftlichkeit und Exaktheit verharrt. Auch die neuesten Entwicklungen, die die Modelle der Kybernetik und Informationstheorie auf psychologische Tatbestände anwenden, stellen eine Fortsetzung des Trends dar, die unbequemen subjektiven Differenzen der Individuen auf sich beruhen zu lassen und nach registrierbaren Nachrichten zu fragen. Die Anlaufsstrecke, d. h. die faktische Motivation, die zu diesen Nachrichten im Einzelfall führte, bleibt im dunkel. Die Endstufe wäre konsequenterweise die Verwirklichung von Orwells Alptraum »1984«. Tabus und Vorurteile entstehen nicht mehr unbewußt im Gruppenkontext, sie können gesetzt und manipuliert werden. Demgegenüber steht die psychoanalytische Forschung nach ihrem Ansatz unter dem Zwang zu einer Realbilanz ohne Auslassungen. In ihrer Tendenz setzt sie die Aufklärung fort, allerdings unter veränderten Prämissen. Sie dient nicht einem hypertrophierten Kult des Bewußtseins, auch nicht Tendenzen einer einseitigen rationalen Anpassung. Vielmehr sucht sie in den Bewußtseinsleistungen eine integrative Kraft zu finden, welche die animalischen Ansprüche und Bedürfnisse des Menschen mit den Mäßigungen versöhnt, zu denen ihn das Leben unter Mitmenschen zwingt. Psychoanalytische Erfahrung bleibt unauflöslich an den Prozeß gebunden, in dem sich individuelles Selbstverständnis entwickelt, an ihre Grundsituation der Interaktion zweier Personen. Nur so kann sie Gesetzlichkeiten des Neopsychischen und des Paläopsychischen im Austausch zur Erfahrung bringen und ihre Wirkungsweise verstehen. Der starke Druck der Gesellschaft und ihrer Organisationen auf der Ebene psychischer Altreaktionen, von dem wir gerade zeigten, wie er auch die psychologische Forschung erreicht, ist der Hauptgegner in der Anwendung psychologischer Erkenntnisse in der Breite. Wir glauben nicht mehr an das Schreckgespenst Mensch, das noch Schopenhauer zu errichten half, wenn er schrieb: »Der Mensch ist im Grunde ein wildes entsetzliches Tier. Wir kennen es bloß im Zustand der Bändigung und Zähmung, welche Zivilisation heißt:... wo und wann einmal Schloß und Kette der gesetzlichen Ordnung abfallen, da zeigt sich, was er ist.«[7] Das Porträt, das hier entworfen ist, verwechselt Ursache und Wirkung, es zeigt ein Spätbild und gibt es als Urbild aus. Es zeigt das »entsetzliche Tier«, aber verkennt, daß dieses das Ergebnis eines unglücklichen Zivilisierungsprozesses, aber nicht Ausdruck der Grundstruktur der menschlichen Natur ist. Die psychoanalytische Forschung hat die Entwicklungsgeschichte dieser hinter der Fassade der »Kulturheuchelei« verborgenen ungesättigten Triebseite des Menschen unserer Zivilisation und die gesetzmäßige Relation zwischen emotioneller Deformierung, rationaler Hypertrophie und dem Formungsdruck der gesellschaftlichen Verhältnisse beschrieben. Wenn es in Zukunft psychologischer Einsicht gelingen sollte, was sie bisher im besten Fall im Umgang mit Einzelnen erreichen konnte, zur Stützung der Ichleistungen, der neopsychischen Funktionen in der Breite der

[7] Arthur Schopenhauer, Parerga und Paralipomena, S. 226.

Gesellschaft beizutragen, so würde dies gewiß die vermeidbaren pathogenen Konflikte verringern. Damit schüfe sie eine bessere Ausgangsbasis für die Bewältigung jener anderen unvermeidlichen Konflikte, die zur menschlichen Existenz gehören, die aber kein psychologisches Wissen aus der Welt schaffen kann, die krisenhaften Abschiede und Neuanfänge, die mit dem Durchlaufen des menschlichen Lebens verknüpft sind.

## 9. Ethik im Zeitalter fortgeschrittener Technologie

R. B. Johnson[1] hat in einem eindrucksvollen Vortrag gesagt: »Wenn die Technologie nicht den Humanismus steigert, ist sie kein positiver Beitrag zur Erziehung.« Ob diese Stärkung des Humanismus zustande kommt, ist keinesfalls entschieden. Im folgenden soll von Gefahren die Rede sein, welche die freundlichen Erwartungen in den nächsten Jahrzehnten durchkreuzen könnten, wenn es uns nicht gelingt, den Erziehungsprozeß in Richtung kritischer Selbständigkeit ganz außerordentlich zu vertiefen. Das ist jedoch ein Fortschritt, der trotz der großartigen Verbesserung der Lehr- und Lerntechniken, von denen R. B. Johnson berichtete, keineswegs gesichert ist. Vor allem nicht in jenen Weltgegenden, welche die größte Geburtenzuwachsrate haben und damit unerhörte Erziehungsaufgaben stellen werden.

R. B. Johnson ist offensichtlich infolge der großen Fortschritte, die er auf dem Gebiet der Erziehung durch Technik mitverfolgt hat und in Zukunft erwartet, optimistisch gestimmt. Den Autor dieser Abhandlung hat das Leben, der Umgang mit Menschen als Beruf, nicht gerade zu einem fundamentalen Pessimisten, aber doch zu einem solchen gemacht. Auch Pessimisten sehen ein wichtiges Stück Realität; das läßt sich an einer wahrhaft klassischen Pessimistin, an Kassandra, bewahrheiten.

Sie war, wie man sich erinnert, die Tochter Priamus, des Königs von Troja. Apoll hatte ihr zuerst, um sie zu verführen, die Kraft der Weissagung verliehen. Da sie aber nicht bereit war, sich ihm hinzugeben, nahm er eine grausame psychische Operation an ihr vor. Er beließ ihr die Zukunftsschau, enthielt ihr aber die Kraft zu überzeugen vor. Ohne die letztere bleiben die Inhalte einer Prophezeiung bedeutungslos.

---

1 The Impact of Technological Innovations on Education in the Next few Decades.

Die Ereignisse der Zukunft sprechen uns nicht an, vielmehr verharren sie in irrealer Distanz.

Aus dem Mythos der Kassandra spricht ein verblüffender psychologischer Scharfsinn. Zu wissen, ohne überzeugen zu können, das ist ein Sachverhalt, der sich seit Kassandras Zeiten immer wieder herstellte. Vom Wissen, das gar keines ist, sondern solches nur vortäuscht, von den falschen Kassandras ist jetzt nicht die Rede.

Die Manipulation, die Apoll an ihr vorgenommen hat, läßt sich in der Terminologie analytischer Psychologie verfolgen: einerseits besaß Kassandra ein scharfes Auge für die Realität, d. h. sie vermochte die Wirklichkeit unbestechlicher, weniger von Vorurteilen, von Wunschdenken eingeschränkt zu sehen. Das ermöglichte ihrer kombinatorischen Intelligenz eine weite Vorausschau. Versagt blieb ihr andererseits die Gabe der Faszination. Das heißt, sie konnte im affektiven Kontakt ihre Mitbürger nicht aufrüttelnd dahin bringen, sich mit ihr zu identifizieren, um in der heranrückenden Zukunft die Gefahren wahrnehmen zu können. Mit anderen Worten, Kassandra konnte niemanden dazu bewegen, diese noch nicht existierende, gefährliche Welt mit ihren, Kassandras Augen, schon jetzt zu sehen. So mußte sie zusehen, wie das unheilschwangere hölzerne Pferd ungestört von ihren Warnungen in die Mauern Trojas gebracht wurde und den Untergang einleitete.

Trotz Pessimismus: es soll hier keine Weltuntergangsprophezeiung vorgetragen werden; vor allem geht es nicht um negative Kulturkritik, sondern um die Frage, welche Reichweite ethische Vorstellungen heute haben – je nachdem noch haben, oder im Umbau sozialer Welten schon wieder gewonnen haben. Ethische Vorstellungen müssen wir in unserer Zeit in Zusammenhang sehen mit der beispiellosen Kraftfülle, welche uns die Naturwissenschaften und ihre Technologie gebracht haben.

Das Thema, das es zu behandeln gilt, ist das Problem möglicher Verblendung, möglicher Ertaubung, wo Interessenkonflikte – d. h. jederzeit entzündbare Konflikte zwischen oft undurchschaubaren Gruppen- und Einzelegoismen – die Vernunft verdunkeln: die Vernunft, die für das Fortleben aller notwendig ist.

Mit dieser Absicht sei noch für einen Moment in der antiken, griechischen Vorstellungswelt verweilt, die so viele Grundeinsichten in menschliches Verhalten bereithält. Es war immer die Hybris, das übertriebene, herausfordernde Kraftgefühl des menschlichen Helden, das den Konflikt mit den Göttern als den ordnenden Kräften der Welt auf den Plan gerufen hat. In der Sprache der Gegenwart formuliert: Wir stören Verhältnisse, die in den Prozessen der Evolution langsam entstanden sind, durch Eingriffe zwecklogischer Art; d. h. durch Eingriffe mit kurzfristiger Zielsetzung. Auch diese Situation dauert an: die gigantischen technischen Kräfte, über welche die Menschheit verfügt, verdankt sie ihren analytischen Fähigkeiten, d. h. der Einsicht in die Gesetzlichkeiten der Materie. Diese Einsicht hat sie zum Experiment befähigt. Die prähumane biologische Ordnung hatte dagegen in unendlich viel größeren Zeiträumen nach dem Prinzip der Evolution ein Geflecht von Biotopen (von Lebensbereichen) hervorgebracht, die untereinander in einem System von Fließgleichgewichten, um diesen Begriff Ludwigs von Bertalanffys zu gebrauchen, verschlungen sind.

Die von menschlichem Denken und Handeln herbeigeführten Ordnungen, z. B. eine agrarische Wirtschaftsordnung, hatten demgegenüber einseitig auf die menschlichen Bedürfnisse zugeschnittene Zielsetzungen. Diese Kultureingriffe haben sich, je potenter sie wurden, als unauflöslich verknüpft gezeigt mit definitiver Zerstörung des ineinander verschachtelten Gefüges von Lebensbereichen anderer Arten. Die von Büffelherden entvölkerten Prärien Amerikas, die »dust bowl«, das ist die mittelwestliche Kultursteppe der Vereinigten Staaten, der von Rachel Carson beschriebene »Stumme Frühling«[2]: all das markiert den »Fortschritt« der Menschheit. Rachel Car-

---

2 Rachel Carson, Silent Spring, Boston 1962.

son hat ihr Buch über die Verwüstung der Welt mit chemotechnischen Mitteln Albert Schweitzer gewidmet, dessen Ausspruch sie als Motto zitiert: »Der Mensch hat die Fähigkeit verloren, vorauszusehen und zuvorzukommen. Er wird mit der Zerstörung der Welt enden.« (»Man has lost the capacity to foresee und to forestall. He will end by destroying the earth.«) Wieder ein kassandrisches Motto. Sehr erregend, da wir doch gleichzeitig vom Planen für die Zukunft reden.

Diese unauflösliche Verknüpfung von menschlicher »Kultur« und Zerstörung biologischer Gleichgewichte hinterließ ihre Spuren in der »großen Landzerstörung«. Beginnend im Zweistromland, fortgesetzt in den politischen Kraftfeldern der Mittelmeerküste, hat sie unsere Zone längst erreicht. Sie wandert mit der Menschenvermehrung und der Technologie wie ein entsetzliches Leiden nach Skandinavien und Sibirien weiter.

Eindrucksvoll schildert diesen Einbruch ein jüngst uraufgeführter russischer Film von Sergej Gerassimow (Der See). Hier wird die Ansiedlung eines Zellulosewerkes an den Ufern des Baikalsees, die dadurch verursachte chaotische Abholzung und die Verschmutzung des Sees, eines bis dahin unberührten Naturbereiches, dargestellt. Ähnliches wird vom See Mälaren in Südschweden berichtet.[3] Wer dem Vergiftungstod unserer Flüsse mit wachem Bewußtsein beiwohnt, kann sich des Mondfluges und des Prahlens mit dem sich immer rascher überholenden »Fortschritt« nicht so ungezwungen erfreuen, wie er gerne möchte.

Fortschritt beflügelt – aber, sobald man sich Beispiele wie diese vor Augen hält, erschreckt er auch. Es ist die Machtfülle bei mangelhaftem Bewußtsein der Verantwortlichkeit, die beides bewirkt. Die Maßlosigkeit, mit der immer neue Ziele technischer Machbarkeit angesteuert werden, ist verlockend und unheimlich. Im Schatten bleibt dabei die Irrationalität vieler Motive: vieles technisch Machbare wird nicht verwirklicht, sobald irrationale Momente ins Spiel kommen. Es wird mit

3  Vgl. K. L. Ulrich, Die Rettung eines Sees, Frankfurter Allgemeine Zeitung, 14. 3. 1970.

erheblichem Aufwand an der Transplantation von Organen gearbeitet, aber bei weitem nicht mit dem gleichen Scharfsinn an der Beschränkung des Geburtenüberschusses in den verschiedenen Ländern, in denen er aus verschiedenen Gründen bisher nicht einzudämmen war. Dabei sind hier die technischen Mittel nahezu perfekt. Zahllose ähnliche irrationale Gegenläufigkeiten sind zu beobachten. Hochentwickelte Operations- und Narkosetechniken ermöglichen immer mehr Menschen ein relativ beschwerdefreies Leben bis in hohes Alter. Zugleich entwickelt sich eine Kultur mit dem Motto ewiger Jugend. Das bedeutet aber angesichts höchster »circensischer« Ansprüche, wie sie heute vielfach gestellt werden, eine zunehmend sich verkürzende Zeitspanne, in der sich das leistungsstarke Individuum auf solcher Höhe halten, in Selbstbestätigung sich entfalten kann. Mit 35 Jahren gilt man als Werbefachmann zu alt für dieses Geschäft. Und dies ist nicht der einzige Beruf, für den solche Faustregel gilt: mit 50 ist man im Topmanagement out. Es folgt ein immer länger sich hinziehendes Alter mit Wohlfahrtsfürsorge, aber ohne spannende, die Spannkraft regenerierende Aufgabenstellung.

Die Versorgung so vieler Menschen, die sich, von den technischen Produktionszentren angezogen, dort zusammenballen, macht immer rigorosere Verwaltungs- und Manipulationseingriffe in das Leben des Individuums notwendig. Streiks zeigen den hohen Grad unserer interdependenten Existenz. Das mit einer wachsenden Zahl technischer Lebenshilfen ausgestattete Individuum wird kategorisch vom Produktionsapparat, der es versorgt, gegängelt, bevormundet, kontrolliert und, wo es den Interessenten (oder wie das Schlagwort lautet: den Herrschenden) geboten erscheint: verführt, deformiert, falsch informiert.

Eine geradezu epidemische Ausbreitung des Rassismus führt uns vor Augen, daß vom technischen Fortschritt zunächst verdeckt sich gleichzeitig Hochspannungen entwickeln. Nicht die Befriedigung, die Unzufriedenheit nimmt zu. Wie erklärt sich dieser Wohlstandshunger? »Mein Selbstwert wächst nicht in meinem Beruf«, kann unter Umständen ein Angestellter sagen, der eine leitende Stellung einnimmt. Ein frustrierendes Moment ist in der spezialistischen Arbeitsteilung wirksam; die Enttäuschung von Menschen, die sich bei ihrer Arbeit nicht als Personen, sondern nur als Funktionsträger angesprochen sehen. Sie geraten in einen Zustand hochgradiger Reizbarkeit. Man ist, oft berechtigt, gegen Ansprüche überempfindlich, trägt dabei die eigenen Ansprüche recht autoritär vor. Eigene Verantwortung wird gescheut, dabei erwartet man, die Verantwortlichen müßten alle jene Probleme lösen können, die man abschütteln möchte. Dazu bringt das Leben in Mengen unüberschaubar großer Zahl eine fortwährende Enttäuschung über diese Anonymität der eigenen Existenz mit sich.

Solche Gefühle werden selten klar ausgesprochen, aber sie sind unbewußt an unserem Verhalten mitbestimmend. Die technisch geschaffene Arbeits-, Erholungs-, Wohnumwelt ist eine neue Umwelt für Menschen, die noch nie gezwungen waren, unter solcher Zahl von Artgenossen zu leben. Es war in keiner Epoche einfach, dem Leben einen Sinn abzugewinnen; die Technologie hat dieses Problem nicht erleichtert.

Dieser Widerstreit zwischen technischem Fortschritt und innerer emotioneller Unsicherheit korrespondiert mit der progressiven Zerstörung evolutionär gewachsener Lebensräume. Das könnte eine der Grundthesen für eine moderne Kassandra sein. Die wahrsagende Fähigkeit der Prophetin müßte aber mehr bewältigen. Was sie heutzutage vor unseren blicklosen Augen entschleiern müßte, ist der für uns noch unabsehbare Einfluß neuer objektiver Tatsachen auf die seelische Entwicklung und die psychische Verfassung. Tatsachen wie die Rolle der Bürokratie, der Fraktionierung der Arbeitsprozesse, der sozialen Isolierung einer großen Zahl von Menschen. (Man bedenke z. B., daß 60 Prozent aller Haushaltungen von Berlin 1-Personen-Haushalte sind!) Auch der Grad der Unerbittlichkeit des Konkurrenzzwanges ist eines dieser neuen Fakten.

Wir dürfen aber einen Prozeß, der in umgekehrter Richtung verläuft, nicht übersehen. Neben den ökonomisch bedingten physischen üben seelische Entbehrungen in den in Überbevölkerung verelendenden Subkontinenten einen Einfluß aus, der in seinen Auswirkungen unabsehbar ist. Tradierte rücksichtslose, menschenverachtende, ausbeuterische Herrschaftsformen sind in keiner Weise der Aufgabe gewachsen, infantil und unwissend gehaltene Menschenmassen auf die ersten Stufen der Selbstverantwortung vorzubereiten. Elend und Wut erzeugen zwangsläufig irrationale Sehnsucht nach idealen Befreiern. Die Verachtung, die man erfahren hat, schreit gleichsam nach gewalttätiger Rache. Man braucht nicht Kassandra zu sein, um vorauszusehen, daß in diesem historischen Prozeß, in dem sich Gewalt auf Gewalt setzt, neue Herrschaftsformen mit hartem, repressiven Machtanspruch sich durchsetzen werden; Systeme, von denen totale Identifikation, totaler Konformismus gefordert, in denen jeder Ansatz zu einem alternativen Denken vernichtet wird, wie einst in den besten Zeiten religiöser Ketzerverfolgung.

Wir befinden uns also in einer Lage, die Angst erregen muß, wenn wir sie uns klar machen. Mit Hilfe der Computer sind wir in der Lage, immer präziser technische Entwicklungsschritte voraussagen zu können. Gleichzeitig werden die Reaktionen auf eine Lebenslage, die so wenige Merkmale einer vertrauten Vergangenheit wiederholt, immer unberechenbarer. Das feed-back, das durch die permanente Revolution der Erfindungstechnik geschaffen wird und durch Rationalisierung der Organisation, in welcher zwischen Menschen und anderen Objekten zähl- und meßbarer Art nicht prinzipiell unterschieden wird – dieses feed-back auf das Lebensgefühl und seine unbewußten Wurzeln ist die große Unbekannte.

Die historische Herausforderung an unser Erkenntnisvermögen läuft auf die Frage zu: Welche Chancen der Befriedigung sind unserer Gefühlsseite in diesem Sturm technischer Entwicklung gegeben? Unsere Triebbedürfnisse mit ihren emotionellen Auswirkungen sind in Zeiträumen der Evolution entstanden. Gegenüber der von uns in unendlich kurzen Spannen inszenierten Kulturgeschichte sind sie von unerschütterlicher Beharrlichkeit. Jeder Säugling muß wie vor Jahrtausenden mit der Muttermilch die Urerfahrung der Sicherheit, welche die Mutter gibt, machen können. Muttermilch läßt sich durch ein womöglich besseres technisches Produkt ersetzen. An der für das Überleben des Säuglings entscheidend wichtigen Gefühlsbeziehung zwischen Säugling: Mutter, Mutter: Säugling läßt sich *technisch* nichts ersetzen. Man kann nur dafür sorgen, daß diese affektive Beziehung geschützt wird. Zweifellos destruieren wir aber in unserem Fortschrittswahn nicht selten außer Landschaften draußen auch unsere Gefühlsbeziehungen untereinander.

Die Vervollkommnung der Technologie hat sich aber nicht als eine Entwicklung, die gradlinig verläuft, erwiesen. In ihren Auswirkungen auf unser Erleben bedeutet der Bau der Atombombe einen Wendepunkt. Von jetzt an beginnt das Zeitalter der Eskalation der Angst – einer Angst, die letzlich darauf hinausläuft, daß der Mensch nun nicht mehr nur damit rechnen muß, daß Artgenossen Hand anlegen können, um ihn umzubringen, sondern daß auch Mord in unfaßlichem Ausmaß anonym technisiert werden kann. George Wald (Nobelpreisträger 1968 für Physiologie und Medizin) hat in seiner berühmt gewordenen Rede im Massachusetts Institute of Technology dieses Problem behandelt. Er ging von den Studentenunruhen in aller Welt aus; entgegen dem üblichen Geklage über die Entartung der Jugend erkannte er, daß es sich nicht um Jugendprobleme, sondern um solche der Erwachsenen handle. Jener Erwachsenen, welche die Geschäfte dieser Erde besorgen, von der Erziehung ihrer Kinder bis zur Rüstungs- und Außenpolitik. Die heute lebende Jugend ist die erste Generation, sagt Wald, die »keinesfalls sicher sein kann, daß sie eine Zukunft vor sich hat«.[4] Atom-

---

4 The Boston Globe, 8. 3. 1969, deutsch in: Darmstädter Blätter, Heft 8, 1969, S. 23 ff.

bomben können jederzeit ihr Leben, vielleicht Leben überhaupt auslöschen.
Diese Machtanhäufung muß das Mißtrauen gegen jede Regierung erwecken, denn auch ihre Mitglieder verfügen aller Voraussicht nach nicht über einen höheren Grad von emotioneller Weisheit als frühere Regierungen, unter denen sich Kriege im herkömmlichen Sinne zugetragen haben. Und in der Tat wollen eine wachsende Zahl von Menschen sich nicht mehr mit ihren Heimatstaaten identifizieren, solange diese ernsthaft sich damit brüsten, Machtmittel zu besitzen, mit denen sie jeden Gegner vernichten können – und natürlich auch potentiell ihre eigenen Bürger, wenn sie nicht parieren. Wald beobachtete, daß er von den Studenten, besonders den ganz jungen, in den letzten Jahren kaum noch affektive Antworten bekam. Er frage sich, was da in falscher Richtung sich entwickle. »Es scheint fast so«, meint er, »als breite sich das Gefühl aus, Erziehung sei ohne Sinn, irrelevant geworden.« Das ist natürlich Apathie und keine stoische Haltung, aber es ist eine konsequente Reaktion, wenn es ungewiß ist, ob man nicht jeden Augenblick in einer Globalkatastrophe zugrunde gehen kann. Dann lohnt es nicht, für diese menschliche Welt, für den anderen Opfer zu bringen. Und: sich erziehen lassen, heißt doch immer, einwilligen in Opfer, die man seinem uranfänglichen Egoismus (seinem Narzißmus) abfordern muß. Erst den anderen zuliebe wird man Mensch.
Es konnte sich gewiß zu allen Zeiten zutragen, daß ein offensichtlich sehr geistesgestörter Mensch wie Charles Manson Gefolgsleute fand, die ihm hörig wurden und die dann fähig waren, grauenvolle Dinge zu tun wie das Massaker im Hause des Regisseurs Polanski. Daß dieser Mann aber eine Art von Heros mit Fans, weit verstreut in der Welt, werden konnte, die ihm nacheifern, zeigt, bis zu welcher Tiefe die Dissoziation nicht weniger Individuen von den sozialen Ordnungen, in denen sie leben, fortgeschritten ist; wie wenig sie sich aus der Zerstörung von Menschenleben und schlußendlich auch aus der Zerstörung ihres eigenen machen. Man wird kaum fehlge-

hen, wenn man Phänomene wie Charles Manson und die Reaktionen, die er ausgelöst hat, wenn man die ungehemmt sadistische Zerstörungslust in den Slumgebieten und Neger-Ghettos, wie sie früher Nelson Algren (in: »Nacht ohne Morgen«[5]) und in jüngerer Zeit Hubert Selby (in: »Letzte Ausfahrt Brooklyn«[6]) beschrieben haben, als tiefgreifende Zerfallsprodukte einer Gesellschaft auffaßt, die nicht in der Lage ist bzw. auch gar nicht den Wunsch hat, bestimmte Gruppen menschenwürdig zu behandeln und ihre eigenen unmenschlichen Haßeinstellungen an sich wahrzunehmen. Dieser skrupellose Gruppenegoismus bekommt angesichts der Drohung, daß alle Menschen möglicherweise in kurzer Frist zugrunde gehen werden, den Charakter einer blutigen Farce.

In ihrer bisherigen Geschichte war die Spezies Mensch an Naturkatastrophen gewohnt. Nachdem sie jeweils überstanden waren, ging das Leben trotz der geforderten Opfer weiter. Diese »Prüfungen« konnten die Individuen mit ihrer Frage nach dem Sinn, mit ihrem Glauben an sie schützende Gottheiten zur Not verbinden. Was das Individuum jetzt zu bestehen hat, ist »soziales Urmißtrauen«, um diesen Begriff Erik Eriksons aus der Mutter-Kind-Beziehung, in der man Urvertrauen oder Urmißtrauen erwirbt, auf das Verhältnis des Individuums zur Gesellschaft als ganzes zu erweitern. Urmißtrauen lähmt aber die Bindungskraft der Gefühlsbeziehungen der Menschen untereinander und fördert den urtümlichen, vor-vernünftigen Egoismus des Individuums. Urmißtrauen lähmt jede lebendige Ethik. Was zurückbleibt, ist sozial konformes Verhalten, je nachdem wie weit die Einschüchterung durch Strafandrohung reicht: dahinter beginnt der menschliche Dschungel, elektronische Musik, Schreie!

In einer Lage wie dieser, hat es die traditionelle Ethik schwer, ihre Geltung zu behalten. Sie hat in einer so tief dehumanisierten Welt, in der vor unser aller Augen in Vietnam ein Volk mit seinen Häusern, Feldern, Bäumen in zynischer Machtde-

[5] Hamburg 1956.
[6] Reinbek 1968.

monstration ermordet wird, kaum Anspruch auf Glaubhaftigkeit für ihren Kernsatz behalten: »Liebe deinen Nächsten wie dich selbst.« Trotzdem: wir sind auf Ethik, auf Wertorientierung angewiesen, da wir über kein in der Evolution entstandenes verbindliches Sozialverhalten verfügen. Unsere tradierte Ethik wird ihre Geltung nicht behalten. Es ist damit zu rechnen, daß um eine neue Form der Selbstverantwortung gerungen werden muß: Grundsatz um Grundsatz. Selbst wenn in diesem Prozeß ethische Normen, die in der bisherigen Geschichte mangelhaft verwirklicht blieben – wie etwa die Nächstenliebe –, erneut zentrale Bedeutung erlangen sollten: sie müssen neu begründet werden, nicht von einer transzendenten Sinngebung her, sondern von einer durchaus diesseitigen. Mit anderen Worten: Gebote können nicht mehr ausschließlich von Gott und Göttern hergeleitet werden. Sie müssen von Menschen anerkannt sein, die wissen, daß sie es sind, die mit ihrem Handeln die Geschicke dieser Erde entscheiden. Denn der Mensch ist die »beherrschende Art« geworden, die keine ernsthaften Rivalen mehr kennt. Es mag sein, daß Menschen auch weiterhin das Bedürfnis fühlen, sich an Gott oder Götter um Rat, um Hilfe, Offenbarung zu wenden, daß sie bestehende Religionstraditionen weitertragen werden. Das muß keineswegs die ethische Selbstverantwortung stören, kann sie aber nicht ersetzen.

Geboten muß zukünftig also eine Verständigung von Mensch zu Mensch vorangegangen sein. Das war, freilich in einem selbstverborgenen Sinn, auch früher der Fall. Im Erleben der Menschen waren es die von ihnen erschaffenen Götter, die sich dann gebietend offenbarten. Jetzt kann es nichts anderes als die Verantwortung aller am Schicksal des Ganzen sein, was zur Überwindung des vernunftlosen Egoismus führen oder doch wenigstens ihn in Schach halten kann. Zweifellos stellt dieser Abbau der Hoffnung auf eine väterliche Hilfe, die über den ganzen Lebensweg des Menschen hin erreichbar zu bleiben scheint, eine schwere Belastung dar. Es ist deshalb auch die gängige Meinung, daß der Mensch nicht in der Lage sei, diesen Trennungsschmerz von der göttlichen Führung zu ertragen. Das trifft für die große Zahl der Menschen und für den gegenwärtigen historischen Augenblick gewiß zu; damit ist aber noch nicht gesagt, der Mensch habe bereits die Grenze seiner psychischen Entwicklungsfähigkeit erreicht.

An dieser Stelle ist kein Grund, berechtigten Optimismus gering zu achten. Die Neuzeit ist durch die Tatsache zu charakterisieren, daß dieser um konservative Lenkung seiner Geschicke bemühte Mensch – alle seine Rechts- und Glaubensnormen beanspruchen ewige Gültigkeit – die drei großen Enttäuschungen, auf die Freud angespielt hat[7], leidlich ertragen und sich zueigen gemacht hat: die Kopernikanische Kränkung, daß die Erde nicht, wie unsere Religion beanspruchte, Mittelpunkt der Welt ist; die Darwinsche Kränkung, daß unsere Art sich im Zusammenhang mit anderen Arten entwickelt habe; schließlich die von Freud zugefügte psychologische Kränkung, daß wir hinnehmen müssen, unser bewußtes Ich sei nicht unbeschränkter Herr im eigenen Haus; es bemühe sich vielmehr, oft ängstlich, oft unglücklich, zwischen den Triebansprüchen in uns und den Kulturanforderungen an uns zu vermitteln. Freud hat sehr deutlich gesehen, daß sich der Einzelne mit Mühe gegen die übertriebenen Anforderungen und Überforderungen seiner Mitmenschen und seiner Gesellschaft zu wehren hat, daß es aber auch gilt, die Kultur »gegen den Einzelnen zu verteidigen«[8], gegen seinen vernunftlosen Egoismus. In dieser Auseinandersetzung stehen wir mittendrin. Sie ist spannend und an sich nicht beängstigend. Was Angst einflößt, ist die Unterschiedlichkeit des Tempos. Der Kampf um ethische Prinzipien ist ein sehr langsamer Prozeß. Er vollzieht sich nicht in Augenblicken, sondern im Abstand von Generationen. Die technologischen Umweltveränderungen aber gehen in großer Geschwindigkeit vor sich und bringen, meist als Nebeneffekt, Verhältnisse mit sich, in denen überlieferte, an alten Umwelten entwickelte ethische Orientie-

7 S. Freud, Ges. Werke XIV, S. 109.
8 S. Freud, Ges. Werke XIV, S. 327.

rungen leer zu laufen beginnen. Die Studentenunruhen haben doch mit großer Deutlichkeit nicht nur die persönliche Psychopathologie mancher ihrer Exponenten offenbart, sondern vor allem die Sterilität des herkömmlichen Herrschaftsanspruchs (juristischer, politischer, universitärer, militärischer, religiöser Institutionen), und wieviel enger Anspruch auf Privilegiertheit sich in ihnen fälschlich ethisch zu begründen sucht.

Die von solcher Ohnmacht überraschte Öffentlichkeit sieht zunächst nur Züge der Verwahrlosung, schließt sich dann aber bald der Übertretung bisher geheiligter Tabus an, womit die neue Aufgabe beginnt, im sexuellen wie im aggressiven Verhalten eine neue ethische Orientierung zu finden.

Man muß gegenwärtig den Eindruck gewinnen, es sollte möglich sein, größere sexuelle Freiheit mit ethischen Normen zu vereinen. Aber es gibt keine Sexualität ohne gleichzeitige aggressive Lebensäußerungen. Diese sind, weil uns unzugänglicher, in ihrer Herkunft wesentlich dunkler geblieben. Das kommt z. B. auch darin zum Ausdruck, daß es in der Vergangenheit immer wieder kollektive Orgien aggressiver Triebbefriedigung gegeben hat – z. B. bei der Verfolgung von Minderheiten – ohne Anzeichen schlechten Gewissens, ungleich seltener wenn überhaupt sexuelle Orgien gleichen Ausmaßes und gleicher Öffentlichkeit. Wenn wir bedenken, daß ein großer Teil unserer Aggressivität sich heute in der Erfindung von Massenvernichtungsmitteln des Menschen Ausdruck verschafft, so versteht man Freud: »Menschliche Schöpfungen«, meint er, »sind leicht zu zerstören, und Wissenschaft und Technik, die sie aufgebaut haben, können auch zu ihrer Vernichtung verwendet werden.«[9]

Viele der Forscher, die den Menschen als Erkenntnisobjekt haben, stimmen darin überein, daß zwei Forderungen erfüllt sein müssen, um die Überlebenschance der Menschheit zu verbessern. Erstens: es müßte gelingen, ein Bewußtsein herzu-

---

9 S. Freud, Ges. Werke XIV, S. 327.

stellen, das die eigene Interessensphäre, die Interessensphäre der eigenen Gesellschaft überschreitet und bei allen Entscheidungen im eigenen Interesse fähig ist, die Vernunft größerer Zusammenhänge zu respektieren. Unter normalen Bedingungen würde man annehmen können, daß es sehr großer historischer Zeiträume bedarf, um diese Bewußtseinsveränderung herbeizuführen; und dazu noch diesem Bewußtsein soviel Widerstandskraft zu verleihen, daß es sich gegen die »niedrigen« vernunftarmen Interessen durchzusetzen vermag. Vielleicht lehrt die Not – die permanente atomare Todesdrohung –, dieses Bewußtsein rascher zu entfalten. Zweitens: die Methode, die zuhilfe kommen könnte, um der Nivellierung der Individuen zu begegnen, wäre die systematische Erziehung zu einer größeren Autonomie der Entscheidung, und zwar aufgrund kritischer Denkfreiheit. Sie wurde bisher nur selten geübt, denn jede herrschende Schicht ist bestrebt, erzieherisch Typen zu bilden, mit deren Hilfe sie ihre Machtpositionen weiter verteidigen kann. In der Mehrzahl der Gesellschaften hat es überhaupt noch nie eine Entwicklung zu dialektischem Denken gegeben, zu einer toleranten Auseinandersetzung mit dem Ziel der Wahrheitsfindung.

Das sind zwei ethische Grundforderungen (Bewußtseinsstärkung, Erziehung zum kritischen Denken) im Zeitalter fortgeschrittener Technologie. Sie ignorieren diese Technologie nicht, sondern sehen in ihr die Herausforderung, den Bedingungen dieser neuen Umwelt sich gewachsen zu zeigen.

Es werden viele anpassungserleichternde Mittel dem Zeitgenossen angeboten, z. B. in der Form von stimulierenden oder das Wohlbefinden steigernden Drogen. Es werden aber auch nicht wenige Drogen angeboten, die ihm das Defizit seiner Anpassungsfähigkeit verschleiern. Im Vordergrund stehen dabei die euphorisch stimmenden Mittel, und wie dringend das Bedürfnis nach ihnen ist, zeigt der gegenwärtige Kampf gegen die Beschränkung des Haschisch-Genusses.

In diesem Zusammenhang ist es vielleicht notwendig zu betonen, daß es als fahrlässige Zukunftshoffnung gelten muß, zu glauben, emotionelle Konflikte und Sinnprobleme, emotionelles Mißbehagen, könnten durch technischen Fortschritt, durch chemische Kunstprodukte, wie etwa das LSD, aufgelöst werden. Man möchte den Menschen gewiß den Trost von Baudelaires »Künstlichen Paradiesen« gönnen. Aber wenn sie von ihnen zurückkehren, bleibt ihnen die Aufgabe, miteinander hienieden auskommen zu müssen. Und das wird nur durch bessere Selbsterkenntnis gelingen können. Bessere Technik schafft keine Moral, geschweige eine bessere. Der Zusammenhang zwischen Moral und Technik ist ein höchst vermittelter. Das Mißverhältnis zwischen der Entwicklung unserer technischen Intelligenz und der Fähigkeit, unsere emotionellen Konflikte auf einer höheren als der egoistischen Ebene zu schlichten, hat diese ungewöhnlich gefährliche Situation für die Menschen heraufbeschworen.

Ein letztes Wort über die Not der Kassandra. Ihren Warnungen entgeht man am besten, indem man sie im Prinzip anerkennt, aber die Verantwortung für das, was faktisch geschehen müßte, verzettelt: es wird sich schon irgendwer darum kümmern, daß alles nicht so schlecht herauskommt, wie es jetzt den Anschein haben mag.

Naturforschung und Technik haben in den vergangenen anderthalb Jahrhunderten die unglaubhaftesten Utopien verwirklicht. Die industriellen Organisationen, die dies zustande gebracht haben, sind in ihrer Effektivität den staatlichen bei weitem überlegen. Auf politische Lösungen mehr als minimale Hoffnungen zu setzen, wäre Wunschdenken. Die United Nations spiegeln wider, wie zähe der Widerstand ist, den die Gruppenegoismen offensichtlichen Vernunftforderungen entgegensetzen, und wie dieser Teufelskreis von Angst und Aggression, die sich gegenseitig steigern, in der politischen Kommunikation sich als fast unüberwindlich erwiesen hat. Hier sehen wir die archaischen Triebkräfte von uns allen gebündelt am Werk.

Wenn von der Politik keine umwälzende Konflikt- und Problemlösungen in absehbarer Zeit zu erwarten sind – nichts spricht dafür, daß es anders kommen soll –, dann ist die Frage berechtigt, ob nicht Zusammenschlüsse der industriellen Organisationen zur ethischen Selbstkontrolle eine zuzügliche Hilfe gegen aggressive Zerstörung unserer Lebensbasis bringen könnten.

Gemeint ist mit diesem Vorschlag keine moralische Absolution der Lobby-Politik, sondern genau das Gegenteil, etwa die Untersuchung der Frage, ob das Konkurrenzdenken, das z. B. im Rüstungswettlauf apokalyptische Stufen der Selbstentfremdung erfahren hat – ob dieses Konkurrenzdenken weiterhin sich selbst auf der Ebene partikularer Egoismen überlassen bleiben darf. Denn nur noch menschheitlich konzipierte Entscheidungen könnten uns vielleicht vor kommenden Massenkatastrophen retten. In den Hungersnöten der achtziger Jahre werden solche menschheitlichen Katastrophen auf uns zukommen. Es ist heller Wahnsinn, statt heute schon mit den vorbeugenden Maßnahmen zu beginnen, den Großteil unserer Energien in unfruchtbarer luxurierender Konkurrenz, vor allem der Konkurrenz der Waffensysteme, zu verschleudern.

Dagegen scheint es vernünftig, die industriellen Organisationen zu zwingen, zunächst eine Atempause des technischen Fortschritts unter Konkurrenzdruck einzulegen, um alle Energien auf den Erziehungsfortschritt richten zu können. R. B. Johnson sprach von den »Ekstasen der Selbstentdeckung und der Selbstgestaltung« (self-discovery and selfexpression), die im Erziehungsprozeß nicht verlorengehen dürfen. Es ist doch klar, daß nicht der Massenbetrieb als solcher unsere Universitäten lähmt, sondern die unzureichende Fürsorge und Hilfe, die der Student als Individuum auf ihnen erfährt. Das schafft auf der Ebene unserer kulturellen Entwicklung die gleiche ohnmächtige und destruktive Wut wie auf der Ebene der Entwicklungsländer die untergründige Wut der Analphabeten, vom Wissen der Zeit am ersten Anfang schon ausgeschlossen zu sein. Die Majorität der Politiker hat das offenbar wieder »im Prinzip« verstanden und versagt in der entscheidenden Hier- und Jetzt-Situation. Es bleibt natürlich die große Frage, ob ausgerechnet ein Zusammenschluß der Produzenten, deren innerster Antrieb die Überflügelung des Konkurrenten und die Vermehrung des Profits war, die hier geforderte Selbstbesinnung leisten kann und wird. Da es sich um Probleme handelt, die nicht an ideologische Prämissen gebunden sind, ist die Aussicht vielleicht nicht so schlecht wie es zunächst den Anschein hat. Ob die Biotope an den Niagarafällen unter kapitalistischem oder der Baikalsee unter sowjetischem Regime zerstört wurden, ist unerheblich. Die Einsicht in die Notwendigkeit einer industrietechnischen Abrüstungskonferenz könnte eine faktische militärische Abrüstung vielleicht erst erreichbar machen.

Wenn wir Ansätze des Denkens in dieser Richtung nur den anderen überlassen, dann eben verhallen wieder einmal Kassandras Rufe.

# 10. Der Wandel im Erscheinungsbild und in der Struktur politischer Autorität

Es ist nicht zu hoffen, daß die im Titel angekündigte Thematik auch nur einigermaßen zureichend behandelt werden kann. Die Entwicklung oder der Wandel, über den mehr Klarheit verlangt wird, ist stürmisch; das Gemisch von Sinn und Unsinn dagegen ist wie in fast allen affektiven Beziehungen der Menschen untereinander kaum zu entwirren. Mehr als Anregungen sind deshalb kaum zu erwarten.

Aus aktuellem Anlaß versuche ich, das Problem politischer Autorität dort anzupacken, wo sie heftig angegriffen wird – vornehmlich von den Studenten, nicht nur unseres eigenen Landes. Wahrscheinlich werde ich Sie mit meiner Auffassung provozieren, es bestehe immerhin die Chance – in den letzten Monaten scheint sie mir verringert –, hier könnte ein Stück neuer politischer Geschichte in Deutschland beginnen. Es ist freilich gänzlich unentschieden, ob der angestrebte revolutionäre Vorgang wiederum, wie in vorangehenden Anläufen in unserer Geschichte, frühzeitig zum Erliegen kommt.

Dabei möchte ich, um mich gleich bei jedermann in die Nesseln zu setzen, anfügen, daß die Unfähigkeit zur Revolution vielleicht nicht nur bei der hartnäckigen Ordnungssucht, die uns auszeichnet, also bei sehr tief in uns liegenden Motivationen zu suchen ist und damit auf das Konto der tonangebenden Schichten kommt, sondern daß diese revolutionäre Unfähigkeit mit hoher Wahrscheinlichkeit auch bei den rebellischen Studenten selbst begründet ist. Sie sind schließlich Kinder unserer Geschichte und entwerfen in ihren anarchischen Hoffnungen zwar eine effektvolle Antithese, legen aber vielleicht nicht die Fundamente zu jenem nach-autoritären Geschichtsabschnitt, den man sich für Deutschland wünschen möchte. Anarchische Hoffnungen, so liebenswert die Inhalte, die sie vor uns hinstellen, sein mögen, haben sich in der

Geschichte immer als Vorboten terroristischer Systeme oder Verbohrtheiten erwiesen. Wo man hinschaut: Vorsicht scheint geboten!
Das bittere Wort, daß die Revolution von links in Deutschland immer zum Mißlingen verurteilt ist, kann nicht einfach stehen bleiben. Man möchte doch wissen, warum eine gute Mischung von Aufklärung und Sozialismus sich in unserem Lande nicht verwirklichen ließ. Warum gerade im politischen Sektor Subalternität vorherrschte und vorherrscht, warum das Autonomiestreben des Individuums und der Gruppengeist in unserer Geschichte keine ähnlich befriedigenden Lösungen gefunden haben wie bei unseren skandinavischen Nachbarn, wie in Holland oder der Schweiz.
Ich finde es deshalb ziemlich grotesk, wenn gerade die Kreise in und außerhalb der Universität, die zweimal in einem Menschenleben, in fataler Verkennung der Realität, Krieg über die Menschheit brachten und die Tötung von Millionen ihrer Zeitgenossen als eine Notwendigkeit der Geschichte darstellten, sich nun entsetzlich entrüsten, wenn Studenten mit Pflastersteinen hundert Polizisten attackieren und verletzen. Man mißverstehe mich nicht, ich werde niemals die Gewalt an sich verteidigen, insbesondere dann nicht, wenn eine verantwortungslose Fehleinschätzung der eigenen Möglichkeiten Gewaltanwendung als infantilen Wutausbruch erscheinen läßt und nur dem Gegner nützt. Ich meine nur, daß besonders jenen es nicht gut ansteht, drakonische Maßnahmen zu verlangen oder sie gar anzuwenden, unter deren Ägide Konzentrationslager errichtet und eine Polenstrafordnung erfunden wurde. Wer da geglaubt hat, derartige Verbrechen würden spurlos im Orkus der Geschichte versinken, scheint sich geirrt zu haben. Es könnte nämlich durchaus sein, daß der gleiche Geist sich dann wieder zu regen beginnt, wenn ernstlicher Nonkonformismus in Erscheinung tritt, ein kritisches Anzweifeln der Grundlagen unserer Gesellschaft. Die Studenten wiederum wären nicht zu entschuldigen, wo sie in strategisch und taktisch aussichtsloser Lage sich sadistischer Prügellust als

Objekt anbieten und ihr wiederum den Weg in die Geschichte ebnen helfen.

Hier ist also offensichtlich etwas in Unordnung geraten oder eine bisher verdeckte Unordnung tritt in Erscheinung. Versuchen wir zu analysieren.

Hätte ich das Genie von Jonathan Swift und wäre ich auf Gullivers Reisen in Teutonien, dann würde ich es als das sauberkeitsbeflissenste Land, das mir vor Augen kam, schildern, ein Land mit einer Waschmittelkultur und dem »Weißen Riesen« als seiner höchsten Autorität, unterstützt von seiner Gattin »Omo«. Als während dieser meiner Reise einige junge Leute, denen es nicht behaglich war, sich, um ihren Protest auszudrücken, Haare und Bärte wachsen ließen und es mit der Sauberkeitsreligion nicht mehr ernst nehmen wollten, da traf sie des Volkes ungeteilter Zorn. Der hervorragende Abgeordnete Unertl nannte einen der Führer des bescheidenen Widerstandes – er hatte schon einen nichts Gutes verheißenden, verdrückten Namen: Dutschke – »eine ungewaschene, verlauste, verdreckte Kreatur«. Dieser Abgeordnete stammt aus einem, wie man sieht, wortmächtigen Stamm der Teutonier. Aber auch die anderen Autoritäten des Landes bis hinunter zu den Vätern in den Familien kamen immer wieder auf die Tatsache des Ungewaschenseins, der Unrasiertheit zurück und nannten die jungen Leute durch den Mund eines ihrer Minister, weit bekannt durch seine undurchsichtigen Machenschaften, »schmutzige, linksradikale Elemente«. Der Bürgermeister der alten Hauptstadt des Landes schließlich schüttelte sich beim Anblick von so viel Ungehörigkeit gegenüber der Autorität und rief zur wackeren Bekämpfung dieser »unappetitlichen Gesellen« auf.

Diese Landschaftsbeschreibung gebe ich nicht nur des Spaßes halber, sondern um ein fundamentales psychisches Gesetz des Handelns, vor allem des affektiven Handelns in Gruppen zu beschreiben – eines Handelns in einer Konfliktlage, für die zunächst keine Aussicht auf Lösung besteht. Die unangenehmen jungen Zeitgenossen sind zuweilen lästig wie verwöhnte

Kinder. Aber sie haben diesen Konflikt sichtbar gemacht – z. B. den Aspekt, daß man nicht mit der Hochschule, als im Mittelalter entstandener Institution, die Probleme der geistigen Schulung für die Aufgaben einer Erfindungszivilisation lösen kann, die ihre Entwicklungsbeschleunigung selbst induziert. Diese unangenehmen Zeitgenossen also, die das aufzeigen, werden so behandelt, als hätten sie durch ihr Verhalten diesen Konflikt hergestellt, seien also verantwortlich dafür.
Das psychische Geschehen, das jetzt in Gang kommt, besteht einmal in einer *Verkehrung ins Gegenteil*. Das heißt: psychische Abwehr unangenehmer Realität. Ich stelle meine Fehler als meine Tugenden dar. Solche Abwehrvorgänge sind weitgehend unbewußt gesteuert und drängen sich dem Individuum, das ihnen unterliegt, als selbstverständlich und richtig auf. Ein anderer entlastender Abwehrmechanismus ist die *Projektion*. Wo aus der bisherigen Herrschaftspraxis eine mißliche Lage oder gar eine gefährliche Situation entstanden ist, brauche ich nicht bei mir selbst nach den Ursachen zu suchen, das Unheil wird immer von *anderen* heraufbeschworen, ich bin von Schuld entlastet, und wie im antiken Drama werden die Boten der Schreckensnachricht zum bösen Feind. Nun bedarf es aber noch einer Legitimation, die es rechtfertigt, das Verlangen nach Änderung und nach neuen Lösungen als gänzlich ungerechtfertigt hinzustellen. Das wird leicht gemacht durch die Verketzerung der Merkmale jener Rebellen, die so penetrant den Konformitätsidealen widersprechen.
Natürlich herrscht nicht nur in Deutschland, sondern in der angelsächsischen, überhaupt der germanisch bestimmten Welt die Waschmittelkultur. Es ist nicht nur ein »gag«, von ihr zu sprechen. Wir wollen alles, was es gibt, »sauber« haben oder sauber machen: ein sauberes Parlament, eine saubere Leinwand, saubere Züge und reine Herzen. Sauberkeit, so zur Einheitsforderung erhobene Sauberkeit, verrät eine heftige Abwehr der *Schmutzlust,* der wir als Kinder doch so glücklich hingegeben waren, freilich immer bedroht von den fanatischen

Müttern, die uns adrett haben, und den Vätern, die uns in die leuchtenden Augen blicken wollten. Sauberkeit hat viel von einer Ersatzlust. Wo sie wenig zwanghaft ist (also sicher nicht in unserem Land), kann sie sublime Genüsse fördern, statt archaische Sehnsüchte abzuwehren.

Unabhängig von ihrer Entstehung und Begründung aus hygienischen Bedürfnissen muß Sauberkeit eine unbewußte Bedeutung als Appell zur *Selbstreinigung von Schuld* erlangt haben. Der trotzige, oft clownhaft übersteigerte, aber immer weiter sich ausbreitende Kleidungs- und Haartrachtstil der Studenten trifft demnach ein neurotisches Kernstück der bisherigen Autoritäten. Mit geradezu traumwandlerischer Sicherheit vernachlässigen überall in unserem Kulturkreis die Protestierenden und Rebellierenden, die sich zu solcher Selbstreinigung nicht motiviert sehen, jene äußere Merkmale, die als Bügelfalte und gepflegter Haarschnitt das Dazugehörigsein zum Establishment signalisieren und dadurch den Betreffenden das Gefühl der Sicherheit, Geborgenheit im Kollektiv geben. Man fragt sich, was die Herren Strauß, Unertl, Schütz getan hätten, wenn sie einem christlichen Eremiten begegnet wären; und überhaupt, wo sie es hingezogen hätte damals? Wären sie säuberlich in ihre Toga gekleidete römische Autoritäten und Amtspersonen gewesen, oder schon damals Mitglieder der wahrscheinlich auch nicht sehr sauber gewaschenen urchristlich proletarischen und dazu nur teilweise intelligenten Minorität der Urchristen, die trotzdem langsam alles aus den Angeln hoben?

Um die Problematik der Herstellung politischer Autorität in unseren technologisch hochgerüsteten Großgesellschaften verstehen zu können, ist es gut, dieses Feld, diese Landschaft weiter anzusehen, also zu prüfen, was an Autoritätskritik denn inhaltlich angemeldet wird. Die internationale Studentenbewegung hat da manches schon vorformuliert. Auch Amerika hat übrigens seinen SDS, was dort bedeutet: Students for a Democratic Society. Für die beiden SDS und auch die anderen politischen Studentengruppen gilt – wie sorgfäl-

tige soziologische Untersuchungen erwiesen haben –, daß ihre Revolte eine der Bevorzugten ist, »a revolt of the advantaged«. Ein großer Teil der aufsässigen Studenten in allen Ländern stammt aus den oberen bis obersten sozialen Schichten und außerdem gehören viele von ihnen, was ihre intellektuellen Leistungen betrifft, ebenfalls zur Spitzengruppe. Diese Top-Studenten sind also in doppelter Hinsicht sozial wie intellektuell von Angst entlastet; das ist außerordentlich wichtig festzuhalten. Es handelt sich um eine Gruppe der Privilegierten, die ihre kritische Intelligenz nicht auf den Ausbau ihrer Privilegien, sondern auf die Reflexion der Verhältnisse, aus denen sie herkommen, richten. (Was übrigens nicht ausschließt, daß viele Elemente des Protestes von persönlichen Leiden beeinflußt werden. Man vergesse dabei nicht, daß die heutige Jugend Eltern hat, die keineswegs mit *ihrem* eigenen Schicksal fertig wurden.)
Wie alles, will auch Protest gelernt sein. Die besten analytischen Entdeckungen verwandeln sich im Kampf mit den schwer in Bewegung zu setzenden öffentlichen Verhältnissen in stupide Klischees. Wenn ich aber bedenke, daß die herrschenden Schichten bei uns sich dem Verleugnen ihrer Vergangenheit, dem Werbespruch des Greisentums: Keine Experimente! hingegeben und den Trugschluß gehegt und gepflegt haben: weil technische Entwicklung Wohlstand brachte, sei es um den Staat, den wir bewohnen, auch schon bestens bestellt, dann sehe ich da auch keine geistigen Elmsfeuer züngeln. Beides scheint erschwert: Autorität zentral kritisch zu treffen, Kritik lebendig zu halten und nicht im Schlagwort erstarren zu lassen, wie andererseits: Autorität zu sein.
Die Zeit übt einen mächtigen Druck auf jedermann aus. Studenten bleiben ja nicht lebenslang Studenten, obgleich es schon neue permanente gibt (bei uns wie an den amerikanischen Universitäten). Was wird aus den heute rebellierenden Studenten werden? Werden sich die Protestpositionen halten lassen und an den Verhältnissen etwas zu ändern vermögen? Erlischt die Unruhe? Gehen die Ansätze zu intellektueller

Differenzierung der Probleme im Gewaltkult verloren? Mündet alles in neue Stereotype, neue Parteilinien? Wer hätte nicht gern sichere Antworten.

Was nun die Kombination von sozialer und intellektueller Chance bei der Führungsgruppe der rebellierenden Studenten betrifft, so muß man sich ihre Lage klar machen. Nach Fähigkeit und Herkommen ist ihnen der Weg, rasch selbst zu Autoritäten zu werden, in das führende Management vorzustoßen, sicher nicht verschlossen. Was führt sie, die von Angst stärker entlastet sind als die Masse der Lohn- und Gehaltsabhängigen dieser Gesellschaft, dazu, mehr und mehr Positionen und Individuen in diesem Staate abzulehnen?

Zunächst ist zu bedenken, daß bis 1959 niemand – weder in Europa noch in den Vereinigten Staaten – die Entwicklung einer organisierten Unzufriedenheit, des Protestes und des politischen Aktivismus gerade bei der Jugend vorausgesehen hat[1], im Gegenteil händeringend beklagt wurde, daß diese Jugend nur durch ein Streben nach Pensionsberechtigung charakterisiert sei und sonst durch politische *Apathie,* dann muß dieser Umschwung in dem vergangenen Jahrzehnt sehr erstaunen. Sicher sollte man sich nicht mit vorschnellen Erklärungen zufriedengeben.

Ein Umstand tritt besonders deutlich hervor; die Studenten wurden von Sachgebieten, die auf ihren Universitäten sehr zu kurz kamen, fasziniert. Nicht zufällig waren es Wissenschaften vom Menschen, von der menschlichen Gesellschaft, der politischen, der ökonomischen Ordnung, der Eigenart der Beziehung des Menschen zu Gruppen und Gesellschaft als ganzes. Die Studenten haben sich oft in jahrelanger Arbeit, ohne von Professoren viel Hilfe zu finden, vorzüglich in diesen Sachgebieten orientiert und haben nun im Streit eine wilde Mischung von trefflichen und zweifelhaften Argumenten vorzubringen; was sie wiederum natürlich nicht beliebt macht. In den Fächern jedenfalls, in denen die Reflexion des menschlichen

---

[1] Wie Flacks in einer sehr lesenswerten Studie über die »Befreite Generation und die Wurzeln des Studentenprotestes« gezeigt hat.

Verhaltens eine bedeutende Rolle spielt, ist die Autoritätsdistanz zwischen Lehrer und Schüler sehr verringert. Hier ist viel in Bewegung geraten, aber es herrscht noch in vieler Hinsicht furchtbare Verwirrung.
Wer sich für den sicheren Weg ins »Management« entscheidet, der nimmt schrittweise an der Macht teil. Nach der Definition Max Webers bedeutet Macht jede Chance, innerhalb einer sozialen Beziehung den eigenen Willen auch gegen Widerstrebende durchzusetzen, gleichviel, worauf diese Chance beruht. Um ein Beispiel herauszugreifen: Für alle Machtpositionen erlangt in der Großgesellschaft die Verfügungsgewalt über die Massenmedien eine immer größere Bedeutung. Zwei amerikanische Soziologen, Leo Löwenthal und Norbert Gutermann, haben das sehr anschaulich formuliert, wenn sie sagen: »...mass media peddle the inside dope«; zu deutsch vielleicht: »Die Massenmedien bilden einen Ring von Händlern, die ihre Rausch- und Suchtmittel vertreiben.« »BILD« wäre etwa ein ausgezeichnetes Beispiel für »inside dope«.
Die Rundfunkräte, die den Programmdirektoren den Weg vorzeichnen, sind ein gutes Beispiel für neue Kanäle, in denen die Macht der Interessenten politische Autorität ausübt.
Wer aber den anderen Weg einschlägt und elementare Werte unserer Gesellschaft produktiv anzweifeln will, etwa auf den Unterschied zwischen Verfassungsabsicht und Verfassungswirklichkeit hinweist und das z. B. mit den gegebenen Besitzverhältnissen in Beziehung setzt, der ist in einer Zwickmühle. Er muß sich sichtbar provozierend abheben von der großen Herde. Das ist notwendig, um in der unbewußten Sphäre menschlichen Erlebens die Entfremdung zu signalisieren, die Nichtdazugehörigkeit.
Für den Revolutionär sind solche Merkzeichen unerläßlich. Denken Sie an die Sansculottes der Französischen Revolution. Sie schaffen Marken der Bekanntheit, wie der Messerhaarschnitt das Establishment ankündigt. Die Bärte unserer Studenten und die Bärte der ehemaligen Eremiten sind darin

von gleichem Motiv. Diese äußerliche Abweichung bringt es aber, wie die Reaktion der Bevölkerung bei Studentendemonstrationen immer wieder gezeigt hat, dahin, daß die von der »inside dope«, von der Ideologie der großen Apparate in ihren Zielvorstellungen einseitig beeinflußte Menge das abweichende Aussehen durchaus in seiner Feindseligkeit versteht, sich aber moralisch für berechtigt hält, hier keinen Ansatz zum Verständnis nötig zu haben. Das heißt, Protest wird verstanden nicht als sinnvoller Protest, sondern als die private Anpassungsstörung jener »verlausten Kreaturen«. Das Ganze wird als ekelhaftes Störungsmanöver verachtet und drastisch beantwortet.

Wer das Kapitel über die Ratten in dem Buch von Konrad Lorenz »Das sogenannte Böse« kennt, wird sich angesichts dieser Jagdszenen auf »Außenseiter« (wie sie sich etwa in Berlin am 21. Februar 1968 abspielten, aber auch bei anderen Gelegenheiten und an anderen Orten) an das Verhalten jener Rattenpopulationen erinnert fühlen, die sich mit unbarmherziger Vernichtungsaggression auf Artgenossen eines anderen Stammes stürzen, wenn sie sich zu ihnen verirren und sich durch den unterschiedlichen Geruch verraten. Die Reaktion gegen das bedrohliche Fremde ist auch beim Menschen urtümlich feindselig.

Es sind also die *veräußerlichten* Merkmale, die eine *innere* Entfremdung von den herrschenden Überzeugungen erkennen lassen; im Fall der Rebellen freilich werden sie bewußt gezeigt. Daß dies sehr gefährlich werden kann, wird unwillkürlich verraten. Soeben ist ein Buch erschienen, das den Titel trägt »Die Wiedertäufer der Wohlstandsgesellschaft«. Wenn das auch zunächst noch als Aperçu, als Titeleinfall für die an der Räteherrschaft sich begeisternden Studenten verstanden werden soll, den Widertäufern ist es nicht gut ergangen. Sie wurden, wo immer die religiöse und sich allein als rechtgläubig verstehende Autorität ihrer habhaft werden konnte, verbrannt. Aber, ob sie wollte oder nicht, die Kirche mußte durch den Akt der Intoleranz zugeben, daß sie einer

Antiautorität begegnet war, weshalb sie, z. B. im Fall des Münsteraner Wiedertäufers Bokelsohn, mit Begierde dessen Größenwahn als Motiv der Verfolgung betonte. Wo Autorität auf Antiautorität trifft, bemüht sich die erstere, die Antiautorität als kriminell, als verbrecherisch, als psychopathisch, als gefährliche Narrheit zu diffamieren. Damit soll sie zuerst moralisch, dann physisch erledigt werden.

Das Signal einer abstoßend empfundenen Fremdheit (Niethosen, lange Haare) macht die Projektion von Vernichtungsaggression auf diese Fremdgruppe möglich, schaltet das neugierige Interesse aus und schläfert das aggressionshemmende Gewissen ein. Der Ekel, den die politischen Autoritäten zu erkennen geben, wirkt als »reinforcement«, d. h. als verstärkende Rückkoppelung bei der Konzentration der Aggression auf solch eine verachtenswerte Fremdgruppe. Die Studenten haben etwas von der latent gegenwärtigen Abneigung gegen Zigeuner, Polacken und Juden übertragen bekommen.

Offensichtlich hat das Folgen. Die Bevölkerung lehnt die Studenten ab, sie gibt ihnen nachweislich z. B. weniger Arbeitsplätze als früher. Besonders erschwert wird aber die an sich schon schwierige Verständigung zwischen Arbeitern und Studenten. Beide fühlen sich an ganz verschiedene Autoritäten gebunden und hegen ebenso verschiedene Idealvorstellungen. Das hat natürlich vielschichtige Gründe. Einer davon ist, daß die Arbeiter nach mangelndem geistigem Training keinen Abstand haben, um die Beeinflussung zu erkennen, der sie in den gegenwärtigen Produktions- und Informations- d. h. Machtverhältnissen unterliegen. (Für die herrschende Schicht gilt übrigens auch, daß sie zu ihren Vorstellungen von sozialer Ordnung wenig, wenn überhaupt kritische Distanz hat.) Die Arbeiter sind mit den Verhältnissen, die ihnen eine merkliche wirtschaftliche Verbesserung in der Richtung auf klein- und mittel-bürgerlichen Lebenszuschnitt gebracht haben, häufig ungebrochen identifiziert. Sie sind in der Gesellschaft integriert; sie sind in mancher, besonders ökonomischer Hinsicht unzufrieden, aber sie sind keine rechtlose und schwer benachteiligte Unterschicht.

Die Argumente, mit denen die Studenten Phänomene wie die Springer-Presse als Instrumente der Meinungs- nicht nur, sondern auch der Wirklichkeitsbeeinflussung bekämpfen, sind den Lesern dieser Blätter zumeist unzugänglich. Daß dies so ist, ist eines der wichtigsten, wenn nicht das wichtigste Argument gegen die bestehende Gesellschaft, gegen ihr Establishment. Es hat in diesem Jahrhundert mehrfach rücksichtslos mit Waffen, aber niemals mit der Bildung aufgerüstet, mit jener Bildung, die bei der Perfektion der Verführungsmittel unerläßlich wird, um das Individuum nicht in einer Lage völliger Schutzlosigkeit bei der nächsten aggressiven Explosion zugrunde gehen zu lassen.

Ernst Bloch hat also recht: es herrscht Nebel. Das Bewußtsein für herannahende Zwangslagen, welches durch dieses »inside doping« und die Herrschaftsaktiven in unserem Staat verdeckt wird und das ohne zureichende Bildung in seinen Techniken nicht durchschaut werden kann, hat nur eine kleine Gruppe von Mitgliedern unserer Gesellschaft, diese freilich nachdrücklich, seit langem beunruhigt.

Ein Teil des Protestes der Studenten beruht auf dem normalen Generationenprotest. Allerdings haben sich Scharfsicht und Rücksichtslosigkeit in der Ablehnung verstärkt. Die Studenten beobachten den Abbau kritischer Züge in der Persönlichkeit, z. B. von Parteiführern, denen eine intelligente Vorgeschichte gewiß nicht abgesprochen werden konnte. Aber was wird aus ihnen in der Praxis? Sie sehen sie als ein warnendes Beispiel: das Übernehmen der konventionellen Rollen der Erwachsenen steigert den persönlichen Egoismus, das rücksichtslose Interesse an der eigenen Karriere steigert damit bald auch eine Selbstverborgenheit, der man kaum noch zu entgehen vermag und die sich in der Alltagssprache als Verlogenheit bezeichnen läßt.

Nun gehört es zu den psychischen Aufgaben, die im Verlauf der Reifung geleistet werden müssen, hinzunehmen, daß auch

Autoritäten Menschen mit Fehlern, oft sehr nachdrücklichen Fehlern sind, und daß der Besitz von Macht das Individuum keineswegs im Regelfall über sich moralisch hinauswachsen läßt. Es ist zu allen Zeiten schwer gewesen, auf diesem Reifungsweg nicht beim Zynismus zu enden.

Was aber die Jugend unserer Zeit besonders beunruhigt, ist der Grad der Abhängigkeit der Individuen, die im Management Macht ausüben – der Abhängigkeit von Apparaten, die uns Rollen aufzwingen und diese Rollen bis ins Detail vorstrukturieren. Von diesen bürokratischen Apparaten, überhaupt den spezialistischen Großorganisationen (einem Krankenhaus, der Forschungsabteilung eines Konzerns etc., etc.) geht soviel Macht aus, daß sie den Einzelnen durch Existenzangst nachhaltig einzuschüchtern vermögen und damit unter Umständen zwingen, bereits erworbene kritische Fähigkeiten wieder aufzugeben. Jeder kann das direkt linguistisch an der Verflachung des Sprachstils unserer Politiker, an ihrem 1000-Worte-Deutsch beobachten, was gar nichts mit der Rücksichtnahme auf Lieschen Müller zu tun hat, sondern mit dem Zwang der Apparate des Establishments, sich nur noch durch Werbeslogans affektiv zu verständigen. Lieschen Müller ist ganz im Gegenteil ein Opfer dieses mangelnden Appells, durch Denken an Konfliktlösungen beizutragen, weil ihr statt dessen immer überoptimale Lösungsmodelle – man denke in der Tat an die Waschmittelwerbung – angeboten werden.

Es war jetzt schon zu lange von Gegner etablierter Autoritäten, den rebellierenden Studenten, die Rede und nicht deutlich genug vom Wandel in der Struktur und im Erscheinungsbild politischer Autorität selbst. Zu den Hauptschwierigkeiten, in dieser Zeit politische Autorität zu erringen, gehört die wachsende Unüberschaubarkeit der Einflüsse, unter denen ein politischer Exponent sich entwickelt und die ihn bei seinen Entscheidungen beeinflussen. Zwei kurze Beispiele: Es ist unklar, welche Konzepte welcher Interessengruppen kooperiert haben und den Präsidenten der USA und seine

Administration dazu zwangen, den Krieg in Vietnam zu eskalieren – ungeachtet des unermeßlichen politischen Schadens, den diese Rückkehr zur rigorosen Machtpolitik bei einer Nation verursacht hat, deren stark humanitär rechtliche Traditionen bisher ein Stück politisches Vorbild gegen alle autoritären Staatsführungen gewesen sind. Die selbstzerstörerische Seite dieses Krieges hat sich am stärksten darin gezeigt, daß die progressiven Lösungen der Rassenfrage, sprich der Negerfrage, nun nicht mehr gefördert werden konnten, sondern daß unversöhnliche Vorurteilshaltungen gegen die Negerbevölkerung auf deren Seite eine unversöhnliche Schärfe des Widerstands provozierten. Dies geschah alles unter den Augen einer politischen Autorität, die beide Machtprobleme nicht zur Lösung führen konnte, weder das bürgerliche noch das militärische.

Es geht hier nicht um das Ankreiden von Fehlern, sondern um die psychologische Frage, welche Fortschritte der Kommunikation, der Unterrichtung, der dauernden kritischen Diskussion erreicht werden müssen, um bei Staaten dieser Größenordnung die politische Autorität nicht zu einem *Kompromißprodukt auf der niedrigsten Ebene gemeinsamer Interessen* absinken zu lassen.

Der politischen Autorität ist es nicht gelungen, ihren Entschluß zur Eskalation des Krieges über Interessenegoismen hinaus als Entscheidung von weltpolitischer Vernunft plausibel zu machen. Das gleiche gilt für unsere Weigerung, die DDR anzuerkennen. Die Interessenegoismen, die hier obsiegten, sind ganz offensichtlich provinzieller, beschränkter Natur. In der Rassenfrage zeigt sich – etwa in der Haltung der Südstaaten – der gleiche Provinzialismus, das gleiche Fehlen einer Integrationskraft auf höherer Ebene. Grundrechte werden einer rassischen Minorität vorenthalten und entfremden auch eine wachsende Zahl von Bürgern des Landes ihrem politischen System.

Es mag kein Zweifel daran sein, daß die gegenwärtige Regierung der Vereinigten Staaten nicht das geringste Interesse an einer Fortführung der Rassendiskriminierung hat. Sie kann sich aber weiten Kreisen gegenüber, die in dieser Hinsicht disloyal sind, nicht durchsetzen. Das bedeutet also Autoritätsverlust in dem Sinn, daß Politik nun anfängt, nicht mehr in der Schlichtung von Interessengegensätzen zu bestehen, sondern in der Anwendung immer härterer Machtmittel zur Verhütung eines allgemeinen Bürgerkrieges.

Noch kurz ein zweites Beispiel: Der Einmarsch sowjetischer Truppen in der CSSR geschah in unserer direkten Nachbarschaft. Es wird dieser als brutaler Ausbruch von Rücksichtslosigkeit einer Weltmacht einem schwachen Partnerland gegenüber gedeutet – und ist dies in der Tat auch –; als Konsequenz fordern Repräsentanten unserer Regierung eine Verstärkung unserer militärischen Machtmittel. Dabei bleibt das entscheidende Moment, das zum Einmarsch der Truppen in die Tschechoslowakei führte, im Hintergrund. Wie alle streng autoritären bis terroristischen Machtsysteme, muß auch das russische darauf achten, daß keine Alternative des Denkens in seinem politischen Raum sichtbar werden. Die ungeheure Virulenz im Durchdenken politischer Konzepte, überhaupt der Begabungsüberschwang, der sich plötzlich in der ČSSR zeigte, mußte die Politiker der russischen Seite aufs tiefste beunruhigen. Ihre brutale Machtlösung zeigt ihre Erfindungslosigkeit und damit unmittelbar ihre *Schwäche*.

Diese Schwäche bezieht sich aber nicht in erster Linie auf eine Vorstellung, von außen gefährdet zu sein. Was da zu Worte kommt, ist bereits demagogische Reaktion von der billigsten, wenn auch nicht wirkungslosesten Art. Das Gefühl der Schwäche bezieht sich vielmehr, halb eingestanden oder ganz unbewußt, auf die Gefährdung der ideologischen Basis dieses Herrschaftssystems. Dann muß man am Einmarsch also zuerst die Schwäche sehen und muß daran die Konsequenz knüpfen, daß mit einer militärischen Verstärkung der eigenen Position nicht nur nicht den Tschechen, sondern uns selbst nicht geholfen wird, weil wir den Demagogen auf russischer Seite nur die Rechtfertigung der Okkupation liefern und dabei unsere eigene militärische Lage durch nichts verbessern.

Auch hier wieder die Frage: Welche Interessengruppen erzwingen eine solche Reaktion, wie sie unsere Regierung gezeigt hat? Warum kommt es nicht zu einer sorgfältigen Analyse der Lage, bei der gerade die Rolle eigener Wahnbildungen, eigener Vorurteile und nicht nur die der Gegner in Rechnung gesetzt wird? Das wäre eine der Voraussetzungen für glaubhafte politische Autorität – jedenfalls kritischen Bürgern gegenüber –, die ja wohl im wesentlichen mithelfen könnten, die politische Realität zu erkunden und die nicht nur, wie die große Mehrheit der politisch passiven Menschen, mit ihrer Stimmabgabe aktiv werden.

Es mag sein, daß in früheren Jahrhunderten, z. B. unter dem Absolutismus, die Entscheidung eines Fürsten über Krieg und Frieden ebenso schrecklich für die Beteiligten war wie heute die Eskalation in Vietnam. Aber diese Analogie ist überholt. Die fürstliche Entscheidungsgewalt damals und die der politischen Exponenten heute ist unvergleichbar, weil die Gefahr des Überspringens von einem lokalen Krieg zu einem atomaren Großkrieg besteht – eine Konsequenz, die in dieser Weise noch nie gegeben war.

Auf welche Weise stellt sich nun aber in einem mehr oder weniger lange dauernden psychologischen Prozeß politische Autorität her? Erinnern wir uns noch einmal Max Webers Definition von Macht: »jede Chance, innerhalb einer sozialen Beziehung den eigenen Willen auch gegen Widerstreben durchzusetzen«, charakterisiert Herrschaft. Es muß also der politische Machthaber diese Macht dadurch erwerben, daß es ihm gelingt, z. B. in der Konkurrenz mit anderen Politikern, das eigene Konzept soweit durchzusetzen, daß das Individuum mögliches Widerstreben aufgibt und das Konzept bejaht, schließlich es sich zu eigen macht.[2] Psychologisch läßt sich dieser Prozeß dadurch kennzeichnen, daß es einem Indi-

2 Das war für den »teilnehmenden Beobachter« bei der Ausbreitung der Nazi-Idologie überaus eindrucksvoll zu sehen.

viduum – dem Machthaber – durch sein Verhalten gelingt, andere Individuen zur Identifikation mit ihm anzuregen oder gar zu einem Vorgang von Einverleibung eines Vorbilds oder einer Kette von Vorbildern. Man bezeichnet dies psychologisch als »*Introjektion*«. Damit ist nicht das Übernehmen einzelner Meinungsbruchstücke, sondern einer typischen Haltung als ganze gemeint, die sich in vielen Übereinstimmungen des Verhaltens kundgibt, so daß ein Einzelner sich dann als Konservativer (etwa katholisch Konservativer oder evangelisch Konservativer) recht gut charakterisiert sieht. Er erkennt sich in dieser Haltung wieder. Solche Introjektionen sind also ein noch festeres soziales Bindungsmittel als die bloße Identifikation und sie gehen entsprechend auch auf älteste Vorbilder im Leben eines jeden, auf die Vorbilder seiner Kindheit zurück, die niemals spurlos aufgegeben werden können.

In einer Zeit unabsehbarer Expansion der Produktivkräfte, in einer Zeit, in welcher alte politische Machtformen, wie etwa der koloniale Imperialismus, zusammenbrechen, neue politische Kräfte in der dritten Welt sich formieren, und zwar auf nationaler Basis, was von uns her gesehen nur eine Regression, einen Rückschritt oder zumindest ein Zurückgebliebensein hinter den Entwicklungen der Geschichte bedeuten kann; in einer Zeit mit sprunghafter Zunahme der absoluten Zahlen der Gesamtbevölkerung der Erde, wird offensichtlich nach neuen Kriterien für überzeugende politische Autorität, nach *neuen Methoden der Autoritätsbildung,* d. h. der politischen Beauftragung, verlangt.

In der Dynastie war es die Frage der zufälligen Begabtheit oder Begabungslosigkeit eines Fürsten, die über das Schicksal des Landes entschied. In der Demokratie der Kleingesellschaft ringen die Repräsentanten überschaubarer Machtgruppen um Kompromisse; in der Demokratie der aufstrebenden Industrie- und Imperialstaaten sind es bereits sehr veränderte Größen- und Produktionsverhältnisse: zu gleicher Zeit ist aber auch die Gesellschaft durch Verelendung großer Bevölkerungsgruppen schwer belastet. In den industrialisierten

Großgesellschaften unserer Tage wird politische Autorität mehr und mehr mit allen Kunstgriffen psychologischer Aufbereitung kunstfertig montiert. Die Image-Pflege des einzelnen Politikers gibt kaum noch Möglichkeit, sich über seine wirkliche Begabung ein zutreffendes Bild zu machen, und natürlich ist es dieser Punkt, den man als die Achilles-Ferse dieses Systems bezeichnen kann. An die technokratische Handhabung politischer Macht knüpft sich das noch schlecht organisierte Mißtrauen, das z. B. bei der Diskussion der Notstandsgesetze nicht beschwichtigt werden konnte.
Die politische Macht in den industriell zurückgebliebenen Ländern fällt mehr und mehr in die Hände militärischer Machtgruppen. Hier wird um die Erhaltung des eigenen Kopfes regiert, von weltpolitischer Einsicht ist wenig zu spüren.
Eine besondere Gefahr im Atomzeitalter stellen die sogenannten »charismatischen« politischen Persönlichkeiten dar. Sie lassen sich dadurch charakterisieren, daß es ihnen besonders leicht gelingt, große Gruppen von Individuen dahin zu bringen, ihre – dieser Führerfiguren – Ideale und Ziele als die eigenen zu übernehmen. Freud hat als erster diesen Vorgang in ganzer Klarheit gesehen, wenn er beschrieb, daß große Massen solch einen charismatischen Führer an die Stelle ihrer bisherigen Ich-Ideale setzen und nun dadurch sowohl mit ihm wie untereinander – mit allen jenen, die den gleichen Vorgang vollziehen – verbunden, quasi idealverwandt sind. Die politische Autorität eines solchen Mannes wächst dadurch ins Grenzenlose und auch die Katastrophen, die er herbeiführt.
Jedermann weiß, daß das Leben eines Politikers alles andere als einfach und bequem ist. Er wird, jedenfalls in einer Demokratie, weit eher getadelt, als daß ihm Lob entgegengebracht würde. In einer Hinsicht jedoch genießt er ein Privileg, das sich wie ein seltsames Überbleibsel aus dem Absolutismus ausnimmt. Man darf nämlich nicht in der Öffentlichkeit die Frage stellen, wie begabt oder unbegabt ein solcher Politiker eigentlich ist, wie geeignet für den Posten, den er einnimmt.

Man darf keine Vorausberechnungen der Art bei ihm anstellen, daß man aus seinem bisherigen Verhalten, aus seiner bisherigen Fähigkeit zu konstruktiver Problemlösung auf die Leistungen schließt, die in Zukunft von ihm erwartet werden dürfen, und jene, welche ihn voraussichtlich überfordern werden. Bis auf die Beamten, die ja der verlängerte Arm des Monarchen gewesen sind und als solche sich gefühlt haben, untersucht man ganz sicher Angestellte der mittleren und oberen Ränge, ehe man sie übernimmt, auf ihre voraussichtliche berufliche Eignung.
Diese Unterlassung kann uns Kopf und Kragen kosten. Die Beschreibung der politischen Autorität, die wir hier in Kürze gegeben haben, mag in vieler Hinsicht unzureichend sein. Für den Augenblick kommt es nur darauf an, einen Gedanken hervorzuheben, nämlich den der Identifikation und daran die Überlegung zu knüpfen, daß in politischen Verhältnissen unüberschaubarer Kompliziertheit die Identifikation im Sinne eines *Geprägtwerdens durch ein unmittelbares Vorbild* immer unmöglicher wird. Statt dessen wird, wie man heute zu sagen pflegt, Identifikation manipuliert, z. B. durch die ausgesuchtesten werbepsychologischen Methoden verstärkt, was das abhängige Individuum in einen noch unauflöslicheren Grad der Abhängigkeit hineinbringt. Genau diesen Punkt versuchen z. B. die Studenten ihren Mitbürgern und insbesondere den Arbeitern klarzumachen, ohne daß man ein Zeichen des Erfolges hätte entdecken können.
Wie wichtig jedoch das Erfinden einer politischen Struktur geworden ist, die den Einzelnen wieder unmittelbar am politischen Geschehen teilnehmen läßt, zeigt sich ganz besonders, wenn man die Frage des Widerstandsrechtes ins Auge faßt. Das Widerstandsrecht kann im voraus nicht inhaltlich, wie das positive Recht sonst, definiert werden. Widerstand kann an allen Ecken der Gesellschaft zur Notwendigkeit werden und vor allem gegenüber unvorhergesehenen Entwicklungen. Dem herrschenden positiven Recht gegenüber ist Widerstand in jedem Fall illegal. Die Illegalität kann nur durch den Erfolg

korrigiert werden, sei es den endgültigen Erfolg einer Machtgruppe oder einer Idee. Herbert Marcuse hat völlig recht, wenn er betont, daß der »civil disobedience« zu den ältesten und geheiligsten Elementen der westlichen Zivilisation gehört, und daß wir »ohne dieses Widerstandsrecht, ohne dieses Ausspielen eines höheren Rechtes gegen das bestehende Recht heute noch auf der Stufe der primitivsten Barbarei stünden«. Immer wird derjenige, der vom Widerstandsrecht Gebrauch macht und dabei Gewalt anwendet, seine Gewalt die »Gewalt der Befreiung« nennen und die Gewalt des bestehenden Herrschaftssystems die »Gewalt der Unterdrückung«. Als philosophische Alternative läßt sich das ziemlich leicht herauspräparieren: unterdrückende und befreiende Gewalt.

Ganz gewiß gibt es genügend wohlorganisierte ausbeuterische, unterdrückende Gewalt, die von Herrschaftssystemen ausgeübt wird, aber ebenso betrüblich ist die andere Tatsache, daß siegreiche Gruppen, die von der befreienden Gewalt Gebrauch gemacht haben, bald zur Ausübung unterdrückender Gewalt fortschreiten. Das legt einen der tiefsten Konflikte nicht nur der bestehenden politischen Autoritäten, sondern aller, die an bestehenden Verhältnissen etwas zu ändern wünschen, bloß. Widerstand, der nicht die Entschlossenheit der Gewaltanwendung, die Herausforderung zum Machtkampf auf sich zu nehmen bereit ist, wird von den jeweils herrschenden Gesellschaftsschichten nicht ernst genommen und hat in der Vergangenheit jedenfalls wenig ausgerichtet. Widerstand, der letztlich den Bürgerkrieg nicht scheut, steht in Gefahr des Identitätsverlustes, sobald reale Macht erworben wurde. Politische Autorität zeugt Gegenautorität, Gewalt zeugt Gewalt; in solcher Genealogie hat sich die Geschichte bisher fortgepflanzt.

Nun besteht aber die Tatsache völlig neuer und ungeheuer gesteigerter Gewaltmittel, ohne daß sich am reflektierten psychologischen Selbstverständnis der Menschheit viel geändert hätte. Sie lebt mit der Bombe, wie sie mit den voratomaren

Waffen gelebt hat. Ihre affektiven Haß- und Vergeltungsreaktionen, ihr Egozentrismus ist in dem Maße atavistischer geworden, in dem atomare und biologische Waffen in den Händen von Leuten liegen – ganz buchstäblich –, die wir nicht kennen und von denen wir kaum erwarten dürfen, daß sie allen affektiven Verlockungen zum Trotz, von ihrer Anwendung Abstand nehmen werden. Die rühmenswerte Tatsache, daß die beiden atomaren Großmächte bisher auch in Krisensituationen sich Selbstdisziplin auferlegt haben, ist noch keine Sicherheit für alle Fälle der Zukunft.

Wenn man sich die Lage klarmacht, verfällt man in keine optimistische Stimmung. Was soll an die Stelle von Gewaltanwendung treten, welche Identifikationen werden hier angeboten, welche Introjektionen können vorgenommen werden, um die Gewaltgenealogie abzubrechen und an ihre Stelle eine andere Form des Interessenausgleichs zu erreichen? Durch welche Wort- oder Gedankengewalt soll sich in Zukunft Widerstandsrecht in Anspruch nehmen lassen, ohne wieder bei einer neuen Generation von Kriegen anzugelangen?

Man kann, wie viele Forscher dies auch tun, nur auf einen Fortschritt in der Evolution des Menschen zu einer höheren Bewußtseinsstufe die Hoffnung setzen. Mit dieser höheren Bewußtseinsstufe ist an zweierlei gedacht; einmal an die Fähigkeit zu geschärfter Selbstwahrnehmung, die es uns erlaubt, mit unseren Trieben verständnisvoller umzugehen, und an ein Bewußtsein, das in der Lage ist, sich vollständigere Informationen über die Außenwelt zu verschaffen und diese zu reflektieren.

Der entscheidende Punkt, den es jetzt noch zu klären gilt, liegt darin, daß ein solcher evolutiver Fortschritt nicht auf dem Wege der Mutation, der natürlichen Zuchtwahl zustande kommt. Die Voraussetzungen dafür sind in unserer hochtechnischen Zivilisation nicht mehr gegeben. Statt dessen muß die Menschheit diesen Fortschritt zu einem Leben höherer Selbstbewußtheit und höherer Einfühlunsfähigkeit in den anderen durch eigene Anstrengungen herbeiführen.

Damit wird eine der größten Forderungen auf Änderung des politischen Denkens der Politiker ausgesprochen. Zählen wir, um uns dies deutlich zu machen, einige der Probleme auf, welche die Gesellschaft und ihre politischen Führer im gegenwärtigen Zustand nicht zu lösen vermochten. Obgleich sich die Technologie der Großgruppen immer stärker angleicht, ist es nicht gelungen, die Bürokratien wirklich zu rationalen Herrschaftsinstrumenten zu entwickeln. Die Unfähigkeit, lokale Kriege zu vermeiden, ist ebenso wie die Unfähigkeit, die europäischen Staaten effektvoll zu integrieren, ein Zeichen des Versagens problemlösender Kraft auf allen Seiten.
Hier ist noch einmal auf die Frage des Eignungstests für Politiker zurückzukommen. Gäbe es eine psychodiagnostische Einrichtung, welche die Macht hätte, alle jene Autoritätsfiguren in ihren Motivationen zu untersuchen, von denen die Entstehung und das Fortdauern des Rüstungswettlaufs der europäischen Entzweiung abhängt, so bedürfe es keines prophetischen Blicks, um zu vermuten, daß hier ein hohes Maß wahnhafter Ängste, also irrationaler Ängste, die immer der inneren Struktur der eigenen Person entstammen, am Werke sind. Unter den gegebenen Verhältnissen kann noch der nationale Hochmut und die Eitelkeit eines einzigen Mannes die Integrationsanstrengungen von fünfundzwanzig Jahren der Europäisierungsversuche zunichte machen, wie zuvor der politische Wahn eines einzigen Mannes, ohne daß ihm jemand entgegenzutreten gewagt hätte und darin erfolgreich geblieben wäre, weite Strecken der Erde und Millionen von Menschenleben zerstören konnte; und noch mehr, psychische Provinzen eines ganzen Volkes veröedeten bei der Anstrengung, sich von diesem gestürzten Führer und seinen Untaten loszureißen.
Für die lokale Unlösbarkeit eines politischen Konfliktes, mit den gegebenen Politikern und den gegebenen Abhängigkeiten und Einflußnahmemöglichkeiten, ist unsere Unfähigkeit, uns mit einem zweiten deutschen Staat abzufinden und mit der Faktizität der Oder-Neiße-Grenze, bezeichnend.

Unter den gegebenen politischen Verhältnissen ist es nicht gelungen, die Einwohner unserer Städte aktiv an deren Wohlergehen zu interessieren. Da voraussichtlich in weniger als einem halben Jahrhundert die gesamte Menschheit in Städten wohnen wird, ist das Versagen der Stadtplanung eine Katastrophe, eine ebensolche wie die Hungerkatastrophe, die auf die zunächst sich noch zügellos weiter vermehrende Menschheit unaufhaltsam zukommt. Weil sie heute ihre ganze Bedeutung nicht schon voll erkennen lassen wollen, schieben die politischen Routiniers die Auseinandersetzung mit ihnen vor sich her.

Die eigentliche Ohnmacht der politischen Autorität unserer Tage zeigt sich aber in ihrer Unfähigkeit, die gesamte Intelligenz der Länder für eine umfassende Bildungspolitik neuen Stils zu mobilisieren. Das würde bedeuten, daß sie sich für die Zukunft nicht mehr auf funktionstüchtige militärische Strategien und militärische Bündnisse, sondern auf Bildungsstrategien und Bildungsbedürfnisse umorientiert. Der evolutive Fortschritt, von dem soeben die Rede war, läßt sich nur durch eine Stärkung jener Fähigkeiten des Menschen herbeiführen, die wir mit kritischer Vernunft und kritischem Bewußtsein umschreiben. Auch von der Triebseite her läßt sich der erforderliche Schritt beschreiben. Als natürliche Mitgift sind unsere Triebkräfte ein unveränderter Teil unserer vitalen Ausstattung als Lebewesen. In den Sozialzusammenhängen einer Massengesellschaft, die zu ihrer Existenz einen hochorganisierten Produktionsapparat benötigt, bedürfen die Triebkräfte jedoch nicht mehr einer bloßen unterdrückenden Zurechtweisung – sie wird uns auf dem langen Weg unserer Erziehung vermittelt –, sie bedürfen vielmehr einer intensiveren Pflege, einer verfeinernden Anerkennung, nicht der Verdrängung. Wenn das gelingt, müssen wir nicht mehr wie bisher einen großen Teil unserer inneren psychischen Energie auf die Abwehr unserer Triebbedürfnisse verwenden, sondern können umgekehrt die Triebenergie an Ziele binden, die unser kritisches Ich uns anzubieten vermag.

Gelänge eine solche Evolution des Bewußtseins nicht, so bliebe als Alternative nur eine verstärkte Selbstdomestikation des Menschen, wie er sie bisher als Fremddomestikation an seinen Haustieren vollzogen hat. Von Widerstandsrecht wäre dann freilich keine Rede mehr, vielleicht nicht einmal mehr von einem Antrieb zum Widerstand. Die uns dann bevorstehende Planherrschaft der Technokraten wäre entsetzlich öde, weil die Technokraten selbst von diesem Domestikationsvorgang mitbetroffen wären, auch sie wären der Fähigkeit zur prinzipiellen Alternative beraubt.

Wir scheinen uns weit von der Gegenwart entfernt zu haben und über die Zukunft auf beliebige Weise zu spekulieren. Kehren wir, um anzudeuten, daß dies nicht der Fall sein muß, noch einmal zum Schluß kurz zu den Studenten zurück. Was sie auszeichnet, ist der prinzipielle Protest, die »Opposition gegen den Druck, gegen den allgegenwärtigen Druck des Systems, das durch seine repressive und destruktive Produktivität immer unmenschlicher alles zur Ware degradiert, deren Kauf und Verkauf den Lebensunterhalt und Lebensinhalt ausmacht«, so Herbert Marcuse. Jede Entdeckung oder nur jede neue Perspektive gerät in unserer Zeit sofort in den Prozeß der massenhaften Repetition. So ist das Wort »repressiv« in Kürze zu einem kaum noch erträglichen Schlagwort geworden, und doch zeigte es ursprünglich ein Herrschaftssystem an. In ihm würde die notwendige Konformisierung der Menschen zu Gliedern ihrer Gesellschaft mehr mit den Mitteln der Triebunterdrückung als der Triebverfeinerung erreicht. Was aber erreicht werden sollte, ist Unterstellung der Triebe unter unser selbst- und weltkritisches Ich, statt unter anonym bleibende Gewissenszwänge.

Auch die zunehmende Reduktion des Individuums zu einem Gegenstand, der wie jeder andere bei seiner Tätigkeit elektronischer Datenverarbeitung unterliegt, ist ein Vorgang der Entfremdung und Verdinglichung, der wohl nur dann ertragen werden kann, wenn es gleichzeitig gelingt, *neue Feinstrukturierungen gesellschaftlicher Zusammenhänge* zu entwickeln, die in den bisherigen Gesellschaften noch nicht entfaltet werden konnten, da in ihnen Mangel vorherrschte, dem man nur mit unzureichenden technischen Mitteln und Kenntnissen »repressiv« begegnen konnte. Die Ausweitung der Naturerkenntnisse könnte eine neue Epoche der Humanisierung einleiten, weil jetzt die Voraussetzungen für eine Daseinsvorsorge mit relativ geringem Zeitaufwand gegeben sind.

Es tun sich jetzt zwei Wege auf. Der eine führt in den Autoritätsbereich eines vielfältig aufgegliederten Spezialistentums, der andere zur politischen Autorität im weitesten Sinn. Hier gilt es also, potentielle Möglichkeiten aufzugreifen und zu nützen, und zwar unter Zugrundelegung eines menschlichen Selbstverständnisses, das nie abgeschlossen sein kann, weil es eben für den Menschen keine definitive Staats- oder Lebensform gibt, in welcher er ein für allemal aufgehoben wäre wie die Tiere in ihrer Instinktordnung.

Vielleicht sollte man sich zum Abschluß noch einmal anhand einiger Zahlen das Entstehen einer unvergleichbaren historischen Situation klarmachen. Im Bereich der Forschung haben sich in den letzten dreißig Jahren mehr grundlegende und weitreichende Wandlungen zugetragen als in den dreihundert vorangegangenen Jahren zusammen. Neunzig Prozent aller Wissenschaftler, die jemals in der menschlichen Geschichte gelebt haben, leben gegenwärtig. Im mittleren Drittel des 20. Jahrhunderts hat sich die Weltbevölkerung verdoppelt. Hinsichtlich der Wissensexplosion ist zu sagen, die Kenntnisse der Naturwissenschaften sind seit 1935, also in einem Zeitraum von rund dreißig Jahren um das Vierfache gewachsen, und in den nächsten fünfzehn Jahren werden die Naturforscher soviel neue Kenntnisse hinzuerwerben, wie in der gesamten Geschichte der Forschung bis dahin erworben wurde. Von 1950 bis heute wurden so viele wissenschaftliche Arbeiten veröffentlicht, wie in all den Jahrhunderten zuvor.

Für gewöhnlich schützten wir uns durch ein ziemlich folgenloses Staunen, sobald wir derartigen Zahlen begegnen. Wir müssen uns aber klar darüber sein, daß die bisherigen Autoritäten (bis zu den herkömmlichen kirchlichen Autoritäten, von den spezialistischen Autoritäten der Einzelwissenschaften und Berufe zu schweigen) keine wirkliche Anstrengung unternommen haben, um diese scheinbar unausweichlich und mechanisch auf uns zukommende Zukunftsentwicklung zu lenken, überhaupt zu gestalten. In eine derart vielgestaltige und als ganzes gleichzeitig gestaltlose, von noch unausdenkbaren Möglichkeiten beeinflußte Welt wächst die heutige Jugend hinein. Ihre Aufmerksamkeit wird von der Wissensexplosion der nächsten fünfzehn Jahre bestimmt sein. Wer jedoch sagt ihnen, wie sie mit diesem Wissen umgehen sollten? Welches humane Bewußtsein ist der Entfaltung solcher Wissensmacht gewachsen? Wer entscheidet aus der Sicht des Humanisten, was an diesem Wissenszuwachs sinnvoll und was unsinnig? Wer überhaupt kann die Umkehr noch einmal umkehren, in welcher die technische Produktivität anfing, nicht mehr für den Menschen, sondern der Mensch anfing, für die Produktionsmaschinerie da zu sein, worin eingeschlossen war, daß er sich selbst ungehindert zu reproduzieren begann.

Es scheint sehr müßig, sehr unbequem, sehr unbefriedigend, weil nur spekulativ, sich mit Problemen wie diesen zu beschäftigen, und doch dürfen wir auf solche Perspektiven in die Zukunft keinesfalls verzichten, weil wir lernen müssen, heute schon die Voraussetzungen für ein einigermaßen lebenswertes Leben unserer Enkel zu schaffen. Das kann nicht dadurch geschehen, daß wir mehr beten oder mehr sparen oder mehr konsumieren oder irgendeinen der in der Vergangenheit eingeschlagenen Lösungswege wiederholen, sondern daß wir eine *Kooperation aller zum Denken fähigen* Menschen anstreben, weil sie die Voraussetzungen dafür schaffen müssen, daß noch mehr Menschen dieses Privilegs teilhaftig werden, durch Denken zu einem lebenswürdigen Leben zu gelangen. Damit ist nicht einer einseitigen Intellektualisierung das Wort geredet, sondern nur die Tatsache berücksichtigt, daß die

Menschheit der Zukunft gänzlich neuartige Entscheidungen treffen muß, für die keine Tradition besteht. Erfolg oder Mißerfolg in diesen Entscheidungen hängen mit jenem Grad von innerer Freiheit zusammen, mit jener Mischung von sozialem Gehorsam und sozialem Ungehorsam, von der soeben die Rede war. Dies alles, um zu erreichen, daß sich die Autonomie, die kritische Selbständigkeit der Menschheit und nicht nur Einzelner vermehren kann.

Halten wir hier ein; unsere Skizze kann nur unvollkommen sein. Von allen Vorausberechnungen der Zukunft fällt uns diese am schwersten und wird diese wahrscheinlich am unzuverlässigsten sein: ob es gelingen wird, genügend Menschen einem weiterreichenden Bildungsprozeß anzuvertrauen, ob es gelingen wird, diesen Menschen ein höheres Maß von Verantwortung zu übertragen, sie also im politischen Selektionsprozeß an die führenden Stellungen zu bringen.

Die Aufgabe des Politikers der Zukunft, dies läßt sich mit Sicherheit voraussagen, wird ein außerordentliches Maß an Selbstbeherrschung und Selbstimmunisierung gegen Korruption durch Macht verlangen. Es kann nicht dabei bleiben, daß man sagt, der Politiker der Zukunft müßte solche Fähigkeiten haben, aber sich keine Gedanken darüber machen, wie aus dem »müßte« ein »muß« werden kann. Es steht ein erfüllbares »muß« zur Debatte, weil wir sagen können, er muß solche Fähigkeiten besitzen, da wir jetzt schon Leute haben, die sie besitzen.

Die Bildungschance vorausgesetzt, scheint es mir keine unüberbrückbare Schwierigkeiten darzustellen, jenen höheren Grad von Einsicht zu erreichen, von dem hier die Rede war. Eines der größten Probleme des Politikers der Zukunft wird darin bestehen, daß er es mit Menschen höchst unterschiedlicher Bewußtseinsentwicklung und deren Interessen zu tun haben wird. Bei den rasch heranwachsenden Menschenmassen Südamerikas, Indiens, Afrikas wird er zunächst noch mit einer sehr primitiven Affektkultur, mit sehr beschränkter Einsichtsfähigkeit rechnen müssen. Aber auch in unserem eigenen europäischen Lebensbereich hausen Menschen sehr unterschiedlicher innerer Selbständigkeit und Selbstverantwortung oft eng nebeneinander.

Das alles macht es unwahrscheinlich, daß wir einem Zeitalter entgegengehen, in dem es den politischen Autoritäten gelingen würde, auf Gewalt zu verzichten. Wenn wir aber ein Konzept entwickeln, wie politische Rivalitäten ohne Rückgriff auf brutale Gewalt zu lösen sind, läßt sich das Rasen blinder politischer Leidenschaften leichter ertragen, weil man selbst nicht hilflos solchen Leidenschaften ausgeliefert bleibt. Möge uns nach unserer so bedrückenden nationalen Vorgeschichte dieser Fortschritt gelingen. Sicher ist dazu unsere Jugend vonnöten. Die Diskussion mit ihr ist unerläßlich; für uns Ältere, um zu lernen, was sie bewegt; für die Jugend selbst, um zu sehen, daß die Diskussion mit der vorangehenden Generation nicht etwas Unnützes und Zweckloses bleiben muß, sondern eine unaufhebbare Aufgabe darstellt, so weit gesteckt ihre revolutionären Ziele auch sein mögen.

## Drucknachweise

1. *Elemente in der Umwelt moderner Massen,* unter dem Titel *Meditationen zu einer Lebenslehre der modernen Massen*
in: Merkur 11 (1957), S. 201-213, 335-350

2. *Massenpsychologie ohne Ressentiment*
in: Die neue Rundschau 64. Jg. H. 1 (1953), S. 1-24

3. *Die Masse fängt in der Familie an*
in: Frankfurter Allgemeine Zeitung. Weihnachten 1953

4. *Der Einzelne in seiner Angst*
in: Deutsche Zeitung vom 6. X. 1956, S. 4

5. *Scheinfütterung. Kollektive Ersatzbefriedigungen in der heutigen Kultur*
in: Deutsche Studentenzeitung 5. JG. 6./7. Folge (1955), S. 10

6. *Hemmen Tabus die Demokratisierung der deutschen Gesellschaft?*
in: Bergedorfer Protokolle 12, Hamburg 1965, S. 10-40

7. *Aggression als individuelles und gesellschaftliches Schicksal*
(zusammen mit Margarete Mitscherlich-Nielsen)
in: Aggression und Autorität, Stuttgart-Berlin 1969, S. 35-56

8. *Die Grenzen psychoanalytischer Forschung*
in: Politik, Wissenschaft, Erziehung. Festschrift für Ernst Schütte, Frankfurt 1969, S. 66-76

9. *Ethik in Zeitalter fortgeschrittener Technologie*
in: IBM SEIN Nr. 64 vom 17. VI. 1970, S. 41-45

10. *Der Wandel im Erscheinungsbild und in der Struktur politischer Autorität,* Vortrag, gehalten am 9. März 1968 bei der Hochschulwoche für Staatswissenschaftliche Fortbildung in Bad Nauheim, Bad Homburg vor der Höhe, Berlin, Zürich 1968

*Von Alexander Mitscherlich
erschienen im Suhrkamp Verlag*

### edition suhrkamp

*Die Unwirtlichkeit unserer Städte.* Anstiftung zum Unfrieden.
*Krankheit als Konflikt.* Studien zur psychosomatischen Medizin I.
*Krankheit als Konflikt.* Studien zur psychosomatischen Medizin II.
*Freiheit und Unfreiheit in der Krankheit.* Krankheit als Konflikt III.

### Bibliothek Suhrkamp

Die Idee des Friedens und die menschliche Aggressivität. Vier Versuche.
Versuch, die Welt besser zu bestehen. Fünf Plädoyers in Sachen Psychoanalyse.

## suhrkamp taschenbücher

st 54 Claude Hudelot
Der Lange Marsch
Aus dem Französischen von Gundl Steinmetz
ca. 400 Seiten
Durch den legendären *Langen Marsch* (1934 bis 1935) wurde die chinesische Rote Armee vor der Niederlage gerettet und konnte im Norden eine neue Basis aufbauen, von der aus sie den Kampf gegen die japanischen Okkupanten und damit ihren endgültigen Siegeszug antrat. Der Sinologe und Chinahistoriker Claude Hudelot hat aus allen ihm zugänglichen Texten eine fesselnde Reportage des Langen Marsches rekonstruiert, die zugleich Realität und Mythos dieses Geburtsereignisses der Chinesischen Revolution deutlich macht.

st 55 Lucien Malson
Die wilden Kinder
Aus dem Französischen von Eva Moldenhauer
286 Seiten
Lucien Malson stellt alle bisher bekanntgewordenen Fälle von Kindern dar, die außerhalb jeder menschlichen Gesellschaft quasi wie Tiere aufgewachsen sind. Der Band enthält außerdem die Beschreibung der Sozialisierungsversuche des »Wolfsjungen von Aveyron«, die sein Erzieher Jean Itard Anfang des 19. Jahrhunderts veröffentlicht hatte. Diese Beschreibung diente dem französischen Regisseur François Truffaut als Vorlage für seinen erfolgreichen Film »Der Wolfsjunge«.

st 56 Peter Handke
Ich bin ein Bewohner des Elfenbeinturms. Aufsätze
240 Seiten
Die gesammelten Aufsätze, die allgemein theoretischen und die Filmkritiken, die Buchbesprechungen und die sich auf die Tagespolitik beziehenden, enthalten programmatische Äußerungen über die gegenwärtige kulturelle und gesellschaftliche Situation. Und sie sind Ausdruck eines weitgespannten Temperaments.

st 57 Marie Luise Kaschnitz
Steht noch dahin
96 Seiten
Prosaskizzen, gewichtiger als manches umfangreiche Buch. Marie Luise Kaschnitz hat darin Einsichten ihrer Weltschau gesammelt. Sie reflektiert die menschliche Vergeßlichkeit, die Unfähigkeit, aus Erfahrungen zu lernen. Zugleich aber klingt die Hoffnung an, der Mensch könne zu der Einsicht gelangen, daß er veränderbar sei.
*Hermann Kesten:* »Man findet eine poetischen Reichtum auf engstem Raum, eine Fülle von lakonischen Einfällen. Es ist eine Weltkritik in Blitzlichtern.«


st 58 Hans Mayer
Georg Büchner und seine Zeit
480 Seiten
Dieses Buch ist eine der lebendigsten Darstellungen des großen Dichters und Revolutionärs Georg Büchner und der Nachwirkungen seines Werkes. Die kenntnisreiche Schilderung der Zeit, in der Büchner wirkte, macht es zugleich zu einer Studie über Geschichte und Geistesgeschichte der Periode der Metternichschen Restauration.


st 59 Pietro Hammel
Unsere Zukunft: die Stadt
240 Seiten, mit vielen Abbildungen
Der vorliegende Band des in Rotterdam lebenden Schweizer Architekten und Städteplaners ist eine präzise Analyse des Phänomens Stadt und ihrer derzeitigen Probleme und der Versuch, ein neues Bewußtsein für die noch ausstehende Therapie unserer großen Städte zu schaffen.


st 60
Wie, warum und zu welchem Ende wurde ich
Literaturhistoriker?
240 Seiten
Der Band erscheint zum 70. Geburtstag Robert Minders. Seine Themenstellung geht auf eine Anregung Minders

zurück. Die Beiträger bereiten dem großen Kollegen keine der üblichen Festschriften, sondern stellen sich am Beispiel des eigenen Werdegangs zugleich auch den aktuellen Problemen ihrer Disziplin. – Namhafte Gelehrte nehmen an diesem Unterfangen teil, und so kann der Band auch angesehen werden als Lageskizze einer Wissenschaft heute, ausgeführt von ihren ausgewiesenen Vertretern.

st 61 Herbert Achternbusch
Die Alexanderschlacht
240 Seiten
Über *Die Alexanderschlacht* schrieb Reinhard Baumgart: »Sieht neben Achternbusch der Blechtrommler Oskar nicht aus wie ein Gottfried-Keller-Zwerg in Bleyle-Hosen? Denn das ist sicherlich zweierlei: den Anarchismus nur vorzuführen als ein Thema oder ihn loszulassen als eine Methode. Genau das tut Achternbusch.«

st 62 Claude Lévi-Strauss
Rasse und Geschichte
Aus dem Französischen von Traugott König
112 Seiten
1952 veröffentlichte die UNESCO eine Schriftenreihe, in der von wissenschaftlicher Seite in allgemeinverständlicher Form die Unsinnigkeit jeder Art von Rassismus dargelegt werden sollte. Unter den Autoren befand sich der damals nur in Fachkreisen bekannte Ethnologe Lévi-Strauss, dessen Beitrag das Thema jedoch weit überschritt und sich heute als leichtfaßliche Einführung in den Problemkreis des Strukturalismus anbietet.

st 63 Wolf Lepenies
Melancholie und Gesellschaft
352 Seiten
*Melancholie und Gesellschaft* ist die bislang material- und erkenntnisreichste Untersuchung der verschiedenen Spielarten bürgerlicher Melancholie als eines historischen soziologischen Phänomens der bürgerlichen Gesellschaft. Ziel dieser Studie ist es, den ideologieverwandten Charakter dieser Affekthaltung und ihre Abhängigkeit von gesellschaftlichen Verhältnissen nachzuweisen.

st 64 F. Cl. Werner
Wortelemente lateinisch-griechischer Fachausdrücke in den biologischen Wissenschaften
480 Seiten
Lateinisch-griechische Fachbegriffe spielen vor allem in den biologischen Wissenschaften, einschließlich der medizinischen Anatomie und Physiologie, eine nicht zu eliminierende Rolle. Dieses Fachwörterbuch wird für all jene zum unerläßlichen Hilfsmittel, die sich mit den biologisch orientierten Naturwissenschaften beschäftigen: Wissenschaftler wie Naturfreunde.

st 65 Hans Bahlow
Deutsches Namenlexikon
592 Seiten
Die grundlegenden Fragen der Namenentstehung, Namenfestigung und Namenverbreitung beantwortet das Deutsche Namenlexikon. Insgesamt 15 000 Familiennamen mit ihren Ableitungen und viele Vornamen finden hier eine durch gesicherte Kenntnisse fundierte, ausführliche Deutung nach Ursprung und Sinn.

st 66 Eric J. Hobsbawm
Die Banditen
Aus dem Englischen von Rudolf Weys. Mit Abbildungen
224 Seiten
*Die Banditen* ist eine vergleichende Geschichte und Soziologie berühmter Banditenführer, die einerseits als wirkliche historische Figuren, andrerseits als Helden von Balladen, Geschichten und Mythen ganze Länder immer wieder in Schrecken versetzt haben, zugleich aber von unterdrückten Schichten oft als Wohltäter begrüßt wurden, auf jeden Fall die Menschen stets fasziniert und ihre Phantasie angeregt haben.

st 69 Walter Benjamin
Ursprung des deutschen Trauerspiels
288 Seiten
Von der Analyse der deutschen Trauerspiele des 17. Jahrhunderts ausgehend, liefert Benjamin einerseits die Geschichtsphilosophie der Barockepoche, auf der anderen Seite eine stringente Abgrenzung der klassischen Tragödie vom Trauerspiel als literarischer Form sui generis.

Die Rettung der Allegorie – das Zentrum des Trauerspielbuches – eröffnete erstmals den Blick für lange verkannte Bereiche der poetischen wie der theologischen Sprache.

st 70 Max Frisch
Stücke I
368 Seiten
Bereits Max Frischs erste Stücke sind Versuche, die Frage zu beantworten, die sein ganzes Werk bestimmt und ihm seine Einheit gibt: die Frage nach der Identität. Der Band enthält die Stücke *Santa Cruz, Nun singen sie wieder, Die Chinesische Mauer, Als der Krieg zu Ende war, Graf Öderland.*

st 71 Wolfgang Koeppen
Romanisches Café
Erzählende Prosa
128 Seiten
Wolfgang Koeppen, dessen Romane als bedeutende deutsche politische Romane von der Kritik bezeichnet wurden, ist auch in der kleinen Prosa ein Meister. Die hier vorgelegten Texte sind teilweise verstreut, zum Teil nur einmal in Feuilletons erschienen, manche ganz und gar verschollen. In allen ist die Koeppensche Welt lebendig: es sind Geschichten und Lebensläufe von Zweifelnden und Melancholischen. (Inhalt: Romanisches Café, Verlobung im alten Salon, der Nachttresor, Melancholie u. a.)

st 72 Theodor W. Adorno
Versuch, das »Endspiel« zu verstehen.
Aufsätze zur Literatur des 20. Jahrhunderts I
224 Seiten
Der Band *Versuch, das ›Endspiel‹ zu verstehen* dokumentiert die Auseinandersetzung Adornos mit dem sogenannten Absurdismus. Von Valéry, Proust und Joyce, den Klassikern der Moderne, führen die Arbeiten über den Surrealismus zu Kafka und Beckett; in allen wird das Paradoxon thematisch, daß angesichts der Katastrophe immer noch Kunst existiert. Wenn alle Kunst zum Endspiel im buchstäblichen Sinn wurde, dann kann

man Adornos Aufsätze zur Literatur insgesamt so überschrieben, wie ihr Autor seine Beckett-Interpretation überschrieb: ein Versuch, das Endspiel zu verstehen.

st 73 Georg W. Alsheimer
**Vietnamesische Lehrjahre**
Bericht eines Arztes aus Vietnam 1961–1967
2. verbesserte Auflage mit einem Nachbericht von 1972
Vorwort von Wolfgang Fritz Haug
480 Seiten
1961 kommt der deutsche Arzt Georg W. Alsheimer als Dozent für Neurologie und Psychiatrie nach Vietnam. Er kommt ohne besondere Kenntnisse über das Land, ohne ausgeprägte politische Ansichten. Sechs Jahre später gilt er als vorzüglicher Vietnam-Experte und trägt durch seine Aussagen vor dem Russell-Tribunal dazu bei, daß die amerikanische Vietnampolitik und die Hilfsdienste der Bundesrepublik vor der Weltöffentlichkeit angeprangert werden. Für diese Neuausgabe schrieb der Verfasser eine Ergänzung, in der er darlegt, daß seine damaligen Prognosen durch die »Pentagon-Papiere« bestätigt wurden.

st 74 Martin Broszat
**200 Jahre deutsche Polenpolitik**
Erweiterte Ausgabe
336 Seiten
In diesem Buch gibt der Historiker Martin Broszat eine detaillierte und materialreiche Darstellung der deutschen Polenpolitik von der 1. polnischen Teilung 1772 bis zur Gegenwart, die von Kolonisierung und Annexion bis zur Vernichtung reichte. Angesichts der Braunschweiger Konferenz polnischer und deutscher Historiker über gemeinsame Empfehlungen zur Schulbuchrevision, vor allem aber als Beitrag zur Diskussion über die neue Ostpolitik der Bundesregierung gewinnt dieser Band besondere Aktualität und Bedeutung.

st 75 Ernst Bloch
**Vorlesungen zur Philosophie der Renaissance**
176 Seiten
*Vorlesungen zur Philosophie der Renaissance* ist Ernst Blochs neueste Veröffentlichung. Bloch interpretiert die

Renaissance nicht als »Wiedergeburt« der Antike, sondern als Neugeburt eines neuen Menschen und einer neuen Gesellschaft: der bürgerlichen. Diese Zeitenwende stellt er dar anhand der bisher stiefmütterlich behandelten Philosophie der Renaissance, angefangen bei den italienischen Naturphilosophen, über Giordano Bruno, Campanella, Paracelsus, Jakob Böhme und Francis Bacon, die Entstehung der mathematischen Naturwissenschaft mit Galilei, Kepler und Newton, bis zur Rechts- und Staatsphilosophie von Althusius, Machiavelli, Bodin und Hobbes. So entsteht ein geistesgeschichtliches Gesamtbild dieser Epoche, wie es heute für die Renaissance im allgemeinen Bewußtsein noch fehlt, weil man von ihr vor allem die künstlerische Revolution wahrgenommen hat.

76 Alexander Mitscherlich
Massenpsychologie ohne Ressentiment.
Sozialpsychologische Betrachtungen
ca. 224 Seiten
In diesem Band sind Aufsätze gesammelt, in denen sich Mitscherlich mit dem Verhalten, den Reaktionsweisen und Belastungen des Menschen in der Masse beschäftigt, kurz, mit den Problemen des modernen Menschen überhaupt. Es geht um Angst und Aggressionen, Masse und Familie, unstillbare Bedürfnisse und Ersatzbefriedigungen, Tabus und deren hemmende Wirkungen für die Demokratie. Durch das Bewußtmachen dieser Schwierigkeiten will Mitscherlich dem Menschen helfen, das Leben in der gegenwärtigen Massengesellschaft besser zu bestehen.

st 77 George Steiner
In Blaubarts Burg.
Anmerkungen zur Neudefinition der Kultur
Aus dem Englischen von Friedrich Polakovics
160 Seiten
Grundthema dieses Buches ist die beklemmende Feststellung, daß die Schreckensfiktionen der westlichen Kultur, besonders der europäischen Literatur seit 1815, wie eine ersehnte Vorwegnahme des tatsächlichen Schreckens wirken, der ab 1915 über Europa kam. Aus dieser Feststellung entsteht die Erkenntnis: die westliche Kultur ist nicht von außen vernichtet worden, die Barbarei,

die sie zerstörte, entstand in ihr selbst aus dem unerträglichen Widerspruch zwischen der ideellen Befreiung des Individuums im Zeitalter der Französischen Revolution und seiner realen Versklavung in der Maschinerie der Welt der Wirtschaft seit der Restauration von 1815.

st 78 Wolfgang Koeppen
Das Treibhaus
192 Seiten
In dem Roman »Das Treibhaus« zeigt Wolfgang Koeppen am Schicksal eines Einzelnen die Anonymität politischer Mechanismen: das »Treibhaus«-Klima von Wahlkampf, Diplomatie und Parteiopportunismus, politische Praxis als Selbstzweck, als Geschäft. Wer sich nicht anpaßt, scheitert.

st 79 Hermann Hesse
Das Glasperlenspiel
624 Seiten
Dieses Buch enthält eine sehr konkrete Utopie. Nicht umsonst ist es den Morgenlandfahrern gewidmet, der Chiffre Hermann Hesses für die Künstler, Wissenschaftler und alle Menschen der Vergangenheit, Gegenwart und Zukunft, die untereinander darin verwandt sind, daß sie unabhängig von Parolen und Ansprüchen der Majoritäten ihre eigene Veranlagung konsequent verwirklichen, nicht aus Selbstzweck, sondern aus Notwendigkeit und somit zwangsläufig beitragen zur Objektivation des Geistes, der Wissenschaft und Humanität, die über allen Beschränkungen der Nationen, Rassen, Konfessionen und Ideologien steht.

st 97/98 Knut Ewald
Innere Medizin
ist das auf dem aktuellsten Stand befindliche, derzeit erhältliche Kompendium der Inneren Medizin. Als übersichtliches – den ganzen Stoff der Inneren Medizin stichwortartig resümierendes – Nachschlagewerk ist es das ideale Handbuch für alle Studierenden, Ärzte und interessierte Laien. Ein umfangreiches Sachwortverzeichnis ermöglicht eine rasche Orientierung.

st 103 Noam Chomsky
Kambodscha, Laos, Nordvietnam
Im Krieg mit Asien II
Aus dem Amerikanischen übersetzt von Jürgen Behrens
256 Seiten
Noam Chomsky, der Begründer der Generativen Grammatik, erregte weltweites Aufsehen durch sein kompromißloses Engagement gegen den Krieg der Vereinigten Staaten in Indochina. In seinem neuesten Buch *Im Krieg mit Asien,* dessen erster Teil als st 32 unter dem Titel *Indochina und die amerikanische Krise* erschien, legt Chomsky seine totale Verurteilung der amerikanischen Indochinapolitik dar. Dieser zweite Band enthält am Ende eine vollständige Literaturliste der zitierten Arbeiten und damit zugleich eine der wahrscheinlich umfassendsten amerikanischen Bibliographien zum Vietnamkrieg.


st 127 Hans Fallada
Tankred Dorst
Kleiner Mann – was nun?
Eine Revue von Tankred Dorst und Peter Zadek
208 Seiten
Tankred Dorst hat Hans Falladas 1932 erschienenen Roman »Kleiner Mann – was nun?« dramatisiert, der zu einem der größten Bucherfolge seiner Zeit wurde. In der Geschichte des kleinen Angestellten Pinneberg und der Arbeitertochter Lämmchen in den Jahren der großen Arbeitslosigkeit erkannten Hunderttausende ihre eigene Geschichte, ihren Alltag, ihre Welt. Die Dramatisierung von Tankred Dorst wurde für die Neueröffnung der Städtischen Bühnen Bochum unter der Leitung von Peter Zadek vorgenommen.


st 150 Zur Aktualität Walter Benjamins
Aus Anlaß des 80. Geburtstags von Walter Benjamin herausgegeben von Siegfried Unseld
288 Seiten
Der vorliegende Band »Zur Aktualität Walter Benjamins« nimmt wichtige, hier erstmals publizierte Abhandlungen auf, die aus diesem Anlaß geschrieben wor-

den sind, und Texte von Walter Benjamin, seine »Lehre vom Ähnlichen«, eine umfangreiche Variante der Arbeit »Über das mimetische Vermögen«, den autobiographisch bedeutenden Text »Agesilaus Santander«, den Briefwechsel mit Bertolt Brecht und drei Lebensläufe, deren letzter kurz vor seinem Tod geschrieben wurde.